普通高等教育通识类课程教材

孙子兵法 36 智

主　编　薛军楼

副主编　刘文炳　陈海萍

主　审　程如平

中国水利水电出版社
www.waterpub.com.cn
·北京·

内 容 提 要

本书突出兵学文化的智慧教育功能，比照《三十六计》的体例格式，对《孙子兵法》中的智慧点进行概括和归类，从战略谋划、为将之道、治军方略、作战原则、战法应用、危机管理六个方面进行论述，分为六篇，每篇 6 个智慧点，共 36 个智慧点。每个智慧点都有阐释和应用案例，便于初学者准确理解和掌握《孙子兵法》的主要内容和精神实质，为学以致用打下基础。

本书适合全日制本科大学生学习和使用。

图书在版编目（CIP）数据

孙子兵法36智 / 薛军楼主编. -- 北京 : 中国水利水电出版社, 2021.8（2022.7 重印）
普通高等教育通识类课程教材
ISBN 978-7-5170-9839-3

Ⅰ. ①孙… Ⅱ. ①薛… Ⅲ. ①《孙子兵法》－高等学校－教材 Ⅳ. ①E892.25

中国版本图书馆CIP数据核字(2021)第163596号

策划编辑：陈红华　责任编辑：陈红华　加工编辑：刘　瑜　封面设计：梁　燕

书　　名	普通高等教育通识类课程教材 孙子兵法 36 智 SUNZI BINGFA 36 ZHI
作　　者	主　编　薛军楼 副主编　刘文炳　陈海萍 主　审　程如平
出版发行	中国水利水电出版社 （北京市海淀区玉渊潭南路 1 号 D 座　100038） 网址：www.waterpub.com.cn E-mail：mchannel@263.net（万水） sales@mwr.gov.cn 电话：（010）68545888（营销中心）、82562819（万水）
经售	北京科水图书销售有限公司 电话：（010）68545874、63202643 全国各地新华书店和相关出版物销售网点
排　　版	北京万水电子信息有限公司
印　　刷	三河市鑫金马印装有限公司
规　　格	184mm×260mm　16 开本　13 印张　254 千字
版　　次	2021 年 8 月第 1 版　2022 年 7 月第 2 次印刷
印　　数	3001—5000 册
定　　价	45.30 元

中华传统兵学文化贯穿中华民族几千年文明史，是中华传统文化中的瑰宝，儒学、易学及其他几种主要学说大都涉及兵学文化的内容。有人把中华传统文化概括为“兵、医、农、艺”四个方面，“兵”列榜首，自有它的道理。中国的兵书到底有多少，虽然未曾有过精确统计，但有一点却非常清楚：我国文化宝库中兵书占有相当的比重。这些兵学典籍不但卷帙浩繁、内容博大，而且“著述罕闻，古今卓伦”，文化底蕴相当深厚，虽是言兵，但不限于军旅之事，涉及政治、经济、心理、艺术等诸多方面，其站位之高、格局之广，实为世界兵学史上所罕见。

《孙子兵法》作为东方兵学智慧的经典，集中体现了中国古代军事思想的成就，被公认为世界古代第一兵书，孙子也由此被誉为“百世谈兵之祖”。特别是蕴涵其中的重道尚智的价值取向、安国全军的和平追求、兼收并蓄的开放态度、上兵伐谋的庙算良策、出神入化的战略战术，阐明了中国兵学用兵制胜的途径，成为跨越领域、超越国界、穿越时空的世界文化瑰宝。

《孙子兵法》通篇以智慧为载体，其中的每一句话都是智的凝练、谋的浓缩，人们可以从其饱含深邃哲理的智谋中，领略观察事物的辩证思维原理，树立战胜对手的竞争意识，学到处理人事百端的策略手段，掌握摆脱困境的行为方法。正如李零先生所说：孙子兵法留给我们的与其说是实践的指导，倒不如说是智慧的启发。从《孙子兵法》问世以来，就以其睿智而富有辩证的思想吸引着不同时代、不同国度、不同领域的人们，《孙子兵法》应成为现代人智慧教育的必修课程。

孙子与《孙子兵法》在政治外交、体育竞技、医药卫生等领域也具有崇高的地位和声誉。孙子“贵阳而贱阴”“谨养而勿劳”“养生而处实，军无百疾”的卫生防病养生理念，备受世人推崇。清乾隆年间，太医徐大椿在他撰写的《医学源流论》中专辟《用药如用兵》一章，全面、详尽、准确地阐述了“防病如防敌”“治病如治寇”“用药如用兵”“择医如择将”等医理。文章最后得出结论：“孙武子十三篇，治病之法尽之矣。”据考证，《孙子兵法》是最早提出“养生”一词的书。“养生”一词见诸于《黄帝内经》和《庄子·养生主》，这两本书是战国至汉时期的，而《孙子兵法》成书于春秋末期。

第二次世界大战以后，国外的“孙子热”持续升温，特别是美国后来居上，尤其是20世纪80年代以来，《孙子》研究蔚然成风。在美国，凡大学讲授军事课程，均把《孙子兵法》列为必修课，美国国防大学把它列为将军们主修战略学的第一课。1989年美国海军陆战队司令曾发布命令，将《孙子兵法》列为所有官兵的军事理论必读之书，强调：“孙子的作战思想在今天仍如二千五百年前一样适用。”1989年1月9日，美国前总统尼克松75岁生日时，他给自己赠送的生日礼物是《1999：不战而胜》一书，“不战而胜”这四个字就引自《孙子兵法》。如今，《孙子兵法》不仅用于军事领域，而且被广泛用于政治、外交、企业管理、体育竞赛、医疗卫生等社会生活各个领域，并取得了令人瞩目的成绩。

《孙子兵法》是谋略学，是制胜学，是预测学，是未来学，是成才学，是成功学，它是人类学的教范，经营学的圣典。它穿越时空，历经两千多年而弥新；超越国界，放之四海而皆准；跨越行业，社会各界皆适用。英国空军元帅斯莱瑟所言：“孙武思想有惊人之处——把一些词句稍加变换，他的箴言就像昨天刚写出来的”。这句话言简意赅地道出了《孙子兵法》经久不衰的奥秘。1996 年美国哈佛大学 57 名学者将《孙子兵法》评为世界四千年十大著作之一，这说明《孙子兵法》已成为世界人民共同的精神食粮和精神财富，在历史的滚滚大潮中，它不断被人们记起和应用，不断创造着新的传奇，不断获得新鲜的生命。我们一定要珍惜和重视祖先给我们留下的历史瑰宝，把这部久负盛名的兵学圣典发扬光大，使其芳华永存。

福建泉州是我国著名侨乡，全国第一所具有颁发国家本科学历证书和授予学士学位资格的民办高校仰恩大学就坐落在洛江区风景秀丽的仙公山下。学校于 2004 年秋学期就将《孙子兵法》列入全校所有专业的必修课程，多年来，历经数次教学改革却从未间断过，全校先后有近 3 万名学生系统学习过《孙子兵法》，将兵学智慧用于商战实践并取得巨大成功。

为了适应新形势下创新创业教学改革的需要，学校对孙子兵法课程进行重新定位和调整，在原有兵学文化教育的基础上，进一步突出智慧教育，并组织人员编写《孙子兵法 36 智》专用教材。在编写过程中，编者得到国防大学教授、博士生导师、中国孙子兵法研究会常务理事薛国安先生的悉心指导和帮助，并参阅了国内外大量孙子兵法研究论著，在此一并表示谢意！由于编写人员才疏学浅，加之时间仓促，书中疏漏之处在所难免，恳请指正！

编者

2021 年 5 月

孙子兵法 36 智编审委员会

主　审： 程如平

主　编： 薛军楼

副主编： 刘文炳　陈海萍

编　委： 赵　岚　刘爱东　任　锐　曾文档

黄应喜　陈友龙　黄陆军　李翠雯

目录

目录

第一部分

绪论

我国古代兵书遗产十分丰富，据史书记载，汉初张良、韩信整理兵书，曾收集到182部军事著作，经过删取，选定了 35 部。北宋神宗时朝廷作为官书颁行的兵法丛书《武经七书》是中国古代第一部军事教科书，由《孙子兵法》《吴子兵法》《六韬》《司马法》《三略》《尉缭子》《李卫公问对》七部著名兵书汇编而成，从而奠定了中国古代军事学的基础。校定、颁行《武经七书》，是北宋朝廷在军事理论传承与发展方面上的一个贡献。近年来，随着世界范围的生存竞争的加剧，我国数目众多的古代军事典籍，特别是位居《武经七书》之首的《孙子兵法》，更是享誉全球、备受青睐。

第一章　孙武其人

《孙子兵法》，史称《孙子》，又称《孙武兵法》《吴孙子兵法》，作者是春秋末期人孙子。孙子，名武，字长卿，齐国乐安（今山东惠民县）人，我国杰出的军事家。据史籍推算，孙子与孔子是同时代人。其所著的《孙子兵法》一书，是我国乃至世界上现存最早的兵书，历来被誉为“武经”“兵学圣典”。孙子也被誉为“兵圣”“武圣人”“百世兵家之师”，自战国以来，两千多年间一直为世人所景仰。

众所周知，在春秋时代，山东大地上以泰山为界有两个诸侯国，泰山以北为齐国，泰山以南为鲁国，齐鲁大地是中华文化的重要发祥地，中华文武之道的两位代表——文圣孔子、武圣孙子都诞生在这里。从地域上来讲，孔子生于鲁国，孙子生于齐国；从年龄上来讲，孙子与孔子年龄相仿，孔子生于公元前551年，孙子出生的年代略晚于孔子，大约在公元前549年；从“立言”方面来讲，孔子倡导并创建了儒学，孙子研究兵学。他们一鲁一齐，倾毕生心血打造了推动中华传统文化发展的两只巨轮：儒学与兵学。儒学以道德教化治理天下，勾画出中华文明礼仪之邦的蓝图；兵学以智慧勇毅平定天下，阐明了东方用兵制胜的韬略。它们相辅相成、相互影响，成为中华传统文化中两个最具光彩的巨星。

孙子生活的时代，正是我国历史上封建制度代替奴隶制度的社会大变革时期。他所出生的田氏家族，是当时齐国新型地主阶级政治代表，也是一个兵学世家。这样的条件使他自幼受到了良好的兵学文化熏陶，为日后的战争实践和在军事理论方面的造诣打下了坚实的基础。

孙子祖籍陈国，其先祖田完（古音陈、田音同义通）为避难逃至齐国。田完五世孙田书（孙子的祖父）因战功被齐王封于乐安，并赐姓孙。到孙武，田孙氏虽为齐国的“四大姓”之一，但贵族间的斗争异常残酷，孙子便举家逃至南方水乡吴国，隐居于吴都姑苏（今苏州市）城外，一边耕织养家，一边潜心研究兵法。其间，他结识了时任吴国大臣、深富韬略的伍子胥，与之切磋学术，进一步开阔了视野，二人由于共同的志趣和理想结为莫逆之交。

当时吴王阖庐谋划攻打楚国、称霸天下，正愁缺少一位杰出的将帅来统领军队、指挥战争，伍子胥相机把孙子推荐给吴王。孙子带着所著的兵书十三篇去见吴王阖庐，深得赏识。孙子用吴王的 180 名宫女演练兵法，“演阵斩美姬”，更使吴王信其神武，于是便任命他为大将军。

孙子为将后，与伍子胥等人辅助吴王，积极图强，与楚交战。五战入郢，是孙子军事生涯中极其辉煌的一页。从此，孙子作为伟大的军事家闻名遐迩。吴王阖庐实现了破楚入郢的夙愿，楚国从此元气大伤，渐渐走向衰落。而吴国则名声大振，不仅成为南方强国，而且使北方的齐、晋等大国也畏惧三分。

吴楚之战以后，史籍再不见孙子的记载。有人推想，孙子建功后不愿做官，还山归隐，飘然而去，不知所终。《越绝书》称，姑苏城外十里有孙武墓冢，其真伪有待进一步考证。

第二章 孙武其功

春秋鲁卿大夫穆叔有言，做人当“三不朽”，即“太上有立德，其次有立功，其次有立言”。孙子耗尽心血撰写兵法十三篇以立言而不朽于世，对于他的立功事迹，司马迁在《史记·孙子吴起列传》中用 406 个字作了表述：“孙子武者，齐人也。以兵法见于吴王阖庐。 ……于是阖庐知孙子能用兵，卒以为将。西破强楚，入郢，北威齐晋，显名诸侯，孙子与有力焉。”史记中关于孙子进献兵书、吴宫教战、吴王拜将讲述得比较详细。孙子拜将之后的功绩主要体现在以下几个方面。

一是养城之战。阖庐三年（公元前 512 年）即孙武拜将当年，阖庐为了诛杀他的政敌——前吴王僚的两个兄弟掩馀、烛庸，便派使臣到徐国（安徽泗县、江苏泗洪一带）和钟吾国（江苏宿迁市东北），要求交出在此避难的两个公子，徐国和钟吾国自恃有楚国为后盾，并未从命，而是暗助吴国两位公子逃离本国，投奔了楚国。楚国的国君楚昭王，把他们安置在养城并给以优厚待遇，把养城作为抵御吴军进攻的一道防线。吴王阖庐对此十分恼火，便于这年冬天以孙武为将率兵消灭徐国和钟吾国，攻克养城，为西破强楚清除障碍。

养城之战是孙武受命拜将后指挥的第一场战役，因此孙武格外重视。战前，他认真分析敌我双方的力量对比，亲自制订战略战术和作战计划，然后亲自挑选了一部分经过严格训练的陆军和部分水师，开始了北征徐国和钟吾国的战斗。孙武率师北上，过长江，入淮河，调集战车、战船，突然包围了钟吾国，以压倒性的优势迅速攻克都城，拘捕了国君，钟吾国灭亡。孙武乘胜进军徐国，利用紧临淮水的有利条件，用大水灌淹了徐国。吴军水师在徐都的城濠中游弋，徐国国君章禹见大势已去，断发自刑，投降吴国。吴军未经过战斗，“不战而屈人之兵”，消灭了徐国。尔后，孙武采取“扰楚疲楚，攻克养城”的战略方针。先后派出两支部队佯攻楚国的两处战略要地，调动敌人首尾不能相顾，然后亲率一支得力部队轻而易举地攻破了养城，活捉了掩馀和烛庸两位公子，并立即处死。养城之战胜利结束，吴军胜利班师回吴，途中又乘楚军不备，攻占楚国重镇舒邑，取得了巨大的胜利。

二是伐楚之战。孙武首次率兵出征便旗开得胜，大获成功。这一下可乐坏了吴王阖庐，在嘉勉孙武的同时，要求孙武乘胜追击，攻打楚国。面对胜利和荣誉，孙武显得非常冷静。他分析了吴、楚两国的历史和现状，认为吴国还不具备全面破楚入郢的军事实力，更没有克敌制胜、自保而全胜的把握。孙武果断地劝谏吴王说：“楚国是天下第一支劲旅，非徐国和钟吾国可比。我军已连灭两国，人疲马乏，军资消耗，不如暂且收兵，养精蓄锐，再等良机。”于是阖庐听取了孙武的建议。孙武向吴王阐明，只有强国才能争霸，只有强军才能胜敌，于是建议吴王展开了一系列强国治军的活动。吴国军队在孙武的管理和训练下，武器装备得到更新和改良，士卒素质、战斗力明显增强。孙武还在辅佐吴王发展经济、训练军队、壮大军国实力的同时，向吴王提出了一套用以长期消耗楚国经济和军队实力的疲楚战略。具体计策是把吴军分成三批：一批休整并负责本国的卫戍任务；一批进行系统训练，提高战斗能力；一批在楚国边境活动，负责骚扰楚军。同时，通过不断运动麻痹对方，在局部地区创造时机，造成以强对弱的态势，集中优势兵力，一小部分一小部分地消灭楚军的有生力量。孙武在设计扰楚、疲楚，大量消耗楚军有生力量的同时，广泛应用“伐交”策略，积极策动楚国的邻国唐、蔡，叛楚亲吴。后来蔡国国君又通过晋定公联络宋、齐、鲁、卫等十八个诸侯国，都弃楚附晋，支持吴国进军楚国。

阖庐九年（公元前 506 年），楚国攻打已经归属吴国的蔡国，给了吴国征伐楚国的借口。这年冬吴王阖庐拜孙武为将军、伍子胥为副将、胞弟夫概为先锋，率领水陆精兵三万人，兴师伐楚。

吴军进攻楚国，直捣楚国都城郢，有两条进军路线。第一条是沿长江溯江而上，这条路线一则千里运兵有困难，再则江面坦荡易于暴露。第二条路线是入淮水，然后再舍舟登岸，越过大别山，进入楚国腹地。孙武建议采取第二条路线，运用“攻其无备，出其不意”的战略，千里跃进，迂回破楚，奇袭郢都。结果吴军千里奇袭直插楚国腹地，顺利抵达汉水东岸。获悉吴军主力突然出现在汉水以东，楚昭王急命囊瓦为主帅、左司马沈尹戍为副帅，领兵二十万，从夏州（今湖北汉口）仓促赶到汉水西岸，抵御吴军进攻。吴楚两军以汉水为界，摆开战场，对峙待战。

面对二十万大军，孙武与伍子胥进行了认真策划，决定诱使楚军主力东渡汉水，至柏举地区，全歼敌军主力。楚将沈尹戍分析了吴、楚双方的战略形势，他认为吴军千里奔袭，孤军深入，后勤保障困难，急于速战取胜。楚军在国内作战，补给方便，熟悉地形，适于打持久战，最终拖垮吴军。沈尹戍建议主帅囊瓦兵分两路，主力部队由囊瓦率领，沿汉水列阵，吸引吴军主力，但不要抢渡汉水与吴军交战；自己率领一支队伍，北上到方城，调集那里的楚军，迂回到吴军侧后，烧毁吴军停泊在淮水的船只，截断吴军的归路。这样楚军两支队伍前后夹击，吴军腹背受敌，必然军心涣散，不攻自破。囊瓦完全赞成，于是兵分两路，按计行事。孙武一向十分重视军事间谍活动，楚军的行动很快被孙武派出的间谍人员获知，并报告孙武。孙武认为如果楚军迂回包抄，前后夹击的图谋得逞，吴军的处境将十分危险，于是设“卑而骄之”之计，引诱楚国主力出战。汉水对岸的囊瓦果然中计，他见吴军这边有机可乘，一时贪功夺利的私心作怪，率大军渡过汉水，向吴军发起了攻击。孙武见囊瓦中计，便继续施用“诱敌”和“误敌”的计谋，陈兵列阵，故意摆出一副决战架势，但一战即退，一打就走，一步步诱使楚军进入吴军准备决战的柏举地区，一举将敌人击败。囊瓦身边两名大将，一名被俘，一名战死。囊瓦则弃军而走，逃奔到郑国。然后孙武指挥吴军又击败了前来救援的沈尹戍的军队，顺势包围并攻克了楚都郢城，楚昭王见大势已去，逃到隋国。

吴楚之战是春秋以来规模最大的战争之一。在孙武指挥下，吴国以三万精兵击败楚国二十万大军，五战五胜，最后直捣郢都，成为中国乃至世界战争史上以少胜多的著名战例。吴国伐楚之战的胜利，印证了《孙子兵法》十三篇中“慎战”“备战”“伐交”等战略思想的伟大，充分展现了孙武的才智与谋略。

三是南服越人。这是指伐楚前，吴国对越国的一次伐谋、伐交军事行动。越国是楚的附属国。为防止吴伐楚时越国乘虚而入、腹背受敌，孙武建议吴王阖庐派使臣赴越，借兵借粮，联合伐楚。

越国若答应，则无犯我之意；若不答应，则兴兵伐越，先行铲除隐患。吴王派大臣出使越国，说明来意。越王召集群臣商议，范蠡智谋过人，识破了孙武的计谋，他对越王说，吴国借兵借粮并非求助于我，只不过探我信息：趁他伐楚之时是否兴兵攻吴。我可修书于吴王，言明越国民穷兵弱，只能资助粮草一表诚心。倘若吴国伐楚，我可一举攻下吴国。越王于是修书一封，并调拨军粮五百石送吴，阖庐见状欣喜，越国送粮无犯我之意。孙武摇头否认道，越以粮草安我心，待我出征伐楚，必带兵来打，我们可派五千士卒驻守吴越边境，越国就不敢冒犯了。范蠡见吴国派兵，知自己的计谋被孙武识破，言于越王，孙武善于谋略，与其为敌，将来必中其计，还是不要招惹为上策。排除了越国的后顾之忧，这才保证了伐楚的胜利。关于司马迁说的北威齐晋，是指声威制敌，孙子并没有参与指挥吴国与齐国、晋国的战役战斗。

第三章　孙武其名

《孙子兵法》内容博大精深、丰富多彩，历来被尊为“兵经”“兵学圣典”，两千多年来久负盛名。司马迁在《史记》中赞曰：“世俗所称师旅，皆道孙子十三篇。”战国晚期法家代表人物韩非子曾说：“境内皆言兵，藏孙吴之书者家有之。”战国军事家尉缭子说：“有提十万之众而天下莫当者，谁？曰桓公也。有提七万之众而天下莫当者，谁？曰吴起也。有提三万之众而天下莫当者，谁？曰武子也。”三国军事家曹操说：“吾观兵书战策多矣，孙武所著深矣。”唐太宗李世民称赞《孙子兵法》曰：“朕观诸兵书，无出孙武；孙武十三篇，无出虚实。夫用兵识虚实之势，则无不胜焉。”唐代名将李靖常与唐太宗谈兵论道，后人撰成《李卫公问对》一书，书中大量引用了孙子的论述。李靖曾指出：“《孙子兵法》千章万句，不外乎‘致人而不致于人’而已。”宋代大文豪苏轼也说：“古之言兵者，无出于孙子矣。奇正之相生，战守攻围之法，盖以百数，虽欲加之而不知所以加之矣。”他还评价：“《孙子兵法》辞约而意丰，自古以兵书著者罕所及。”明朝茅元仪在《武备志·兵诀评》中说：“前孙子者，孙子不遗；后孙子者，不能遗孙子。”明代李贽也发出感叹：“孙子之为至圣至神，天下万古无以复加也。”北宋名相王安石盛赞曰：“但用孙武一二言，即可成功名。”

《孙子兵法》不仅以谋略战策著称，而且以其文采名垂后世。后人评价《孙子兵法》兵以文传，文以兵著，兵文并茂，相得益彰。其不朽的文学成就，使《孙子兵法》成为我国古代议论文的典范。北宋李涂在《文章精义》中说：“孙子兵法，如串八宝，珍瑰不断。”南北朝梁代文学理论家刘勰在《文心雕龙》中说：“孙子兵经，词如珠玉，岂以习武而不晓文邪？”南宋郑厚在《艺圃折衷》中把《孙子兵法》视为古文之最而加以称道：“孙子十三篇，不惟武人之根本，文人亦当尽心焉。其辞约而缛，易而深，畅而可用，《论语》《易》《大传》之流，孟、荀、扬著书皆不及也。”明代的《纬文琐语》说：“老子、孙子一字一理，如串八宝珠瑰，间错而不断……战国文章，孟、庄而下，孙武、韩非所为最善，余人莫及。”清代林野在《春觉斋论文》中指出：“《始古录》谓欧阳修《醉翁亭记》用‘也’字，东坡《酒经》用‘也’字，王荆公《度支郎中萧公墓铭》皆用‘也’字，不知谁相师法，然皆出《孙武子》十三篇中。”

《孙子兵法》对人生教化的作用，很早就被社会各界所重视和认可。明代谈恺称“孙子上谋而后攻，修道而保法，论将则曰仁智信勇严，与孔子合”，将文武两圣相提并论，认为《孙子兵法》无论对军事斗争还是为人处世都具有教化作用。

明代文人李贽更发出“吾独恨其不以‘七书’与‘六经’合而为一，以教天下万世也”的感叹，把《孙子兵法》等七部兵书与“六经”一样，视为人生处世的经典。民国时期研究《孙子兵法》的专家李浴日指出：“孙子是‘圣经’，倘若你苦闷时拿起它读读，必然快乐风生；倘若你失败时，捧起它研究研究，必会吸收着成功的降临。”他把《孙子兵法》当作人生处世的教科书和座右铭。

商场如战场，治产如治兵。早在战国时代，《孙子兵法》成书尚不久，其兵法谋略智慧就被施用于商业经营之中。太史公司马迁在《史记·货殖列传》中引用被称为经商鼻祖的战国时期著名经济谋略家和理财家白圭的话说：“吾治生产犹伊尹、吕尚之谋，孙、吴用兵，商鞅行法是也。故其智不足以权变，勇不足以决断，仁不能以取予，强不能有所守，虽欲学吾术，终不告之矣。”白圭从其理论中引申出来的“人弃我取，人取我予”的经营方针，实际上就是《孙子兵法》“致人而不致于人”“避实而击虚”原则的商业衍化。古人有诗赞曰：“陶朱商经石中玉，鬼谷兵书璧有瑕。大商之道何处寻，一部《孙子》治天下。”日本、美国及欧洲等许多企业家和管理学家都把中国古代先哲孙子作为天下第一神灵，公开宣称《孙子兵法》是他们成功的法宝。

孙子与《孙子兵法》在政治外交、体育竞技、医药卫生等领域也具有崇高的地位和声誉。孙子“贵阳而贱阴”“谨养而勿劳”“养生而处实，军无百疾”的卫生防病养生理念，备受世人推崇。清乾隆年间，太医徐大椿在他撰写的《医学源流论》中专辟《用药如用兵》一章，全面、详尽、准确地阐述了“防病如防敌”“治病如治寇”“用药如用兵”“择医如择将”等医理。文章最后得出结论：“《孙子兵法》十三篇，治病之法尽之矣。”据考证，《孙子兵法》是最早提出“养生”一词的书。“养生”一词见诸于《黄帝内经》和《庄子·养生主》，这两本书是战国至汉时期的，而《孙子兵法》成书于春秋末期。

以上讲的是中国古代对孙子与《孙子兵法》的赞誉，在中国近代史上许多伟人先贤都对孙子给予了极高的评价。伟大的中国革命先行者孙中山非常崇敬古代兵家思想，将《孙子兵法》尊为军事智谋的理论源泉。他指出：“就中国历史考究，两千多年前的兵书有十三篇，这十三篇便成为中国的军事哲学。”梁启超则称赞：“孙子一书，兵学之精神备焉。虽拿破仑之用兵，不能出其范围也。”在我国革命战争年代，许多老一辈无产阶级革命家也十分注意从古代兵书中寻求启发和借鉴，并结合长期的革命战争实践，始终坚持学用结合、学以致用。

《孙子兵法》不但属于中国，而且属于全世界。在公元 8 世纪，《孙子兵法》流传到国外，现已有朝、日、法、英、俄、意、捷、越、马来、希伯来、西班牙、罗马尼亚、伊朗等外文译本，共 30 多种语言 800 多个版本。

日本学者北村佳逸在《孙子解说》序中赞道："汉民族自在黄河流域建筑了文化的基础，春风秋雨五千年了，其间不知死生了多少人，用剑或有优于孙子者，但用笔而敌于孙子者实无一人。彼是兵学家、哲学家，更是东方第一流的大文豪。"英国军事理论家哈特认为《孙子兵法》内容之全面、论述之深刻，即使到了今天也无人能超过。他说："即使是克劳塞维茨的《战争论》，其生命力也不及《孙子》。"

第二次世界大战以后，国外的"孙子热"持续升温，特别是美国后来居上，尤其是 20 世纪 80 年代以来，《孙子兵法》研究蔚然成风。在美国，凡大学讲授军事课程，均把《孙子兵法》列为必修课，美国国防大学把它列为将军们主修战略学的第一课。1989 年美国海军陆战队司令曾发布命令，将《孙子兵法》列为所有官兵的军事理论必读之书，强调："孙子的作战思想在今天仍如二千五百年前一样适用。"1989 年 1 月 9 日，美国前总统尼克松 75 岁生日时，他给自己赠送的生日礼物是《1999：不战而胜》一书，"不战而胜"这四个字就引自《孙子兵法》。美国前总统老布什是《孙子兵法》的推崇者之一，1990 年 8 月，海湾危机爆发后，《洛杉矶时报》记者采访时发现布什桌子上摆放着两本书，一本是《恺撒传》，另一本就是《孙子兵法》。据说在海湾战争中，美国海军陆战队官兵人手一册《孙子兵法》。海湾战争结束后，有的西方记者指出："从某种意义上说，美国的胜利是中国《孙子兵法》的胜利。"詹姆斯·克拉维尔在推荐《孙子兵法》时说："我真诚地希望你们喜欢读这本书。当然，我希望把这部书列为自由世界中所有官兵、一切从事政治活动的人以及政府和大学里所有人必读之作。如果我是最高统帅或被选为总统或当上总理，我要以法律的形式确定下来：所有军官，特别是将军，每年都要参加两次《孙子十三篇》的考试，一次口试，一次笔试，及格分数为 95 分。考试不及格的将官立即自动罢免，并不准上诉，其他军衔的军官则自动降级。"

今天，《孙子兵法》不仅用于军事领域，而且被广泛用于政治、外交、企业管理、体育竞赛、医疗卫生等社会生活各个领域，并取得了令人瞩目的成绩。美国著名经济学家霍古茨在《企业管理》一书中曾经说："《孙子兵法》中揭示的许多原理和原则，迄今仍然是颠扑不破的，仍有运用价值。"美国著名管理学家乔治在《管理思想史》中说："你想成为管理人才吗？必须去读《孙子兵法》！""今日，虽然战车已经过时，武器已经改变，但是运用《孙子兵法》思想，就不会战败。"美国兰德公司学者波拉克说："孙子如孔子一样有永恒的智慧，这种智慧属于全世界。"《孙子兵法》和马基雅维利的《君主论》、葛拉西安的《智慧书》并列为世界人类思想史上具有永恒价值的三大智慧奇书。难怪有西方记者说："如果人生只读一本书的话，那就是《孙子兵法》。"

《孙子兵法》是谋略学，是制胜学，是预测学，是未来学，是成才学，是成功学，它是人类学的教范、经营学的圣典。它的魅力所在是：穿越时空，历经千年而弥新；超越国界，放之四海而皆准；跨越行业，社会各界皆适用。正如英国空军元帅斯莱瑟所言："孙武思想有惊人之处——把一些词句稍加变换，他的箴言就像昨天刚写出来的。"

第二部分

智慧之源

第一章　计篇——莽汉斗不过军师

计篇为《孙子兵法》的首篇，在全书中具有提纲挈领的作用。该篇中，孙子开宗明义地提出“兵者，国之大事”，从总体上论述了战争对国家兴亡的重大影响，明确地表明了慎战与备战的观点。通过“五事七计”的分析与比较，揭示了国家战争力量构成的基本要素以及战争制胜的普遍规律。计篇是孙子军事思想的支撑点，战争无筹划不足以取胜，事业无计谋不足以成功。正如孙子所说：“夫未战而妙算胜者，得算多也。”

【原文】

孙子曰：兵[1]者，国之大事，死生之地，存亡之道[2]，不可不察[3]也。

故经之以五事[4]，校[5]之以七计，而索其情[6]：一曰道[7]，二曰天[8]，三曰地[9]，四曰将[10]，五曰法[11]。道者，令民与上同意也[12]，故可以与之死，可以与之生，而不畏危[13]也。天者，阴阳、寒暑、时制也[14]。地者，远近、险易、广狭、死生也[15]。将者，智、信、仁、勇、严也。法者，曲制、官道、主用也[16]。凡此五者，将莫不闻[17]，知之者胜，不知之者不胜。

故校之以七计，而索其情。曰：主孰有道[18]？将孰有能？天地孰得？法令孰行？兵众孰强？士卒孰练？赏罚孰明？吾以此知胜负矣。

将听吾计[19]，用之必胜，留之；将不听吾计，用之必败，去之[20]。计利以听[21]，乃为之势[22]，以佐其外[23]。势者，因利而制权也[24]。

兵者，诡道也[25]。故能而示之不能[26]，用而示之不用[27]，近而示之远，远而示之近。利而诱之，乱而取之[28]，实而备之，强而避之[29]，怒而挠之[30]，卑而骄之[31]，佚而劳之[32]，亲而离之[33]，攻其无备，出其不意。此兵家之胜，不可先传也[34]。

夫未战而庙算胜者[35]，得算多也[36]；未战而庙算不胜者，得算少也。多算胜少算不胜，而况于无算乎！吾以此观之，胜负见矣。

【注释】

[1] 兵：兵器，兵士，军队，战争等。这里指战争。

[2] 死生之地，存亡之道：意为战争是关系到军民死生、国家存亡的大事，是对“兵者，国之大事”的具体说明和补充。

[3] 察：本意是细看，这里指考察、研究、慎重考虑。

[4] 经之以五事：通过以下五个方面来分析研究。经，衡量。这里是分析研究的意思。

[5] 校（jiào）：比较。

[6] 索：探索。情：指实际情况。

[7] 道：道义，品德。这里指在政治方面是否得民心。

[8] 天：指天时（气候、时令）方面的条件。

[9] 地：地理条件，如距离远近、险要平坦、广阔狭隘等地形、地势。

[10] 将：将令。这里指统率作战的将帅的谋略、智能以及指挥士兵作战的方法等。

[11] 法：军法、法令。这里指军队的编制、将帅的职掌、军备物资的供给等。

[12] 上：指国君。同意：想法一致。

[13] 不畏危：不惧怕危险。

[14] 阴阳：这里指昼夜、晴雨等气象变化。时制：指春、夏、秋、冬四季。

[15] 险易：地势的险阻平坦。死生：这里指死地与生地，即地形是否有利于攻守进退。

[16] 曲制：指军队编制制度。曲，部曲，指军队。官道：指各级将吏的职责划分以及统辖管理制度。主用：掌管物资费用的后勤管理制度。主，掌管。用，物资费用。这些都属于古代军法的规定范围。

[17] 闻：知道，了解。

[18] 孰：疑问代词，谁，哪一方。

[19] 将：虚词，表示假设，犹“如果”。下句“将不听吾计”之“将”与此同意。

[20] 去：离开。

[21] 计利：分析后有优势，有利于我。听：听从，采纳。

[22] 势：含有态势之意，如战略形势、战术态势、战场优势等。它与“形”相反，多指随机的、能动的东西，如指挥的灵活、士气的勇怯等。

[23] 佐：辅助。外：指国境之外。古时用兵多在境外，如《管子·七法》里说：“故凡攻伐以为道也，计必先定于内，然后兵出乎境。计未定于内而兵出乎境，是则战之自胜，攻之自毁也。”

[24] 制权：指根据实际利害关系而灵活应变。权，权变，灵活处置。

[25] 诡：诡秘、诡诈。意思是说用兵打仗是一种诡诈的行为。

[26] 示：显示、表示。这里也含有伪装的意思。

[27] 用而示之不用：本来要打，故意装作不打；本来要用某人，故意装作不用他等。例如，公元219年，吴将吕蒙想乘蜀将关羽北攻樊城之机，夺取荆州。由于关羽对吕蒙有所戒备，仍留有重兵把守江陵、公安等地。吕蒙为了麻痹关羽，假称病重，孙权公开把他招回建业（今南京），并以“未有远名，非羽所忌”的陆逊来代替，以掩饰其夺取荆州的意图。后关羽果然放松了对荆州的防守，从江陵、公安调兵进攻樊城，吕蒙便乘机沿江而上，指挥吴军夺取了公安、江陵

等地，很快夺取了荆州。

[28] 乱而取之：对处于混乱状态的敌人，要乘机攻取它。例如，公元 383 年，东晋军于洛涧（今安徽怀远南）大败前秦军，迫使秦军沿淝水西岸布阵，晋将谢玄利用秦主苻坚骄傲的心理，声称愿意渡河与秦军决一胜负，要求秦军先后退一步。苻坚也想利用这个机会诱使晋军渡河，乘其半渡而击之，于是命令部队稍向后退，但一退而不可遏止，造成阵势混乱。晋军乘机抢渡淝水，大败秦军。

[29] 强而避之：对于强大的敌人，要暂时避开它。例如，公元前 154 年，汉景帝为平定七王之乱，派周亚夫率军东攻，吴楚联军兵势强盛，难与争锋，采取了“以梁委之，绝其粮道”的谋略。汉军进据昌邑（今山东金乡西北），避而不战，听任吴楚联军进攻梁军，以便利用梁地（今河南东部）拖住敌方。后汉军进至下邑（今安徽砀山东），仍深沟高垒，坚壁固守。等到吴楚联军饥疲不堪而不得不撤退时，周亚夫才率军乘势追击，大破吴楚联军。

[30] 怒而挠之：这句是指对于易怒的敌将，要用挑逗的办法激怒他，使其失去理智，莽撞行动。例如，公元前 203 年，汉军乘项羽攻彭越之机，围攻城莩（今河南荥阳西北）。楚将曹咎起先按照项羽“谨守成皋，若汉挑战，慎勿与战”的告诫，坚守不出。后来由于汉军连续挑战和辱骂，曹咎一怒之下，便率部出击，汉军趁楚军半渡汜水时发起进攻，取得很大胜利。另一说，敌人气势汹汹，就设法干扰屈挠，“待其衰懈也”（曹操语）。挠，扰也。

[31] 卑而骄之：敌人卑辞慎行，要设法使其更加骄傲，然后寻机击破。另一说，对敌人要示以卑弱，使其骄傲，放松戒备，从而利于攻击。

[32] 佚而劳之：意即对休整充分的敌人，要设法使其疲劳。例如，公元前 512 年，吴王阖庐准备大举攻楚，孙武认为时机尚未成熟，加以劝阻。吴王于是根据伍子胥的建议，把吴军分为三军，轮番袭扰楚军，连续六年忽南忽北地骚扰楚国边境，使楚军疲于奔命，为公元前 506 年的破楚入郢（今湖北江陵北）创造了条件。佚，通“逸”，即安逸、安稳。这里是指休整充分的意思。劳：使动用法，使疲劳。

[33] 离：离间。

[34] 不可先传：不能事先规定。传，传授，这里可引申为“规定”。

[35] 庙算：古时出兵作战之前，都要到宗庙里举行仪式，商讨作战计划，这就叫作“庙算”。

[36] 得算多：指取得胜利的条件多。算，本指计数用的筹码，这里引申指取得胜利的条件。

【译文】

孙子说：战争是一个国家的头等大事，关系到军民的生死、国家的存亡，是不能不慎重周密地观察、分析、研究的。

因此，要通过对敌我五个方面的分析、七种情况的比较，来探求战争胜负的情势。（这五个方面）一是道，二是天，三是地，四是将，五是法。所谓“道”，是指民众与国君目标相同，意志统一。这样，民众在战争中就可以为国君出生入死而不存二心。所谓“天”，是指昼夜、晴雨、寒冷、炎热、四季更替。所谓“地”，是指地势高低、路途远近、地形险阻或平坦、作战地域宽广或狭窄、地形是否有利于攻守进退。所谓“将”，是指将帅的智谋才能、赏罚有信、爱抚士卒、勇敢果断、军纪严明。所谓“法”，是指军队的组织编制、将吏的管理、军需的管理。凡属这五个方面的情况，将帅都不能不知道，充分了解这些情况的就能打胜仗，不了解这些情况的就不能打胜仗。

所以，要通过双方七种情况的比较，来探索战争胜负的情势。这七种情况是哪一方君主政治清明，哪一方将帅更有才能，哪一方拥有更好的天时地利，哪一方法令能够贯彻执行，哪一方武器装备精良，哪一方士卒训练有素，哪一方赏罚公正严明。我们依据这些，就能够判断谁胜谁负了。

如果能听从我的计谋，用兵作战一定能够胜利，我就留下；如果不能听从我的计谋，用兵作战必定失败，我就离开。筹谋有利的方略已被采纳，于是就造成一种态势，作为外在的辅助条件。势，就是凭借有利于己的条件，灵活应变，掌握作战的主动权。

用兵是一种诡诈之术。因此要做到：能打，假装不能打；要打，假装不要打；要向近处，装作要向远处；要向远处，装作要向近处；敌人贪利，就用小利引诱他；敌人混乱，就乘机攻取他；敌人气势汹汹，就设法屈挠他；敌人卑辞慎行，就要使之骄横；敌人休整良好，就要使之疲劳；敌人内部和睦，就要离间他。要在敌人没有防备处发动攻击，在敌人意料不到时采取行动。这是军事家指挥的奥妙，是不可预先讲明的。

开战之前就预计能够取胜的，是因为筹划周密、胜利条件充分；开战之前就预计不能取胜的，是因为筹划不周密、胜利条件不足。筹划周密、条件充分就能取胜；筹划疏漏、条件不足就会失败，更何况不作筹划、毫无条件呢？我根据这些来分析，战争的胜败就显而易见了。

第二章 作战篇——行动是制胜的关键

本篇着重论述了决策之后该如何从实际出发进行战争准备的问题。孙子认为由于战争规模巨大，对人力、物力以及财力的依赖严重，特别是深入敌国的战争，更是旷日持久、日费千金，为此，孙子提出了“兵贵神速”这一速战速决的作战方针。战争中往往是歼敌一万，自损八千，那么如何才能战胜敌人让自己变得更加强大呢？孙子又提出了“取用于国，因粮于敌”的军事后勤保障原则，以及“卒善而养之，车杂而乘之”的策略。

【原文】

孙子曰：凡用兵之法，驰车千驷[1]，革车千乘[2]，带甲[3]十万，千里馈粮[4]，则内外[5]之费，宾客之用[6]，胶漆之材[7]，车甲之奉[8]，日费千金[9]，然后十万之师举[10]矣。

其用战也胜[11]，久则钝兵挫锐[12]，攻城则力屈[13]，久暴师则国用不足[14]。夫钝兵挫锐，屈力殚货[15]，则诸侯乘其弊[16]而起，虽有智者，不能善其后矣。故兵闻拙速，未睹巧之久也[17]。夫兵久而国利者，未之有也。故不尽知用兵之害者，则不能尽知用兵之利也。

善用兵者，役不再籍[18]，粮不三载[19]；取用于国[20]，因[21]粮于敌，故军食可足也。

国之贫于师者远输[22]，远输则百姓贫。近于师者贵卖[23]，贵卖则百姓财竭，财竭则急于丘役[24]。力屈、财殚，中原[25]内虚于家。百姓之费，十去其七；公家之费，破车罢马[26]，甲胄矢弩[27]，戟楯蔽橹[28]，丘牛大车[29]，十去其六。

故智将务食于敌。食敌一钟[30]，当吾二十钟；萁秆[31]一石[32]，当吾二十石，故杀敌者，怒也；取敌之利者，货也[33]。故车战，得车十乘已[34]上，赏其先得者，而更其旌旗，车杂[35]而乘之，卒善而养之，是谓胜敌而益强。

故兵贵胜，不贵久。

故知兵之将，生民[36]之司命[37]，国家安危之主也[38]。

【注释】

[1] 驰车千驷（sì）：千辆战车。驰车，快速轻便的战车。驷，原指一车套四马，这里做量词。

[2] 革车：我国古代作战用的一种装载各种军需品如粮秣、军械、装具等辎重的兵车。乘（shèng），辆。

[3] 带甲：穿戴盔甲的士卒，泛指军队。

[4] 馈（kuì）粮：运送粮食。馈，馈送，供应。

[5] 内外：这里指前方后方。

[6] 宾客之用：指与诸侯国的使节往来的费用。

[7] 胶漆之材：胶漆，制作、保养、修饰弓矢器械的材料。这里泛指制作或维修作战器械所需的各种物资。

[8] 车甲之奉：指武器装具的保养补充。车甲，车辆、盔甲。奉，保养。

[9] 千金：巨额钱财。

[10] 举：出动。

[11] 其用战也胜：指用兵作战要速胜的意思。

[12] 钝兵挫锐：军队疲惫，锐气受挫。

[13] 力屈：力量耗尽。屈，竭尽。

[14] 久暴师则国用不足：军队长期在外作战，就会给国家经济造成困难。

[15] 殚（dān）货：经济枯竭的意思。殚，枯竭。货，财货，这里指经济。

[16] 弊：疲困，引申为危机。

[17] 兵闻拙速，未睹巧之久也：用兵打仗只听说宁拙而求速胜的，没听说过求巧而久拖的。

[18] 籍：征集兵员。

[19] 载：运载，输送。

[20] 取用于国：武器装备等从国内取用。

[21] 因：依靠。

[22] 国之贫于师者远输：师，军队。国家因用兵导致贫困，远道运输是个重要原因。

[23] 贵卖：物价飞涨的意思。

[24] 丘役：赋税徭役。丘，古代田地的行政单位，一般按丘征发人力、畜力、物力等赋役。

[25] 中原：代指国内。

[26] 破车罢马：破车，战车损坏。罢马，战马疲病。罢，通“疲”。

[27] 甲胄（zhòu）矢弩：泛指装备战具。甲，护身的铠甲。胄，头盔。矢，箭。弩，发箭的弓。

[28] 戟楯蔽橹（jǐ dùn bì lǔ）：泛指各种攻防兵器。戟，将戈与矛合在一起的一种古兵器。楯，通“盾”。蔽橹，用作屏蔽的大盾牌。

[29] 丘牛大车：辎重车辆。丘牛，大牛。

[30] 钟：容量工具，每钟 64 斗。

[31] 萁（qí）：豆秸（jiē）。秆：禾茎。

[32] 石（dàn）：重量单位。一石约等于 120 斤。

[33] 取敌之利者，货也：这里指用财货奖赏的意思。全句的意思是要想夺取敌军的资财，就要奖赏士卒。

[34] 已：同“以”。

[35] 杂：混合，掺杂。

[36] 生民，泛指民众。

[37] 司命：星宿名，此处借喻为命运的掌握者。

[38] 主：主宰。

【译文】

孙子说：用兵作战的一般规律是，动用轻型战车千辆、重型战车千辆、军队十万，还要越境千里运输粮食，那么前方后方的费用、招待国宾使节的用度、胶漆器材的供应、车辆盔甲的维修，每天耗费千金，然后这支十万军队才能出动。

用这样的军队去作战，旷日持久就会耗损兵力、挫伤锐气再去攻城就会使战斗力耗尽。军队长期在外作战，就会使国家的财政发生困难，耗损兵力，挫伤锐气，军事实力耗尽，国家经济枯竭，那么诸侯列国就会乘此危机发起进攻。到那时即使有智谋的人，也无法挽回危局了。所以，用兵作战，只听说指挥虽拙，但求速胜，而没有见过为讲究指挥工巧而求持久的。战争久拖不决对国家有利的情形是没有的。所以，不完全了解用兵有害方面的人，就不能完全了解用兵的有利方面。

善于用兵的人，兵员不再次征集，粮秣不多次运输，武器装备自国内取用，粮草饲料在敌国补充，这样，军队的粮秣供应就充足了。

作战给养远距离运输，老百姓和国家就会贫穷。近军队集结的地方，物价就会上涨。物价上涨，就会使百姓的财富枯竭，财富枯竭就要急于增加赋役。军力耗尽、财富枯竭、国内家家空虚，百姓的财产要耗去十分之七；国家的资财也由于车辆损坏，马匹疲病，盔甲、箭弩、戟盾、蔽橹以及运输用的大牛、大车的征集、补充而损失十分之六。

所以，明智的将帅务求取粮于敌对国。消耗敌国粮食一钟，相当于从本国运输二十钟；动用敌国草料一石，相当于从本国运送二十石。要使军队勇敢杀敌，就要激励部队的士气；要使军队斩关夺隘，就要用财物作奖励。在车战中，凡缴获战车十辆以上的，就要奖励首先夺得战车的人，并把敌人的旗帜换成我军的旗帜，与我军的战车编组。对俘虏的兵卒要给予优待并使用他们。这就是所谓战胜敌人而使自己更加强大。

所以，用兵贵在速胜，而不应旷日持久。

所以，懂得用兵作战的将帅，是民众生死的掌握者，是国家安危的主宰者。

第三章　谋攻篇——追求战争胜利的最高境界

本篇主要论述了如何运用谋略克敌制胜的问题。孙子以“不战而屈人之兵”和“全胜”作为将帅用兵艺术所应当追求的最高境界，突出强调以谋胜敌，并深刻揭示了“知彼知己，百战不殆”这一著名的军事规律。同时还将战争的谋略与决策进行了层次上的划分，即“上兵伐谋，其次伐交，其次伐兵，其下攻城”等。

【原文】

孙子曰：夫用兵之法，全国为上，破国次之[1]；全军为上，破军次之；全旅为上，破旅次之；全卒为上，破卒次之；全伍为上，破伍次之[2]。是故百战百胜，非善之善者[3]也；不战而屈人之兵，善之善者也。

故上兵伐谋[4]，其次伐交[5]，其次伐兵[6]，其下攻城。攻城之法为不得已。修橹轒辒[7]，具器械[8]，三月而后成，距堙[9]，又三月而后已。将不胜其忿而蚁附之[10]，杀士三分之一而城不拔者，此攻之灾也。

故善用兵者，屈人之兵而非战[11]也，拔人之城而非攻也[12]，毁人之国而非久[13]也，必以全争于天下，故兵不顿[14]而利可全，此谋攻之法也。

故用兵之法，十则围之[15]，五则攻之[16]，倍则分之[17]，敌则能战之[18]，少则能逃之[19]，不若则能避之[20]。故小敌之坚，大敌之擒[21]也。

夫将者，国之辅[22]也，辅周则国必强，辅隙[23]则国必弱。

故君之所以患于军者三[24]：不知军之不可以进而谓[25]之进，不知军之不可以退而谓之退，是谓縻军[26]。不知三军[27]之事而同[28]三军之政[29]者，则军士惑矣。不知三军之权[30]而同三军之任[31]，则军士疑矣。三军既惑且疑，则诸侯之难至矣，是谓乱军引胜[32]。

故知胜有五：知可以战与不可以战者胜；识众寡之用[33]者胜；上下同欲[34]者胜；以虞[35]待不虞者胜；将能而君不御[36]者胜。此五者，知胜之道也。故曰：知彼知己者，百战不殆[37]；不知彼而知己，一胜一负；不知彼，不知己，每战必殆。

【注释】

[1] 全国为上，破国次之：完整地使敌国屈服是上策，经过交战击破敌国就次一等。曹操注："兴师深入长驱，距其城郭，绝其内外，敌举国来服为上；以兵击破，败而得之，其次之。"

[2] 军、旅、卒、伍：古代军队的编制单位。旧说一万二千五百人为军，五百人为旅，百人为卒，五人为伍。春秋以后，各诸侯国发展情况不同，军队编制不完全一样。

[3] 善之善者：好中最好的。

[4] 上兵伐谋：最好的用兵方法是以谋伐敌，即以计谋使敌屈服。伐，讨伐、攻打。

[5] 伐交：指通过外交途径，分化瓦解敌人的盟国，扩大、巩固自己的盟国，迫使敌人陷于孤立，最后不得不屈服。如战国时秦国采取"远交近攻"的谋略，灭了六国，就是以外交手段配合军事进攻而取得成功的。交，这里指外交。

[6] 伐兵：以武力战胜敌人。

[7] 轒辒（fénwēn）：古代攻城用的四轮车，用排木制作，外蒙牛皮，可容纳十人（一说数十人），用以运土填塞城壕。

[8] 具器械：准备攻城用的器械。具，准备。

[9] 距堙（yīn）：用以攻城而堆积的土山。

[10] 蚁附之：指士兵像蚂蚁一般爬梯攻城。

[11] 非战：指运用"伐谋""伐交"等办法迫使敌人屈服，而不用交战的办法。

[12] 拔人之城而非攻也：指夺取敌人的城邑不靠硬攻的办法。

[13] 非久：指不要旷日持久。

[14] 顿：通"钝"，这里指疲惫、受挫的意思。

[15] 十则围之：意思是说有决定性优势的兵力，就要四面包围，迫使敌人屈服。

[16] 五则攻之：有绝对优势的兵力，就要进攻它。

[17] 倍则分之：当拥有相对优势的兵力时，就要设法分散敌人，以便在局部上造成更大的兵力优势。

[18] 敌则能战之：同敌人兵力相当，就要善于设法战胜敌人，如设伏诱敌等。敌，这里指势均力敌。

[19] 少则能逃之：兵力比敌人少，就要能摆脱敌人。逃，脱离、摆脱。此句有的版本作“少则能守之”。

[20] 不若则能避之：各种条件均不如敌人时，就要设法避免与敌交战。

[21] 小敌之坚，大敌之擒：力量弱小的军队，如只知坚守硬拼，就会成为强大敌人的俘虏。

[22] 辅：辅助，这里引申为助手。

[23] 隙：漏洞、缺陷。

[24] 君之所以患于军者三：此句有的版本作“军之所以患于君者三”。患，危害、贻害。

[25] 谓：告诉。这里是命令的意思。

[26] 縻（mí）军：束缚军队，使军队不能根据情况相机而动。縻，束缚。

[27] 三军：军队的通称。周代，大的诸侯国设三军，有的为左、中、右三军，有的为上、中、下三军。

[28] 同：共同，这里是参与、干涉的意思。

[29] 政：这里指军队的行政。

[30] 权：权变、权谋。

[31] 任：指挥。

[32] 乱军引胜：扰乱自己的军队，而导致敌人的胜利。引，引导、导致。

[33] 识众寡之用：善于根据敌对双方兵力对比的众寡情况，正确采用不同战法。

[34] 同欲：同心、齐心的意思。

[35] 虞（yú）：备，这里指有准备的意思。

[36] 御：驾驭，这里指牵制、干预的意思。

[37] 殆：危险、失败。

【译文】

孙子说：战争的原则是，使敌国完整屈服是上策，起兵去击破那个国家就次一等；使敌人全军完整屈服是上策，用武力击破它就次一等；使敌人全旅完整屈服是上策，击破它就次一等；使敌人全卒完整屈服是上策，击破它就次一等；使敌人全伍完整屈服是上策，击破它就次一等。因此，百战百胜不算是好中最好的，不战而使敌人屈服，才算是好中最好的。

所以，用兵的上策是以谋略挫败敌人的战略意图或战争行动，其次是通过外交手段取胜，再次是使用武力战胜敌人，最下策是攻城。攻城是不得已而采取的办法。修造大盾牌和四轮车，准备器械，三个月才能完成；构筑攻城用的土山，又要花费三个月才能完工。将帅非常焦躁忿怒，驱使士兵像蚂蚁一般爬梯攻城。士卒伤亡了三分之一，而城还是攻不下来，这就是攻城的灾难。

所以，善于用兵打仗的人，使敌军屈服而不用进行交战，夺取敌人的城邑而不靠硬攻，灭亡敌人的国家而不需久战，务求以全胜的谋略争胜于天下。这样，军队就不至于疲惫受挫，而胜利可以完满地获得，这就是谋攻的法则。

所以，用兵的方法是，有十倍于敌的绝对优势兵力，就要四面包围，迫敌屈服；有五倍于敌的优势兵力，就要进攻敌人；有一倍于敌人的兵力，就要设法分散敌人；同敌人兵力相当，就要善于设法战胜敌人；比敌人兵力少，就要善于摆脱敌人；各方面条件均不如敌人，就要设法避免与敌交战。弱小的军队如果只知坚守硬拼，就会成为强大敌人的俘虏。

将帅是国君的助手，辅助周密，国家就会强盛，辅助有缺陷，国家就会衰弱。

国君可能贻害军队的情况有三种：不了解军队不可以前进而命令军队前进，不了解军队不可以后退而命令军队后退，这叫作束缚军队；不知道军队内部的事物，而干涉军队的行政，军士就会迷惑不解；不知道用兵的权谋，而干涉军队的指挥，将士就会产生疑惑。军队既迷惑又疑虑，各诸侯国乘隙进攻的灾难就临头了，这就是所谓扰乱自己的军队而导致敌人的胜利。

所以，从以下五种情况便可预知胜利：知道什么情况下可以打，什么情况下不可以打，会胜利；懂得根据兵力多少而采取不同战法的，会胜利；上下齐心协力的，会胜利；以预有准备对待没有准备的，会胜利；将帅指挥能力强而国君不加干涉的，会胜利。这五条，是预知胜利的途径。所以说：了解敌人又了解自己，百战都不会失败；不了解敌人而了解自己，胜败的可能各半；既不了解敌人，又不了解自己，那就每战必败。

第四章　形篇——不打无把握之仗

本篇主要论述了战争中如何从敌我双方实力出发，巧妙运用攻与守这两种基本作战形式，达到“自保而全胜”的目的。孙子指出“胜兵”总是“先胜而后求战”，但“败兵”总是“先战而后求胜”，而“修道”和“保法”则是“立于不败之地”的关键所在。同时，在本篇中孙子还提出善于用兵的人无“智慧”的名声，也无“勇敢”的功劳，胜于易胜者也。

【原文】

孙子曰：昔之善战者，先为不可胜，以待敌之可胜[1]。不可胜在己，可胜在敌。故善战者，能为不可胜，不能使敌之可胜。故曰：胜可知，而不可为[2]。

不可胜者，守也，可胜者，攻也。守则不足，攻则有余[3]。善守者，藏于九地[4]之下，善攻者，动于九天之上，故能自保而全胜也。

见胜不过众人之所知，非善之善者也；战胜而天下曰善，非善之善者也。故举秋毫[5]不为多力，见日月不为明目，闻雷霆不为聪耳。古之所谓善战者，胜于易胜者也。故善战者之胜也，无智名，无勇功。故其战胜不忒[6]，不忒者，其所措[7]必胜，胜已败者[8]也。故善战者立于不败之地，而不失敌之败也。是故胜兵先胜而后求战[9]，败兵先战而后求胜[10]。善用兵者，修道[11]而保法[12]，故能为胜败之政[13]。

兵法：一曰度[14]，二曰量[15]，三曰数[16]，四曰称[17]，五曰胜。地生度，度生量，量生数，数生称，称生胜[18]。故胜兵若以镒称铢[19]，败兵若以铢称镒。胜者之战民[20]也，若决积水于千仞[21]之溪者，形[22]也。

【注释】

[1] 先为不可胜，以待敌之可胜：首先要创造条件，使自己不致被敌人战胜，然后等待和寻求敌人可能被我战胜的时机。

[2] 胜可知，而不可为：胜利是可以预知的，但敌人有无可乘之隙，被我战胜，则不能由我而定。

[3] 守则不足，攻则有余：采取守势，是因为取胜条件不足；采取攻势，是由于取胜条件有余。

[4] 九地：极言深不可知。九天：极言高不可测。九，古人常用来表示数的极点。

[5] 秋毫：指兽类在秋天新长的细毛，用来比喻事物非常轻微。

[6] 不忒（tè）：无疑误，确有把握的意思。忒，差错、疑误。

[7] 措：措置、处置。

[8] 已败者：指已经处于失败地位的敌人。

[9] 胜兵先胜而后求战：指能取胜的军队，总是先创造取胜的条件，而后才同敌人作战。

[10] 求胜：期求胜利，这里含有寄希望于侥幸取胜的意思。

[11] 修道：指从各方面修治“先为不可胜”之道，如政治、军事、自然各方面条件的准备等。

[12] 保法：指确保必胜的法度。

[13] 政：主其事叫作“政”，这里引申为决定、主宰。

[14] 度：忖度、判断的意思。

[15] 量：容纳的限度，这里指战场容量。

[16] 数：这里指敌对双方可能投入的兵力数量。

[17] 称：权衡，这里指双方力量的对比。

[18] 地生度，度生量，量生数，数生称，称生胜：敌对双方土地面积不相等，就产生幅员大小的“度”的不同；幅员大小不同，就产生物质资源多少的“量”的不同；物资多少不同，就产生所能动员和保持兵力众寡的“数”的不同；兵力众寡不同，就产生军事力量对比的“称”不同，力量对比不同，就产生了战争胜负的不同。

[19] 镒（yì）、铢（zhū）：都是古代的重量单位。一镒为二十四两（一说为二十两），一两为二十四铢。镒比铢重五百多倍。这里用来比喻两军实力的悬殊。

[20] 战民：指挥士卒作战。民，作“人”解，这里指士卒。

[21] 千仞：比喻非常高。仞，古代长度单位之一。八尺（一说七尺）为一仞。

[22] 形：指军事实力。

【译文】

孙子说：从前善于指挥作战的人，总是先创造条件，使敌人不能战胜自己，然后等待敌人暴露出可以被我方战胜的弱点。不被敌人战胜的主动权掌握在我方手中，能否战胜敌人则在于敌人是否会暴露出弱点。善于指挥作战的人，只能做到不被敌人战胜，而不能做到使敌人必定被战胜。所以说，胜利可以预见，但在条件不具备的情况下不能强求。

若要不被敌人战胜，就应当防御；若要战胜敌人，就必须进攻。防御是因为兵力不足，进攻是因为兵力有余。善于防御的人，就像隐蔽在最深的地底下，使敌人无形可窥；善于进攻的人，就像行动在最高的天空上，使敌人无从防备。这样既能保全自己，又能大获全胜。

预见胜利，不能超过一般人所能知道的，不算是高明中最高明的；能打胜仗，天下人都说指挥出色，也不算是高明中最高明的。这就像举得起一根毫毛，不算力气大；看得见太阳和月亮，不算眼睛亮；听得见雷霆的响声，不算耳朵灵。古时所说的善于作战的人，总是取胜于容易取胜的敌人，所以，善于指挥作战的人，百战百胜而不出差错。不出差错的原因，在于他们所采取的作战措施可以保证胜利，而被战胜的敌人实际上已处于失败的地位。因此，善于指挥作战的人，总是使自己立于不败之地，而不放过任何一个打败敌人的机会。胜利的军队总是先创造取胜的条件，然后才同敌人交战；失败的军队则是先同敌人交战，然后企求侥幸取胜。善于用兵的人，修明政治，确保法令的执行，所以能够成为战争胜败的主宰者。

兵法上预测战争的胜败，应当注意以下五种情况：一是土地面积的大小，二是物产资源的多少，三是兵力的众寡，四是力量的强弱，五是胜败的可能。一定的土地，决定土地面积的大小；一定的土地面积，决定物产资源的多少；一定的物产资源，决定兵力的众寡；一定的兵力，决定军队力量的强弱；一定的力量对比，决定战争的胜败。因此，胜利的军队，好像以镒称铢那样，处于绝对的优势；失败的军队，好像以铢称镒那样，处于绝对劣势。胜利的一方与敌人作战，好像从千仞的高山上决开积水，谁也阻挡不住，这就是形成强大军事力量的表现。

第五章　势篇——把时机牢牢地攥在手中

本篇主要论述了用兵作战要充分发挥将帅的指挥才能，“示形动敌”，积极创造出有利的作战态势，出其不意地打击敌人，夺取战争的胜利。出奇制胜是本篇提出的重要用兵原则，孙子曰“凡战者，以正合，以奇胜”，即用正兵合战，用奇兵制胜。孙子还强调发挥将帅主观能动性的重要作用，因为“奇正”的变化是无穷的，高明的将帅必须根据战场形势的变化而灵活变化战法，“求之于势、不责于人”，只有“择人而任势”才能收到显著的效果。

【原文】

孙子曰：凡治众[1]如治寡，分数[2]是也；斗众[3]如斗寡，形名[4]是也；三军之众，可使必受敌[5]而无败者，奇正[6]是也；兵之所加，如以碫[7]投卵者，虚实[8]是也。

凡战者，以正合，以奇胜[9]。故善出奇者，无穷如天地，不竭如江河。终而复始，日月是也。死而复生，四时是也。声不过五，五声[10]之变，不可胜[11]听也。色不过五，五色[12]之变，不可胜观也。味不过五，五味[13]之变，不可胜尝也。战势不过奇正，奇正之变，不可胜穷也。奇正相生，如循环之无端[14]，孰能穷之？

激水之疾[15]，至于漂石者，势也；鸷鸟[16]之疾，至于毁折者，节[17]也。是故善战者，其势险，其节短。势如扩弩[18]，节如发机[19]。

纷纷纭纭[20]，斗乱[21]而不可乱也；浑浑沌沌[22]，形圆[23]而不可败也。乱生于治，怯生于勇，弱生于强[24]。治乱，数也；勇怯，势也；强弱，形也。故善动敌者，形之，敌必从之[25]；予之，敌必取之。以利动之，以卒待之[26]。

故善战者，求之于势，不责于人[27]，故能择人而任势[28]。任势者，其战人[29]也，如转木石。木石之性，安[30]则静，危[31]则动，方则止，圆则行。故善战人之势，如转圆石于千仞之山者，势[32]也。

【注释】

[1] 治众：治理人数众多的军队。治，治理。

[2] 分数：指军队的组织编制。

[3] 斗众：指挥人数众多的军队作战。

[4] 形名：指古时军队使用的旌旗、金鼓等指挥工具。

[5] 必受敌：一旦遭受敌人进攻。必，即使、一旦。

[6] 奇正：指古代军队作战的变法和常法。

[7] 碫（duàn）：磨刀石，这里泛指石头。

[8] 虚实：指强弱、劳逸、众寡、真伪等，这里指以实击虚的意思。

[9] 以正合，以奇胜：以正兵合战，以奇兵制胜。

[10] 五声：中国古代用宫、商、角、徵、羽五个音节区分声音的高低，加上变徵、变宫，与现在简谱中所用的七音阶大体相同。

[11] 胜（shèng）：尽的意思。

[12] 五色：我国古代以青、赤、黄、白、黑五种颜色为正色，其他为间色（即有两种或两种以上正色混合而成的颜色）。

[13] 五味：指甜、酸、苦、辣、咸五种味道。

[14] 循环之无端：顺着圆环旋转，没有尽头，比喻事物的变化无穷。

[15] 激水之疾：湍急的流水以飞快的速度奔泻。疾，急速。

[16] 鸷（zhì）鸟：凶猛的鸟，如鹰、雕之类。

[17] 节：节奏。

[18] 扩弩：指拉满的弓弩。

[19] 发机：触发弩机。

[20] 纷纷纭纭：旌旗混乱的样子。

[21] 斗乱：指在混乱状态中作战。

[22] 浑浑沌沌：指混乱不清。

[23] 形圆：指阵势部署得当，四面八方都能应付自如。

[24] 乱生于治，怯生于勇，弱生于强：军队要装作“乱”，本身必须“治”，要装作“怯”，本身必须“勇”，要装作“弱”，本身必须“强”。

[25] 形之，敌必从之：以假象迷惑敌人，敌人必定上当。

[26] 以利动之，以卒待之：以小利引诱调动敌人，以伏兵待机破敌。

[27] 不责于人：不苛求部属。

[28] 能择人而任势：挑选适当人才，充分利用形势。

[29] 战人：指挥士卒作战。

[30] 安：安稳，这里指地势平坦。

[31] 危：危险，这里指地势陡斜。

[32] 势：是在“形”（军事实力）的基础上，发挥将帅的指挥作用，所造成的有利态势和强大的冲击力量。

【译文】

孙子说：统率大部队如同带领小分队一样，关键是军队的组织编制要合理。指挥大部队作战如同指挥小分队作战，关键是通信联络要顺畅。率领全军能在遭到敌人攻击时不致失败，关键在于战术上奇正的变化要适宜。进攻敌人如同用石头投击鸡蛋一样，关键在于处理虚实的关系要得当。

大凡指挥作战，一般都要以正面的部队和敌人相对抗，而根据具体情况运用奇兵取胜。所以，善于运用奇兵的将帅，其战术的变化就像天地那样无边无际，像江河那样奔流不息。太阳、月亮的运转，周而复始；春、夏、秋、冬四季的更替，循环无穷。基本音阶不过五种，可这五种音阶的配合变化，令人听不胜听；基本颜色不过五种，可这五种颜色的配合变化，令人看不胜看；基本味道不过五种，可这五种味道的配合变化，令人尝不胜尝。基本战术不过奇、正两种，奇正的配合变化，却是无穷无尽的。奇可以生正，正可以生奇，奇正的互相转化，就像循环转动，无始无终，谁能穷尽它呢？

激流汹涌澎湃，以至于把大石头冲走，是由于流速飞快的态势；鹰鹫之类的猛禽，行动迅猛，可以捕杀别的鸟兽，是由于短促急迫的节奏。所以，善于指挥作战的人，能够造成的态势是险峻的，发起冲击的节奏是短促的。险峻的态势就像张满弓弩，短促的节奏就像扣发弩机。

旌旗纷纷，人马纷纷，在混乱中作战，要使自己的部队不乱，扑朔迷离，混沌不清，必须周密部署，应付自如，使敌人无隙可乘。在一定条件下，混乱可能产生于严整的组织，怯懦可能产生于勇猛的士气，弱小可能产生于强大的力量。严整和混乱，是组织编制好坏的问题；勇敢和怯懦，是作战态势优劣的问题；强大和弱小，是军事力量对比的问题。善于调动敌人的将帅，以假象欺骗敌人，敌人就会听从调动；把一些小利给敌人，敌人就会贪利而来。用小利调动敌人，用重兵等待敌人，以期把敌人消灭。

善于指挥作战的人，总是设法造成有利的态势，并不一味地苛责部属，因而能选拔适当的人才，利用有利的态势。利用有利的态势来指挥作战，就像滚动圆木、石头一样。圆木、石头的特点是，放在安稳的地方就静止，放在陡峭的地方就滚动，方形的容易静止，圆形的容易滚动。所以，善于指挥作战的人，所造成的有利态势，就像在万丈高山上滚动圆石那样，迅猛不可阻挡，这就是势。

第六章　虚实篇——避实击虚是制胜的普遍法则

本篇重点论述了战争中如何运用虚实变换的手段，发挥主观能动性，加强我方实力，造成敌方劣势，正确调配兵力，从而达到克敌制胜的目的。同时，孙子还说："水因地而制流，兵因敌而制胜。"这就是说，用兵的规律要像水一样，因敌变化而变化。水的流动是由高到低，也可以说是避高就低，用兵亦是如此，即使是实力优势明显，也应避实击虚，减少不必要的牺牲。

【原文】

孙子曰：凡先处战地而待敌者佚[1]，后处战地而趋战[2]者劳。故善战者，致人而不致于人[3]。能使敌人自至者，利之也[4]；能使敌人不得至者，害之也[5]。故敌佚能劳之，饱能饥之，安能动之[6]。

出其所不趋[7]，趋其所不意，行千里而不劳者，行于无人之地也[8]；攻而必取者，攻其所不守也；守而必固者，守其所不攻也。故善攻者，敌不知其所守[9]；善守者，敌不知其所攻。微乎微乎，至于无形；神乎神乎，至于无声[10]，故能为敌之司命[11]。

进而不可御者[12]，冲其虚也；退而不可追者，速而不可及也。故我欲战，敌虽高垒深沟[13]，不得不与我战者，攻其所必救也[14]；我不欲战，画地而守之[15]，敌不得与我战者，乖其所之也[16]。

故形人而我无形[17]，则我专而敌分[18]；我专为一，敌分为十[19]，是以十攻其一也，则我众而敌寡；能以众击寡者，则吾之所与战者，约矣[20]。吾所与战之地不可知[21]，不可知，则敌所备者多[22]；敌所备者多，则吾所与战者寡矣[23]。故备前则后寡，备后则前寡，备左则右寡，备右则左寡，无所不备，则无所不寡。寡者，备人者也[24]；众者，使人备己者也[25]。

故知战之地，知战之日，则可千里而会战；不知战地，不知战日，则左不能救右，右不能救左，前不能救后，后不能救前，而况远者数十里，近者数里乎？以吾度[26]之，越人之兵虽多，亦奚益于胜败哉[27]？故曰：胜可为也[28]。敌虽众，可使无斗[29]。

故策之而知得失之计[30]，作之而知动静之理[31]，形之而知死生之地[32]，角之而知有余不足之处[33]。故形兵之极，至于无形[34]；无形，则深间不能窥[35]，智者不能谋。因形而错胜于众，众不能知[36]；人皆知我所以胜之形，而莫知吾所以制胜之形[37]；故其战胜不复，而应形于无穷[38]。

夫兵形象水[39]，水之形，避高而趋下；兵之形，避实而击虚[40]。水因地而制流，兵因敌而制胜[41]。故兵无常势，水无常形[42]；能因敌变化而取胜者，谓之神。故五行无常胜[43]，四时无常位[44]，日有短长，月有死生[45]。

【注释】

[1] 处：占据。佚：通“逸”，安逸、从容。

[2] 趋战：仓促应战。趋，通“促”，仓促。

[3] 致人而不致于人：致，引来。这里是调动的意思。于，被。此句意思为调动敌人而不被敌人所调动。

[4] 利之：以利诱敌。

[5] 害之：害，阻碍、妨害。此句意为多方阻滞敌人。

[6] 劳之、饥之、动之：这三处都是使动用法，即“使敌疲劳”“使敌饥困”“使敌出战”。

[7] 出其所不趋：出兵攻击敌人无法奔赴援救之地，也就是击其空虚的意思。出，出击。趋，奔向、急趋。

[8] 行千里而不劳者，行于无人之地也：行军千里而不疲劳的，是因为行进在敌人没有设防的地区。

[9] 敌不知其所守：敌人不知在何处防守。

[10] 无形、无声：皆指无形踪可寻。

[11] 司命：命运的主宰。

[12] 进而不可御者：进攻而敌人无力抵御。

[13] 高垒深沟：很高的堡垒、很深的壕沟。

[14] 攻其所必救：攻击敌人必然要救援的要害之处。

[15] 画地而守：指不怎么设防就可守住，比喻很容易。

[16] 乖其所之：意思为调动敌人，将其引向别处。乖，违背、背离。此处引申为改变、调动之意。之，动词，“往”“到”。

[17] 形人而我无形：使敌人暴露，而我方不露任何形迹。

[18] 我专而敌分：意思是说我能集中兵力而敌人兵力不得不分散。专，兵力集中。分，兵力分散。

[19] 我专为一，敌分为十：我军兵力集中在一处，敌人兵力分为十处。

[20] 约：少。

[21] 吾所与战之地不可知：我方预定的与敌交战的地点，敌人无法判断知晓。

[22] 敌所备者多：敌人要防备的地方多。备，设防、防备。

[23] 则吾所与战者寡矣：那么我方所要攻击的敌人就相对地变少了。寡，少。

[24] 寡者，备人者也：敌方兵力之所以薄弱，是因为不得不分兵防备。

[25] 众者，使人备己者也：我方相对兵力雄厚，是因为迫使敌人分兵防守我方的结果。

[26] 度（duó）：揣度、分析。

[27] 越人之兵虽多，亦奚益于胜败哉：此句是说越国军队人数虽众，但不知众寡分合的运用，那么对于取胜又有什么益处呢？奚，疑问代词，何。益，补益、帮助。胜败，偏义复词，偏在“胜”。

[28] 胜可为：胜利是可以通过努力争取到的。

[29] 可使无斗：可以使敌人兵力分散而不能用全力与我交战。

[30] 策之而知得失之计：此句是说我方应当仔细判断分析敌情，以了解判断敌方作战计划的优劣得失。策，策度、筹算、比较。

[31] 作之而知动静之理：这里指用诈术挑动敌人而了解敌方的活动规律。作，兴起，此指挑动。

[32] 形之而知死生之地：指故意向敌人暴露自己的部分情况或假象来诱使敌人暴露要害或真实意图。形之，以假象示敌。

[33] 角之而知有余不足之处：此句指与敌进行试探性接触，以了解敌人部署的虚实。角，较量，这里指试探性进攻。

[34] 故形兵之极，至于无形：用假象迷惑敌人的用兵方法用到了极致，就可以达到使人无形可窥的程度。

[35] 无形，则深间不能窥：露不出丝毫形迹，那么隐藏很深的间谍也无法侦知我方的实情。

[36] 因形而错胜于众，众不能知：意为我方根据敌情而采取的相应策略措施，即使摆在众人面前，众人也无法理解明白。因，根据。形，形势、情况。错，通“措”，

措施。

[37] 人皆知我所以胜之形，而莫知吾所以制胜之形：两句可译为人们都知道我军取胜的方法，却不知道我军取胜的真正原因和奥秘所在。前一个“所以”意思是“……的方法”，后一个“所以”是“……的原因”。

[38] 战胜不复，而应形于无穷：每次取胜的方法都不重复，应敌情之变而变的作战方法变幻无穷。

[39] 兵形：用兵的规律。形，方式方法，这里是有规律的意思。

[40] 避实而击虚：指避开敌人有实力、有准备的坚实之处，攻击其空虚薄弱的地方。

[41] 水因地而制流，兵因敌而制胜：意为水是依地势而形成不同的流向，用兵打仗要根据敌情的变化来决定战胜敌人的计划方法。因地，根据地势。制，决定。

[42] 兵无常势，水无常形：指用兵打仗没有一成不变的方法，就像流水没有固定的形态一样。常，固定、一成不变。

[43] 五行：金、木、水、火、土。古人认为它们之间相生相克，变化无定数，如用兵策略奇妙莫测。

[44] 四时无常位：指四季交替，永无休止，没有哪一个季节固定不变。

[45] 月有死生：指月亮有圆缺盈亏的变化。

【译文】

孙子说，凡是先进入战地等待敌人赶来的一方主动安逸，后进入战地而仓促应战的一方被动疲劳。所以，善于指挥作战的人，总是设法调动敌人而不被敌人所调动。让敌人觉得有利，就能够使敌人自行进入我们想让它到达的地方；让敌人觉得有害，就能使敌军到达不了其预定的地域。所以，敌人得到充分的休息，就要设法使其疲劳；敌人粮食充足，就要设法使其饥饿；敌人驻扎安稳，就要设法使其转移。

我军要出现在敌军必然前来的地方，却要攻击敌军意想不到的地方。行军千里而不受顿挫，是由于行进在敌人没有设防的地方。进攻必然取胜，是由于进攻的是敌人疏于防守的地方。防守必然牢固，是由于防守在敌人不来进攻的地方。所以，善于进攻的，能使敌人不知如何防守；善于防守的，则能使敌人不知道该从何处进攻。微妙到了无形迹可寻的地步，神妙到了无声息可闻的地步，就能掌握敌人的命脉。

前进时势不可挡，是因为我军攻击的是敌人的虚弱之处；后撤时敌人无法追击，是因为撤军速度快，敌人追赶不及。所以，我若想决战，敌人即使高垒深沟也不得不出来与我决战，是因为我军攻打敌人势在必救的地方；我不想打，即使画地自守，敌人也无法来同我作战，这是由于我的行动正好和敌人的预想相反。

所以，善于用兵的人，总是让敌人充分暴露而自己却深藏不露，这样我军的兵力就可以集中，而敌人的兵力却因防守而分散。我军兵力集中在一处，敌军兵力分散十处。这样，我方就有机会用十倍于敌的兵力攻其一处了。即使我方兵力总量少于敌人，而在局部战场上，却可以以众击寡，这是因为敌人同我军作战的只是其全部兵力的一小部分。我方所要进攻的地方，敌人不能预测，因为不能预测，敌人所要防备的地方就多了，防备的地方多，那么同我作战的敌人就少了。因此，防备前面，后面的兵力就薄弱；防备后面，前面的兵力就薄弱；防备了左边，右边的兵力就薄弱；防备了右边，左边的兵力就薄弱；处处都设防，处处兵力都薄弱。敌军兵力不足，是因为分兵防御；我军兵力充足，是由于设法使敌人分兵防我。

所以，如果能预知交战的地点、预知交战的时间，就可不远千里与敌会战；不能预知交战的地点、不能预知交战的时间，那就左翼不能救援右翼，右翼也不能救援左翼；前锋不能救援后卫，后卫也不能救援前锋，更何况远者相距数十里，近者相距也有几里呢！依我分析，越国兵力虽多，如果不能把兵力集中使用，对争取战争的胜利又有什么帮助呢？所以说，我方同越方作战，我方是有胜利把握的。敌军虽多，但可以使他们无法合力同我较量。

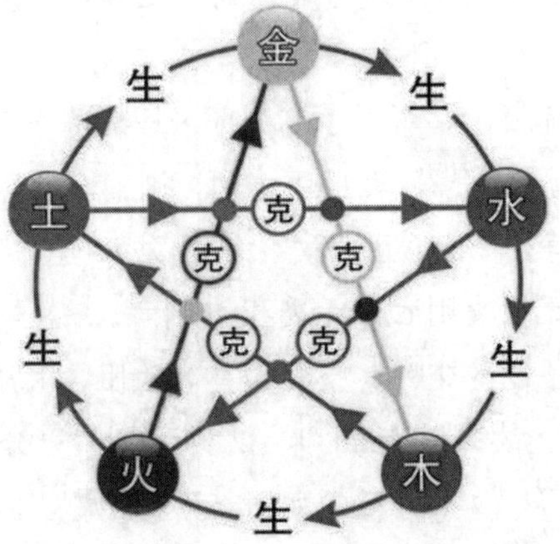

所以，通过对敌情的分析判断，可以知道敌人作战计划的得失；通过挑动敌人，可以掌握敌人的活动规律；通过展示军形，去察知敌人的虚实和准备状况；通过与敌作试探性的接触，去摸清敌人兵力的虚实强弱。所以，制造假象达到了极致，我军的真形就可以完全隐藏起来，不露真相，就连潜伏的间谍也无法窃得真实情报，再聪明的敌人也将束手无策。由于根据敌军情况来确定我军的应对措施，胜利的果实摆在众人面前，众人却不知道取胜的奥妙。人们都知道我军是怎样取胜的，但不知道为什么会采取这种作战态势。所以，制胜的办法不会重复，不同的战法变幻无穷。

用兵的规律像水，水的流动是避开高处而流向低处；战争的胜利，则是避开敌人牢固设防之处而攻击敌人兵力薄弱的地方。水受地形的制约而形成不同流向，用兵作战则是根据不同的敌情而决定不同的制胜之策。所以，用兵作战没有一成不变的态势，没有一成不变的模式。能根据敌情变化而取胜的，才可叫作用兵如神。这就像“五行”相生相克，没有哪一季固定是胜者；四季更替，没有哪一季节能固定不变；白日有长有短，月亮则有圆缺盈亏，永远处于变化之中。

第七章　军争篇——如何夺取战争的主动权

本篇着重论述两军交战之时如何夺取先机之利及军争的目的、原则、利弊及方法。同时还提出了“以迂为直”“兵战之法，攻心为上”“避其锐气，击其惰归”等著名的军事原则。掌握一定的主动权是“军争篇”力主强调的，“致人而不致于人”，把握主动是战争制胜的基本策略。

【原文】

孙子曰：凡用兵之法，将受命于君，合军聚众[1]，交和而舍[2]，莫难于军争。军争之难者，以迂为直[3]，以患为利[4]。故迂其途而诱之以利[5]，后人发，先人至，此知迂直之计者也。

故军争为利，军争为危[6]。举军而争利则不及[7]，委军而争利则辎重捐[8]。是故卷甲而趋[9]，日夜不处，倍道兼行[10]，百里而争利，则擒三将军[11]，劲者先，疲者后，其法十一而至[12]；五十里而争利，则蹶上将军[13]，其法半至；三十里而争利，则三分之二至。是故军无辎重则亡，无粮食则亡，无委积[14]则亡。

故不知诸侯之谋者，不能豫交[15]；不知山林、险阻、沮泽之形[16]者，不能行军；不用乡导[17]者，不能得地利。故兵以诈立[18]，以利动[19]，以分合为变者也[20]。故其疾如风，其徐如林，侵掠如火，不动如山，难知如阴，动如雷震[21]。掠乡分众[22]，廓地分利[23]，悬权而动[24]。先知迂直之计者胜[25]，此军争之法也。

《军政》[26]：“言不相闻，故为金鼓[27]；视不相见，故为旌旗[28]。”夫金鼓旌旗者，所以一人之耳目也[29]。人既专一[30]，则勇者不得独进，怯者不得独退，此用众之法也[31]。故夜战多火鼓，昼战多旌旗，所以变人之耳目[32]也。

故三军可夺气，将军可夺心[33]。是故朝气锐，昼气惰，暮气归[34]。

故善用兵者，避其锐气，击其惰归[35]，此治气者也[36]。以治待乱[37]，以静待哗[38]，此治心者也[39]。以近待远，以佚待劳，以饱待饥，此治力者也[40]。无邀正正之旗[41]，无击堂堂之陈[42]，此治变者也[43]。

故用兵之法，高陵勿向[44]，背丘勿逆[45]，佯北勿从[46]，锐卒勿攻[47]，饵兵勿食[48]，归师勿遏[49]，围师必阙[50]，穷寇勿迫[51]，此用兵之法也。

【注释】

[1] 合军聚众：组织聚合军队民众。曹操注：“聚国人，结行伍。”

[2] 交和而舍：两军对垒而处。交，相交。和，古代军门。舍，驻扎。

[3] 迂为直：将迂回的路变成近便的直路。

[4] 患为利：把不利的条件变为有利的因素。

[5] 迂其途而诱之以利：我以小利诱使敌人行走远难之路。

[6] 军争为利，军争为危：军争有利也有弊。为，这里作“有”“是”解。

[7] 举军而争利则不及：意为率领军队带着所有辎重装备以迂回的方式去争利，那就不可能按时到达战地。举，全。

[8] 委军而争利则辎重捐：意为丢弃了军用辎重装备去争利，那么辎重装备就会损失。委，委弃、丢弃、舍弃。委军，丢弃军用辎重装备。捐，丢弃、损失。

[9] 卷甲而趋：收起铠甲轻装急进。

[10] 日夜不处，倍道兼行：部队日夜不停，加倍速度行军。处，止息、停顿。倍，加倍。

[11] 擒三将军：泛指率领轻装急进百里的指挥官可能会被俘获。擒，被擒、被俘获。三将军，一般指左、中、右或上、中、下三军将领。

[12] 劲者先，疲者后，其法十一而至：体质强健的官兵先抵达战地，体弱者就会掉队，结果这种行军只有十分之一的官兵按时抵达战地。

[13] 五十里而争利，则蹶上将军：意为急奔五十里去争利，那么先头部队的将领就会受到伤害。蹶，跌倒、折损。上将军，先头部队的将帅。

[14] 委积：作战物资储备。

[15] 不知诸侯之谋者，不能豫交：不了解诸侯列国的图谋则不宜与其结盟交往。谋，图谋、计谋。豫，通“与”。

[16] 沮泽之形：沼泽地带的地形。

[17] 乡导：即向导，熟悉本地路途的带路人。乡，通“向”。

[18] 兵以诈立：用兵打仗当以诡诈多变而取胜。

[19] 以利动：用兵作战以是否有利来决定自己的行动。

[20] 以分合为变者也：意为根据战场具体情况采用分散或聚集兵力的灵活战法。分合，分散聚合。

[21] 其疾如风，其徐如林，侵掠如火，不动如山，难知如阴，动如雷震：形容作战的各种态势。全句意为部队投入战斗迅猛如狂风，布局如森林从容展开，攻击（侵略）如烈火，坚守如山岳之固难以撼动，隐藏己方如阴云蔽日难觅真迹，

冲锋陷阵如同迅雷一般。

[22] 掠乡分众：分兵掳掠敌区的资财。

[23] 廓地分利：意为扩大所占之地，分兵扼守有利地形。廓，同“扩”。

[24] 悬权而动：意为权衡利弊后再采取军事行动。权，秤锤，此处引申为权衡。

[25] 先知迂直之计者胜：率先掌握运用了迂直之计的一方就会取胜。

[26] 《军政》：古兵书名，已失传。

[27] 金鼓：古代用来指挥部队进退的号令设施，擂鼓为进，鸣金收兵。金，金钲，古代行军中的一种发声乐器。鼓，战鼓。

[28] 旌（jīng）旗：泛指战旗。旌，古代一种用五色羽毛装饰的旗帜。

[29] 所以一人之耳目也：意为（金鼓旗帜）是用来统一部队视听行动的。所以，用来……的。一，统一。人，军队。

[30] 人既专一：全军已经统一行动。

[31] 此用众之法也：这就是指挥大部队作战的方法。

[32] 所以变人之耳目也：用来适应士卒部队的耳目。变，适应。

[33] 三军可夺气，将军可夺心：对敌方之军可以使其士气低落而衰；对敌军的将帅可以使其决心动摇。夺，丧失、动摇。气，作战的锐气。心，决心。

[34] 朝气锐，昼气惰，暮气归：此三句是说作战时士气变化的一般规律：开始作战时士气旺盛；过一段时间，士气逐渐懈怠；到后来士气就衰竭了。锐，旺盛；惰，懈怠；归，衰竭。

[35] 避其锐气，击其惰归：避开士气旺盛之敌，打击已处于疲劳沮丧、士气衰竭而厌战之敌。

[36] 此治气者也：这是掌握部队士气的方法。治，掌握。

[37] 以治待乱：以我军的严整来对付敌军的混乱。

[38] 以静待哗：以自己的沉着镇静应对敌人的喧噪不安。

[39] 此治心者也：这是掌握军队心理的方法。

[40] 此治力者也：这是掌握运用部队战斗力的方法。

[41] 无邀正正之旗：不要去迎击军阵严整、布置周密的敌人。邀，正面迎击。正正，严整、布置周密。

[42] 堂堂之陈：阵容强大实力雄厚的敌人。陈，古同“阵”。

[43] 此治变者也：这是掌握战斗中机动变化的方法。变，机动变化。

[44] 高陵勿向：对占领高地之敌，不要去仰攻。陵，山。向，仰攻。

[45] 背丘勿逆：对背靠山丘之敌，不要正面迎击。背，倚托。逆，迎击。

[46] 佯北勿从：敌人如果假装败退，我军不要去追击。佯，假装。北，逃跑。从，

跟随。

[47] 锐卒勿攻：士气旺盛的敌人不要去攻打。

[48] 饵兵勿食：敌人抛出的饵兵不要去理睬。锐卒，士气旺盛、装备精良之敌。

[49] 归师勿遏：对正在退回本国的敌人，不要从正面阻击拦截。遏，阻击。

[50] 围师必阙：对被包围的敌人，一般要网开一面（以免敌作困兽之斗）。阙，缺口。

[51] 穷寇勿迫：对陷入绝境之敌，不要过分逼迫。穷寇，走投无路之敌。

【译文】

孙子说：大凡用兵的法则，将帅接受君命，从征集民众、组织军队到同敌人对垒，在这过程中没有比与敌人抢先争取制胜条件更为困难的了。而争夺制胜条件最困难的地方，在于要把迂回的弯路变为直路，要把不利转化为有利。同时，要设法使敌人的近直之利变为迂远之患，并用小利引诱敌人，这样就能比敌人后出动而率先抵达所要争夺的战略要地。这就是掌握了以迂为直的方法。

所以，争取制胜条件既有有利的一面，同时也有危险的一面。如果全军携带所有装备辎重去争利，就无法按时抵达预定地域；如果放下辎重装备去争利，辎重装备就会损失。因此，卷起铠甲轻装急进，昼夜不停，加倍速度连续行军，走上百里路去争利，那么率领三军轻装急进的将领就可能被敌所俘，健壮的士卒先到，疲弱的士卒掉队，其结果是只会有 1/10 的兵力抵达战地。急速行军 50 里去争利，那么先头部队的将领就会受到伤害，只有一半的兵力能够到位。急速行军 30 里去争利，那么只有 2/3 的兵力能按时抵达战地。须知军队没有辎重就会失败，没有粮食就不能生存，没有物资储备就难以为继。

所以，不了解诸侯列国的作战意图，不宜与他们结盟深交；不熟悉山林、险阻、水网、沼泽的地形，不能行军；不重用向导，便不能得到地利。用兵打仗必须依靠诡诈多变而取胜，依据是否有利来决定自己的行动，根据战场具体情况采用分散或集中兵力的灵活战法。所以，军队行动迅速时就像疾风骤起，军队布阵就像森林依山从容展开，攻击敌人时像烈火熊熊，实施防御时像山岳那样难以撼动，隐蔽时如同阴云蔽日使敌难觅真迹，冲锋时如同雷霆那样惊天迅猛。掳掠敌方的资财，要分兵四处进行；扩展自己的所占之地，要分兵扼守要津。权衡利害得失，然后相机行动。事先懂得以迂为直方法的将帅就能取得胜利，这就是争夺制胜条件的原则。

《军政》说："作战中用语言指挥听不到，所以设置金鼓，擂鼓为进，鸣金收兵；动作指挥看不到，就设置旌旗。"这些金鼓、旌旗，是用来统一军队上下视听行动的。全军上下行动已经一致，那么，勇敢的士兵就不能单独冒进，怯懦的士兵也不敢独自后退了。这就是指挥大部队作战的方法。所以，夜间作战多用火光、锣鼓，白昼作战多用旌旗，这都是出于适应士卒视听的需要。

对敌人的军队，可以挫伤其士气；对敌军的将帅，可以使其决心动摇。军队刚投入战斗时士气饱满，过了一段时间，士气就逐渐懈怠，到了最后，士气就完全衰竭了。所以，善于用兵的人，总是先避开敌人初来时的锐气，而等到敌人士气懈怠衰竭时再去打击他，这是掌握运用军队士气的方法。用自己的严整来对付敌人的混乱，用自己的镇静来对付敌人的轻躁，这是掌握军队心理的方法。用接近战地做好准备的我军来对付远道而来的敌人，用自己部队的安逸休整来对付疲于奔命的敌人，用自己部队的粮饷充足来对付饥饿不堪的敌人，这是把握军队战斗力的方法。不要去正面拦击旗帜整齐、部署周密的敌人，不要去进攻阵容强大、实力雄厚的敌人，这是在战斗中需要掌握的灵活机变的方法。

所以，用兵的基本原则是：敌人占领山地时不要仰攻；敌人背靠高地时不要正面迎击；敌人假装败退时不要跟踪追击；士气旺盛装备精良的敌人不要攻击；敌人的诱兵不要理睬；对退回本国的敌军不要去阻击拦截；对已被包围的敌人要虚留缺口，网开一面；对已陷入绝境的敌人不要过分逼迫。这些都是用兵的一般法则。

第八章　九变篇——灵活应变是军事指挥的灵魂

本篇主要论述了在作战过程中如何根据特殊的情况，辩证分析利弊得失，灵活变换战术，以赢得战争的胜利，集中体现了孙子随机应变、灵活机动的作战指挥思想。孙子认为，将帅应该根据五种不同的地理条件实施灵活的指挥，并提出了具体要求，即“途有所不由，军有所不击，城有所不攻，地有所不争，君命有所不受”。强调将帅要精通各种机变的方法，方能充分发挥军队的战斗力，才算是真正懂得和掌握了用兵之道。

【原文】

孙子曰：凡用兵之法，将受命于君，合军聚众，圮地无舍[1]，衢地合交[2]，绝地无留[3]，围地则谋，死地则战。途有所不由[4]，军有所不击，城有所不攻[5]，地有所不争，君命有所不受[6]。

故将通于九变之利者，知用兵矣[7]；将不通于九变之利者，虽知地形，不能得地之利矣；治兵不知九变之术，虽知五利[8]，不能得人之用矣。

是故智者之虑[9]，必杂于利害[10]。杂于利，而务可信[11]也；杂于害，而患可解也[12]。是故屈诸侯者以害[13]，役诸侯者以业[14]，趋诸侯者以利[15]。

故用兵之法，无恃其不来，恃吾有以待也[16]；无恃其不攻，恃吾有所不可攻也[17]。

故将有五危：必死，可杀也[18]；必生，可虏也[19]；忿速，可侮也[20]；廉洁，可辱也[21]；爱民，可烦也[22]。凡此五者，将之过也，用兵之灾也。覆军杀将[23]，必以五危，不可不察也[24]。

【注释】

[1] 圮（pǐ）地无舍：意为在难于通行之地不可驻扎。圮，毁坏。舍，驻扎。

[2] 衢地合交：意为在四通八达的地区作战要注意结成联盟。衢地，谓四通八达之地。《孙子兵法·九地》："诸侯之地三属，先至而得天下之众者，为衢地。"

[3] 绝地无留：在道路不通又无粮食水草的地方切勿停留。绝地，李筌注："地无泉井、畜牧、采樵之地为绝地。"

[4] 途有所不由：意为按正常情况该走的道路不走，而另选迂回的、困难较多的但不被敌人注意的道路行进，以期出敌不意。孙子佚文《四变》："徐（途）之所不由者，曰浅入则前事不信，深入则后利不接。动则不利，立则囚。如此者，弗由也。"

[5] 军有所不击，城有所不攻：有的敌军不宜攻击，有的城池不应攻拔。张预注："纵之而无所损，克之而无所利，则不须击也；拔之而不能守，委之而不为患，则不须攻也。"

[6] 君命有所不受：有的君主命令可以不予接受。曹操注："苟便于事，不拘于君命。"贾林注："决必胜之机，不可推于君命，苟利社稷，专之可也。"

[7] 将通于九变之利，知用兵矣：意为将帅若能通晓各种应变的方式，就懂得如何作战。通，通晓。

[8] 五利：指"途有所不由，军有所不击，城有所不攻，地有所不争，君命有所不受"的五条好处。

[9] 智者之虑：聪明的将帅思虑的问题。虑，思考、思索。

[10] 杂于利害：言应充分兼顾到利与害两个方面。杂，兼顾。曹操注："在利思害，在害思利，当难行权。"张预注："智者虑事，虽处利地，必思所以害；虽处害地，必思所以利，此亦通便之谓也。"

[11] 信：伸也，伸张、发展。杨炳安《孙子会笺》："言唯其考虑利之一面，方能以此激励三军将士完成战斗任务也。"

[12] 杂于害，而患可解也：考虑到不利的因素，则祸患即可消除。

[13] 屈诸侯者以害：言以危害之事使诸侯屈服。屈，屈服、屈从。诸侯，此处指敌国。

[14] 役诸侯者以业：谓以危险之事烦劳敌国使之穷于应付。杜佑注："能以事劳役诸侯之人，令不得安仗"，意近。役，使、驱使。《荀子·正名》："夫是之谓以己为物役矣。"业，曹操注："事也。"

[15] 趋诸侯者以利：言以小利引诱调动敌人，使之奔走无暇。趋，奔走。张预注："动之以小利，使之必趋。"

[16] 恃吾有以待：意为不要侥幸于敌之不来，而需倚仗己有充分之准备。恃，倚仗、依赖、寄希望。曹操注："安不忘危，常设备也。"张预注："言须思患而预防之。"

[17] 无恃其不攻，恃吾有所不可攻也：未可侥幸于敌人不进攻，而需要依赖自己具备使敌人无从进攻的条件。

[18] 必死，可杀也：一味地硬拼，则会被杀。必，坚持、固执无意。曹操注："勇而无虑，必欲死斗，不可曲挠，可以奇伏中之。"

[19] 必生，可虏也：贪生怕死，可能就会被俘虏。曹操注："见利畏怯不进也。"

[20] 忿速，可侮也：言将帅急躁易怒，则易中敌人轻侮之计。忿，愤怒、生气。曹操注："疾急之人，可愤怒侮而致之。"

[21] 廉洁，可辱也：言将帅过于洁身清廉，则可能受辱。曹操注："廉洁之人，可污辱致之也。"

[22] 爱民，可烦也：言将帅爱护居民，如不审度利害，则被动烦劳。烦，烦劳、相烦。张预注："民虽可爱，当审利害。若无微不救，无远不援，则出其所必趋，使烦而困也。"

[23] 覆军杀将：言军队覆灭，将帅被杀。

[24] 必以五危，不可不察也：五危，即上言"必死"等五项。不可不察，不可不弄清这个道理。

【译文】

孙子说：大凡用兵的法则，主将接受国君的命令，组织军队，聚集军需，出征时在"圮地"不要驻扎，在"衢地"要结交诸侯，在"绝地"不可停留，在"围地"要巧设计谋，在"死地"则殊死奋战。有的道路不宜通过，有的敌军可以不击，有的城邑可以不攻，有的地盘可以不争，有时甚至国君命令也可以不接受。

所以，将领能够通晓灵活机变的战术，就算得上懂得用兵。将领不通于灵活机变的好处，即使了解地形，也不能懂得地利。治军即使懂得"有的道路不宜通过"等"五利"，也不能充分发挥军队的作用。

因而，聪明的将领考虑问题，一定兼顾利与害两个方面。在不利的条件下看到有利的一面，事情就可以顺利进行；在有利的条件下看到不利的因素，祸患便可及早解除。要使诸侯国屈服，就要以祸患来威逼它；要使各国诸侯忙于应付，就让它做不得不做的事；要使各国诸侯疲于出动，就以小利为诱饵去引诱它。

用兵的方法是：不要寄希望于敌人不会来，而要依靠自己做好了充分的准备；不要寄希望于敌人不进攻，而是要依靠自己有敌人不可攻破的条件。

将领有五种致命的缺点：只知死拼，可能被诱杀；贪生怕死，可能被俘虏；浮躁易怒，刚忿偏急，可能被敌人凌侮；矜于名节，可能入敌人侮辱的圈套；过于仁慈，可能导致烦扰。大凡这五点，都是将领素质的缺陷，也是用兵的大害。军队覆灭、将帅被杀，必定由这五种因素所引起，是不能不清楚认识的。

第九章　行军篇——善于选择最佳路线

本篇主要论述在不同的地理条件下如何处置、部署军队，如何判断敌情的一些重要原则和方法。在论“处军”时，孙子指出了在不同的地理环境中驻军战斗的方法。对于“相敌”，孙子详述了识破敌军种种现象的方法，从各种细节中得出论断，要求战争指挥者在观察敌情时要客观细致，不要被假象所迷惑。同时，孙子主张将帅管理军队，要在关心、爱护自己士卒的同时，还要注意以严明的纲纪、严格的法度来约束军队，而不能偏废其中任何一个方面。

【原文】

孙子曰：凡处军[1]相敌[2]：绝山依谷[3]，视生[4]处高，战隆无登[5]，此处山之军也。绝水[6]必远水；客[7]绝水而来，勿迎之于水内，令半济[8]而击之，利；欲战者，无附[9]于水而迎客；视生处高，无迎水流[10]，此处水上之军也。绝斥泽[11]，惟亟[12]去无留；若交军于斥泽之中，必依水草而背[13]众树，此处斥泽之军也。平陆[14]处易[15]，而右背高[16]，前死后生[17]，此处平陆之军也。凡此四军之利，黄帝[18]之所以胜四帝[19]也。

凡军好高而恶下，贵阳而贱阴，养生而处实[20]，军无百疾，是谓必胜。丘陵堤防，必处其阳，而右背之。此兵之利，地之助也。上雨[21]，水沫至[22]，欲涉者，待其定也。凡地有绝涧、天井、天牢、天罗、天陷、天隙[23]，必亟去之，勿近也。吾远之，敌近之；吾迎之，敌背之。军行有险阻、潢井[24]、葭苇[25]、山林、翳荟[26]者，必谨复索[27]之，此伏奸[28]之所处也。

敌近而静者，恃其险也；远而挑战者，欲人之进也；其所居易者，利也。众树动者，来也；众草多障者，疑也[29]；鸟起者，伏[30]也；兽骇者，覆[31]也。尘高而锐者，车来也[32]；卑而广者，徒来也[33]；散而条达[34]者，樵采也；少而往来者，营军[35]也。辞卑而益[36]备者，进也；辞强而进驱者，退也；轻车先出居其侧者，陈[37]也；无约而请和者，谋也[38]；奔走而陈兵车者，期[39]也；半进半退者，诱也。杖[40]而立者，饥也；汲[41]而先饮者，渴也；见利而不进者，劳[42]也。鸟集者，虚[43]也；夜呼者，恐也[44]；军扰者，将不重也[45]；旌旗动者，乱也；吏怒者，倦也；粟马肉食[46]，军无悬缶[47]，不返其舍者，穷寇也。谆谆翕翕[48]，徐与人言[49]者，失众也；数赏者，窘也[50]；数罚者，困也；先暴而后畏其众者，不精[51]之至也；来委谢[52]者，欲休息也。兵怒而相迎，久而不合，又不相去，必谨察之。

兵非贵益多也，惟无武进[53]，足以并力、料敌、取人[54]而已。夫惟无虑而易敌[55]者，必擒于人。

卒未亲附[56]而罚之，则不服；不服则难用也。卒已亲附而罚不行，则不可用也。故令之以文、齐之以武[57]，是谓必取。令素行[58]以教其民，则民服；令不素行以教其民，则民不服。令素行者，与众相得[59]也。

【注释】

[1] 处军：指军队在各种地形上的行军、战斗、驻扎方法。处，处置，安顿。

[2] 相敌：观察判断敌情。相，观察。

[3] 绝山依谷：通过山地，必须靠近谷地行进。绝：通过、横渡。依：靠近、依托。

[4] 视生：向阳。曹操注：“生者，阳也。”

[5] 战隆无登：敌人占据高地，不可仰攻。隆：高地。登：攀登。

[6] 绝水：横渡江河。

[7] 客：客军，指进攻之敌。

[8] 半济：半渡，意指敌军一半上岸、一半还在水中。济，渡。

[9] 附：靠近。

[10] 无迎水流：不要迎着水流驻扎，即不要在敌营阵的下游驻扎。迎水流，指以敌营阵为准，在其下游者为迎水流。

[11] 斥泽：盐碱沼泽地。斥，盐碱地。泽，沼泽。

[12] 亟：急。

[13] 背：背靠。

[14] 平陆：开阔的平原地带。

[15] 易：平坦。

[16] 右背高：主要翼侧背靠高地。右，古人以右为尊，此指军队主要翼侧。

[17] 前死后生：指前低后高，背靠山险而面向平易。《淮南子·地形训》：“高者为生，下者为死。”

[18] 黄帝：传说中部落首领，号轩辕氏。

[19] 四帝：皇帝周围的部落首领。《太白阴经·人谋·善师》：“皇帝独立于中央而胜四帝。”

[20] 养生而处实：给养充足而又依托高地。养生，指靠近水草，人马得以休养生息。处实，驻扎在地势高处。

[21] 上雨：河流的上游下雨。

[22] 水沫至：洪水暴发前，先有大量水沫冲来，此指洪水刚来。

[23] 绝涧：前后险峻，水横其中，断绝人行。梅尧臣注："前后险峻，水横其中。"天井：四面陡峭，中间低注，天然大井。曹操注："四方高、中央下者为天井。"也就是像井的险地。天牢：三面环绝，易进难出，天然牢狱。梅尧臣注："三面环绝，易入难出。"天罗：草木深密，行动困难，天然罗网。曹操注："可以罗绝人者为天罗。"天陷：地势低注，泥泞易陷，天然陷阱。曹操注："地形陷者为天陷。"天隙：地多沟坑，既深且长，天然地隙。曹操注："山涧道迫狭，地形深数尺、长数丈者为天隙。"张预注："道路迫狭，地多坑坎者为天隙。"

[24] 潢（huáng）井：泛指沼泽水网地带。潢，积水地。

[25] 葭苇：芦苇，泛指水草丛生。

[26] 翳荟（yì huì）：草木繁盛貌。

[27] 复索：反复搜索。

[28] 伏奸：伏兵和奸细。

[29] 障：障碍。疑：伪装、疑阵。曹操注："结草为障，欲使我疑也。"

[30] 伏：埋伏、伏兵。

[31] 覆：隐蔽，此指隐蔽进攻，即偷袭。

[32] 尘高而锐者，车来也：张预注："车马行疾而势重，又辙迹相次而进，故尘埃高起而锐直。"车，战车。

[33] 卑而广者，徒来也：张预注："徒步行缓而迹轻，又行列疏远，故尘埃低而来（广）。"卑，低。徒，徒兵，即步兵。

[34] 散而条达：意谓飞尘散乱纵横。条达，纵横断绝之貌。

[35] 营军：安营扎寨。

[36] 益：增、加强。

[37] 陈：同"阵"，布阵。

[38] 无约而请和者，谋也：梅尧臣注："无约请和，另有奸谋。"约，预约。

[39] 期：期限，此作动词用，约定日期交战。

[40] 杖：名词作动词，此处指依靠兵器。

[41] 汲：从井中打水。

[42] 劳：疲劳。

[43] 虚：空虚，此指这是一座空营，没有敌人。

[44] 夜呼者，恐也：张预注："将无胆身，不能安众，故士卒恐惧而夜呼。"

[45] 军扰者，将不重也：李筌注："将不威重，则军扰。"重，持重、稳重。

[46] 粟马肉食：用粮食喂马，杀牲口食肉。

[47] 缶（fǒu）：盛水之瓦器，泛指炊具。

[48] 谆谆翕翕（zhūnzhūn xīxī）：迟钝拘谨的样子。谆谆，迟钝的样子。翕翕，收缩、敛息，形容拘谨，不理直气壮。

[49] 徐与人言：低声下气同人说话。徐，慢。

[50] 数赏者，窘也：张预注："势窘则易离，故屡赏以抚士。"数，屡次、频繁。窘，处境困急，与下文"困"同义。

[51] 精：精明。

[52] 委谢：委质来谢，即委质赔礼，带贵重礼物来言好。委，委质。古人相见，多执贽以为礼，故称"委贽"或"委质"。谢，道歉，请罪。

[53] 武进：恃武轻进，即武断冒进。

[54] 并力：集中兵力。料敌：判断敌情。取人：取用人才，即选用人才。

[55] 易敌：轻敌。易，轻视。

[56] 亲附：亲近、归附。

[57] 令之以文，齐之以武：用"文"的去管理他们，用"武"的使他们行动一致。文，指政治、道义、奖赏等宽厚仁慈的手段。武，指军法、军纪、惩罚等严厉的手段。曹操注："文，仁也；武，法也。"

[58] 令素行：命令平素能贯彻执行。令，命令，法令。素，平时，平素。

[59] 相得：相处得来，互相信任。得，亲和。

【译文】

孙子说：在各种不同地形上处置军队和观察判断敌情的方法是：通过山地时，要靠近山谷行进，驻扎在居高向阳的地方，敌人占据高地，不要去仰攻。这是军队在山地上行军作战的处置原则。横渡江河时，要远离水流宿营布阵，敌人渡水而来，不要在水中迎击，让它渡过一半时再攻击，这样比较有利；想要决战，不要靠近水边迎击敌人；驻扎时应选择向阳的高地，不要面迎水流。这是军队在江河水流上行军作战的处置原则。通过盐碱沼泽地带时，要迅速离开，不要逗留；如果同敌军在盐碱沼泽地带相遇，要靠近水草而背靠树林。这是军队在盐碱沼泽地带行军作战的处置原则。在平原地区，要在平坦开阔的地域驻扎，主要翼侧背靠高地，前低后高。这是军队在平原地区行军作战的处置原则。以上四种不同地形上处置军队原则的好处，就是黄帝之所以能够战胜其他四帝的原因。

大凡驻军，总是喜欢干燥的高地而避开潮湿的洼地，重视向阳的地方而避开阴暗的地方，凭借水草之利给养充足而又依托高地宿营，军中百病不生，这样就一定能取胜。对于丘陵堤防，一定要占领它向阳的一面，并把主要翼侧背靠着它。这些对用兵有利的措施，是利用地形作为辅助条件的。上游下雨，水沫涌来，洪水将至，要徒涉的，应等待水势稍定再过河。大凡碰到“绝涧”“天井”“天牢”“天罗”“天陷”“天隙”等地形时，必须迅速离开，不要接近。我远离它，让敌人去靠近它；我面向它，让敌人去背靠它。进军途中遇有险隘阻隔、湖沼、芦苇、山林、草木茂盛的地方，必须谨慎地反复搜索，这些都是敌人可能设下埋伏和隐藏奸细的地方。

敌军离我很近而仍然保持镇定，是倚仗他占有险要地形；敌军离我很远而来挑战，是想诱我出战；敌军占领平坦之地，是为了利于同我决战；许多树木摇动，是敌军正在过来；草丛中设置有很多障碍，是敌军布下的疑阵；群鸟惊飞，是下有伏兵；野兽骇奔，是敌军大举突袭；尘土高起而前部突出，是敌军的战车驰来；尘土低而宽广，是敌人的步兵开来；尘土疏散飞扬，是敌军在砍柴拽柴；尘土少而往来起伏，是敌人正在设营扎寨；敌人使者措词谦卑却又在加紧备战，是准备进攻；措词强硬而其军队又摆出进攻姿态，是准备撤退；轻车先出动，部署在两翼，是在布列阵势；事先没有约定而来议和，是另有阴谋；急速奔走并排兵布阵，是企图约期同我决战；半进半退，是企图引诱我军。依靠兵器而站立，是饥饿的表现；打水而自己先饮，是干渴的表现；见利而不前进，是疲劳的表现；群鸟聚集，是空营的表现；夜间惊叫，是恐慌的表现；敌军惊扰纷乱，表明其将吏没有威严；旗帜摇动不整齐，表明阵形已乱；军官易怒，是疲倦的表现；用粮食喂马，杀牲口吃肉，收拾起炊具，部队不返营舍，是准备拼命突围的穷寇；说话迟钝拘谨，低声下气，表明敌将已失去人心；不断奖励，表明敌人处境窘迫；频频处罚，表明敌人处境困难；先是强暴而后又害怕部属，是最不精明的将吏；带着礼物来言好，说明敌人想休兵息战；敌军盛怒前来，但久不交锋，又不撤退，必须谨慎观察它的行动。

兵力不是越多越好，只要不盲目冒进，并能集中兵力、判明敌情、选用人才，就足够了。那种不深思熟虑而又轻敌的人，一定会被敌人俘虏。

士卒还没亲近依附就施行处罚，他们会不服，不服就很难使用。士卒已经亲近依附仍然不施行军纪军法，同样无法使用。所以，要用政治、道义、奖赏等“文”的手段管理他们，用军法、军纪、惩罚等“武”的手段使他们行动一致，这样就一定能取胜。平时严格贯彻命令，以此来教育士卒，战时他们才能服从命令；平时不能严格贯彻命令，以此来教育士卒，战时他们就不会服从命令。平时命令能贯彻执行的，是因为将帅同士卒互相信任，相处得来。

第十章　地形篇——因不同情况定方案

本篇是我国历史上最早论述有关军事地形学的精辟专文，它与专门阐述兵要地理的《九地篇》一起，构成了孙子军事地理学的主要内容。本篇集中揭示了巧妙利用地形的重要性，列举了战术地形的主要类型和不同特点，提出了在不同地形条件下军队行军作战的若干基本原则，辩证分析了判断敌情与利用地形之间的相互关系。在此基础上，进而探讨了军队作战失利的六种主要原因，并阐述了将帅的道德行为准则及若干治军的一般原则。

【原文】

孙子曰：地形有通[1]者，有挂[2]者，有支[3]者，有隘[4]者，有险[5]者，有远[6]者。我可以往，彼可以来，曰通。通形者，先居高阳，利粮道[7]，以战则利。可以往，难以返，曰挂。挂形者，敌无备，出而胜之；敌若有备，出而不胜，难以返，不利。我出而不利，彼出而不利，曰支。支形者，敌虽利我[8]，我无出也；引而去之[9]，令敌半出而击之[10]，利。隘形者，我先居之，必盈[11]之以待敌；若敌先居之，盈而勿从[12]，不盈而从之。险形者，我先居之，必居高阳以待敌；若敌先居之，引而去之，勿从也。远形者，势均[13]，难以挑战，战而不利。凡此六者，地之道[14]也，将之至任，不可不察也。

故兵[15]有走者，有弛者，有陷者，有崩者，有乱者，有北者。凡此六者，非天之灾，将之过也。夫势均[16]，以一击十，曰走[17]。卒强吏弱，曰弛[18]。吏强卒弱，曰陷[19]。大吏怒而不服，遇敌怼[20]而自战，将不知其能，曰崩。将弱不严，教道不明，吏卒无常[21]，陈兵纵横[22]，曰乱。将不能料敌[23]，以少合众，以弱击强，兵无选锋[24]，曰北。凡此六者，败之道也，将之至任，不可不察也。

夫地形者，兵之助也[25]。料敌制胜，计险扼[26]远近，上将之道也。知此而用战者必胜，不知此而用战者必败。故战道[27]必胜，主[28]曰无战，必战可也[29]；战道不胜，主曰必战，无战可也。故进不求名，退不避罪，唯人是保[30]，而利合[31]于主，国之宝[32]也。

视卒如婴儿，故可与之赴深溪；视卒如爱子，故可与之俱死[33]。厚[34]而不能使[35]，爱而不能令[36]，乱[37]而不能治[38]，譬若骄子[39]，不可用也。

知吾卒之可以击，而不知敌之不可击，胜之半[40]也；知敌之可击，而不知吾卒之不可以击，胜之半也；知敌之可击，知吾卒之可以击，而不知地形之不可以战，胜之半也。故知兵者，动而不迷[41]，举[42]而不穷。故曰：知彼知己，胜乃不殆；知天知地，胜乃不穷。

【注释】

[1] 通：通达，此指四通八达的地形。梅尧臣注：“道路交达。”

[2] 挂：悬挂，此指易入难出的地形。赵本学注：“往则顺而下，返则逆而上，前高后低，如物挂者然也。”

[3] 支：支持，此指敌我双方皆可据险对峙、不易发动进攻的地形。梅尧臣注：“相持之地也。”

[4] 隘：狭窄，意指两侧是山、中间有狭窄通道的地形。梅尧臣注：“两山通谷之间。”

[5] 险：险要，此指地势险要的地形。

[6] 远：距离远，意谓敌我双方相距较远的地形。

[7] 利粮道：使粮道便利、通畅。

[8] 敌虽利我：敌人以利诱我。利，利诱。

[9] 引而去之：引兵假装退去。梅尧臣注：“伪去，引敌人半出而击。”

[10] 令敌半出而击之：令，使。张预注：“敌若来追，伺其半出，行列未定，锐卒攻之，必获利焉。”

[11] 盈：满，充足之意。

[12] 从：纵，进攻之意。

[13] 势均：两军地势均等。

[14] 地之道：利用地形作战的原则。道，原则、规律。

[15] 兵：此谓败兵。走、弛、陷、崩、乱、北乃六种败兵名称。

[16] 势均：势均力敌，此主要指兵力，与前文指地势有所不同。

[17] 走：小跑、奔，此指在势均力敌之下，以少击多，必然寡不敌众，见敌就跑，这种情况就叫“走”。

[18] 弛：松懈、涣散。此指士卒强悍，将吏懦弱，不能控制部队，军纪涣散，这种情况就叫“弛”。

[19] 陷：指将吏强悍，士卒怯懦，部队临敌畏缩不前，以致兵溃阵陷，此种情况就叫“陷”。曹操注：“吏强欲进，卒弱辄陷，败也。”

[20] 怼（duì）：怨恨，有意气用事之意。

[21] 吏卒无常：指将帅懦弱无能，治军不严，军中上下无可遵循的常规法纪。无常，无法纪、常规。

[22] 陈兵纵横：布兵列阵，杂乱无章。陈，布置、部署。

[23] 料敌：分析判断敌情。

[24] 选锋：挑选出来的精锐先头部队。选，挑选。锋，先锋，指先头部队。

[25] 兵之助也：用兵作战的辅助条件。

[26] 扼（è）：通“厄”，险要之意。

[27] 战道：战争的规律。

[28] 主：指国君。

[29] 必战可也：意为可以一战，不必依从国君之命。

[30] 唯人是保：只在于保全民众。是，复指“人”，起加重语气的作用。

[31] 合：符合、适合。

[32] 国之宝：国家的宝贵财富。

[33] 此二句言善待士卒，就可使之同生死，共患难。

[34] 厚：厚待。

[35] 使：使用、指使。

[36] 令：命令，此指管教。

[37] 乱：作乱、违法乱纪。

[38] 治：治理、惩治。

[39] 骄子：娇惯了的孩子。

[40] 胜之半：意谓胜负各占一半。

[41] 迷：迷惑。

[42] 举：举措、措施。

【译文】

孙子说：地形有通形，有挂形，有支形，有隘形，有险形，有远形。我军可以去，敌军也可以来的叫通形。在通形之地，应该先占据地势高而向阳的地方，同时保持粮道畅通，凭借这些与敌交战就十分有利。可以前往，但难以返回的叫挂形。在挂形之地，敌军若无防备，我军一出击就会取胜；敌军如有防备，我军出击又不能取胜，难以返回，就不利了。我军出击不利，敌军出击也不利的叫支形。在支形之地，敌军虽然以利诱我，也不要出击，而是率领军队假装撤退，诱敌前出一半时突然反击，这样比较有利。在隘形之地，如果先敌占领，必须以足够的兵力把守隘口，以等待敌军的到来；如果敌军先占领，并用重兵把守，就不要去打，如果没有重兵把守，就可以去打。在险形之地，如果我军先占领，必须控制视野开阔的高地，以等待敌人的到来；如果敌人先占领，引兵离开，不要去打。在远形之地，双方地势均等，不易挑战，如果勉强求战，则不利。以上六点，是利用地形作战的原则，是将帅的重要职责，不可不认真考察研究。

军事上有走，有驰，有陷，有崩，有乱，有北。以上这六种失败的情况，不是天时地利引起的灾难，而是将帅的过错造成的。凡是双方势均力敌而以一击十的，叫作“走”。士卒强悍，将吏懦弱，叫作“驰”。将吏强悍，士卒懦弱，叫作“陷”。偏将怨怒而不服从指挥，遇到敌人忿然擅自出战，将帅又不了解他们的能力，其败如山崩地裂，叫作“崩”。将帅懦弱无能，治军不严，管教不明，军中上下无可遵循的常规法纪，出兵布阵杂乱无章，叫作“乱”。将帅不能正确判断敌情，以少击众，以弱击强，又没有精选出来的先头部队，叫作“北”。以上六种情况，是造成战争失败的原因，是将帅的重要职责，不可不认真考察研究。

地形是用兵的辅助条件。判断敌情，夺取胜利，研究地形险易，计算道路远近，是高级将领的职责。懂得这些道理去指挥作战，必然胜利；不懂得这些道理去指挥作战，必然失败。根据战争规律分析，必然会取胜，即使国君说不打，坚持打是可以的；根据战争规律分析，不会取胜，即使国君说一定要打，不打也是可以的。所以进不企求战胜的名声，退不回避违命的罪责，只求保全民众，并符合国君的利益，这样的将帅，才是国家的宝贵财富。

对待士卒像婴儿，士卒就会跟他共赴患难；对待士卒像爱子，士卒就会跟他同生共死。如果厚待而不能指使，疼爱而不加管教，违法乱纪而不惩治，那就像娇惯了的子女，是不能用来作战的。

了解自己的部队能打，而不了解敌人不能打，胜利的可能只有一半；了解敌人可打，而不了解自己的部队不能打，胜利的可能只有一半；了解敌人可打，也了解自己的部队能打，而不了解地形不利于作战，胜利的可能只有一半。所以，懂得用兵的人，行动起来不会迷惑，措置手段变幻无穷。所以说，了解敌人，了解自己，胜利就没有危险；懂得天时，懂得地利，胜利就可以保全。

第十一章　九地篇——充分利用地形巧妙实施心理战

本篇除了结合九种战略地形详述了所应采取的不同战略行动方针，还强调了将帅应结合士卒在不同战略地形上作战时的心理变化，鼓舞士气，善于掌握全军，投之于险，陷之死地，使其不得已而战，以这样的状态，制定出切合实际、行之有效的战略战术，夺取胜利。

【原文】

孙子曰：用兵之法，有散地，有轻地，有争地，有交地，有衢地，有重地，有圮地，有围地，有死地。诸侯自战其地者，为散地[1]。入人之地而不深者，为轻地[2]。我得亦利，彼得亦利者，为争地[3]。我可以往，彼可以来者，为交地[4]。诸侯之地三属，先至而得天下之众者，为衢地[5]。入人之地深，背城邑多者，为重地[6]。山林、险阻、沮泽，凡难行之道者，为圮地[7]。所由入者隘，所从归者迂，彼寡可以击吾之众者，为围地[8]。疾战则存，不疾战则亡者，为死地[9]。是故散地则无战[10]，轻地则无止[11]，争地则无攻[12]，交地则无绝[13]，衢地则合交[14]，重地则掠[15]，圮地则行[16]，围地则谋[17]，死地则战[18]。

古之善用兵者，能使敌人前后不相及，众寡不相恃[19]，贵贱[20]不相救，上下不相收[21]，卒离而不集，兵合而不齐。合于利而动，不合于利而止。敢问敌众整而将来，待之若何？曰：先夺其所爱，则听[22]矣。兵之情主速，乘人之不及，由不虞[23]之道，攻其所不戒[24]也。

凡为客[25]之道，深入则专[26]，主人[27]不克；掠于饶野，三军足食；谨养而勿劳，并气积力，运兵[28]计谋，为不可测。投之无所往，死且不北。死焉不得，士人尽力。兵士甚陷则不惧，无所往则固[29]，深入则拘[30]，不得已则斗。是故其兵不修而戒，不求而得，不约而亲，不令而信。禁祥[31]去疑，主死无所之[32]。吾士无余财，非恶货也；无余命，非恶寿也。令发之日，士卒坐者涕沾襟，卧者涕交颐[33]。投之无所往者，诸、刿[34]之勇也。

故善用兵者，譬如率然。率然者，常山[35]之蛇也。击其首则尾至，击其尾则首至，击其中则首尾俱至。敢问兵可使如率然乎？曰：可。夫吴人与越人相恶也，当其同舟济而遇风，其相救也如左右手。是故方马[36]埋轮，未足恃也；齐勇若一，政之道也；刚柔皆得，地之理也。故善用兵者，携手若使一人，不得已也。

将军[37]之事，静以幽，正以治[38]。能愚士卒之耳目，使之无知。易其事，革其谋，使人无识。易其居，迂其途，使人不得虑。帅与之期[39]，如登高而去其梯；帅与之深入诸侯之地，而发其机[40]，焚舟破釜。若驱群羊，驱而往，驱而来，莫知所之。聚三军之众，投之于险，此将军之事也。九地之变，屈伸之利，人情之理，不可不察也。

凡为客之道，深则专，浅则散。去国越境而师者，绝地也；四通者，衢地也；入深者，重地也；入浅者，轻地也；背固前隘[41]者，围地也；无所往者，死地也。是故散地吾将一其志[42]，轻地吾将使之属[43]，争地吾将趋其后[44]，交地吾将谨其守，衢地吾将固其结[45]，重地吾将继其食，圮地吾将进其途，围地吾将塞其阙[46]，死地吾将示之以不活。故兵之情，围则御，不得已则斗，过则从[47]。

是故不知诸侯之谋者，不能预交；不知山林、险阻、沮泽之形者，不能行军；不用乡导者，不能得地利。四五者[48]，一不知，非霸王之兵[49]也。夫霸王之兵，伐大国，则其众不得聚；威加于敌，则其交不得合。是故不争天下之交，不养天下之权，信己之私[50]，威加于敌，故其城可拔，其国可隳。施无法之赏[51]，悬无政之令[52]。犯[53]三军之众，若使一人。犯之以事，勿告以言；犯之以利，勿告以害。投之亡地然后存，陷之死地然后生。夫众陷于害，然后能为胜败。故为兵之事，在于顺详[54]敌之意，并敌一向，千里杀将，此谓巧能成事者也。

是故政举之日[55]，夷关折符[56]，无通其使；厉[57]于廊庙之上，以诛[58]其事。敌人开阖[59]，必亟入之。先其所爱，微与之期[60]。践墨随敌，以决战事[61]。是故始如处女，敌人开户；后如脱兔，敌不及拒。

【注释】

[1] 散地：“散”与“专”相对。由于作战于自己的国土内，战场离家近，士卒容易溃散，所以叫“散地”。

[2] 轻地：是相对于“重地”而言，都是战于敌境，一个进入敌境浅，一个进入敌境深。

[3] 争地：两军相争之地。“争地”是对双方都有利之地，两军都想争先得。

[4] 交地：我军可以往，敌军可以来，亦即两国接壤之地，道路相交，彼此可以交错往来，所以叫“交地”。

[5] 衢地：是指与多国接壤的四通八达之地。《说文解字》：衢，四达谓之“衢”。

[6] 重地：深入敌境之地。

[7] 圮地：指山林、险要隘路、水网地、湖沼等难以通行之地。

[8] 围地：下文有“背固前隘者，围地也。”“围地”指入道狭隘，退路迂曲，背负险固，进退不易，易受敌围困之地。敌守住隘口，便能以少胜多。

[9] 死地：下文有“无所往者，死地也。”由于出路堵绝，只有奋勇作战才能生存，否则必死无疑，所以叫“死地”。

[10] 无战：由于散地，士卒之心最为涣散，所以不宜作战。

[11] 无止：不易停留。赵本学注：“入敌未深，人心未固，务速进攻，以期过险。”

[12] 无攻：敌先我占据争地，已得地之利，所以不可进攻。

[13] 无绝：部伍相联结，不可断绝。

[14] 合交：衢地与多国接壤，应当与这些国家搞好外交关系。

[15] 重地则掠：深入敌国，运输困难，给养容易缺乏，所以要征掠敌国。

[16] 圮地则行：遇到圮地，必须设法迅速通过。

[17] 围地则谋：陷入围地，必须运用奇谋突围而出。

[18] 死地则战：身处死地，战则存，不战则亡，所以要拼死一战。

[19] 恃：依靠。

[20] 贵贱：指官与兵。

[21] 不相收：不能聚集，不能联系。

[22] 听：从。

[23] 虞：意料、料想。

[24] 戒：防备，警戒。

[26] 专：心志专一。

[27] 主人：指本土作战的一方。

[28] 运兵：指部署兵力。

[29] 固：稳固。本句指士兵走投无路，就会军心稳固。

[30] 深入则拘：深入到敌国，士卒就不会散漫。拘，束，比喻团结一致。

[31] 祥：吉凶的预兆。

[32] 之：往。

[33] 颐：颊，腮。

[34] 诸：指专诸，春秋时吴国勇士，为吴公子光刺杀吴王僚。刿：指曹刿，春秋时鲁国勇士，以匕首劫齐桓公于坛上，求返鲁三败所亡之地，桓公许之。

[35] 常山：即恒山，西汉时避汉文帝刘恒的讳而改。

[36] 方马：拴住马。

[37] 将军：主持军事。将，率领。

[38] 以：而。静：镇静。正：严正、公正。治：治理，有条理。

[39] 期：约定日期。

[40] 机：弩机。

[41] 背固前隘：背负险固，前有隘口，即前进困难，后退受阻。

[42] 一其志：统一士卒意志。散地士卒心理涣散，所以要“一其志”。

[43] 属：联属。

[44] 趋其后：争地为敌所据，不可从正面攻击，宜速进其后，所以要“趋其后”。

[45] 固其结：巩固与诸侯的结盟。

[46] 塞其阙：堵塞缺口，使士卒看到无路可走，只有拼命。

[47] 过则从：深陷于十分危险的境地则无不听从指挥。曹操注：“陷之过甚，则从计也。”

[48] 四五者：指上述各事。

[49] 霸王之兵：指称霸诸侯的军队。霸，本作“伯”，指“王”治下统治一方的首领。王，指诸侯所供奉的最高统治者。

[50] 信己之私：伸展自己的意图。李筌注：“惟得伸己之私志。”信，同伸。

[51] 无法之赏：超越惯例的奖赏。

[52] 悬无政之令：悬，颁布。颁布打破常规的号令。

[53] 犯：用，此为驱使、任用之意。

[54] 顺：慎、谨慎。详：审、审查。

[55] 政举之日：决定战争之日。

[56] 夷关折符：意为人不得出入往来。夷关，闭关。折符，毁通行证。

[57] 厉：通砺，磨刀石，引申为反复推敲。

[58] 诛：治，此指商议决定。

[59] 敌人开阖：敌人敞开门户，喻敌方出现间隙。阖，门扇。

[60] 微与之期：无与之期。期，约、合。

[61] 践墨随敌，以决战事：不墨守成规，应根据敌情变化而行事。

【译文】

孙子说：按照用兵的原则，军事地理有散地、轻地、争地、交地、衢地、重地、圮地、围地、死地。诸侯在本国境内作战的地区，叫作散地。进入别国国境不深的地区，叫做轻地。我方得到有利，敌人也得到有利的地区，叫作争地。我军可以往，敌军也可以来的地区，叫作交地。多国相毗邻，先到就可以结交诸侯列国获得援助的地区，叫作衢地。深入敌境，背靠敌人众多城邑的地区，叫作重地。山林、险阻、沮泽等难于通行的地区，叫作圮地。行军的道路狭隘，退兵的道路迂远，敌人用少量兵力就可以攻击我方众多兵力的地区，叫作围地。迅速奋勇作战就能生存，不迅速奋勇作战就只有死亡的地区，叫作死地。因此，处于散地就不宜作战，处于轻地就不宜停留，遇上争地就不要等待敌人占领后再去进攻，遇上交地就应部署相连、勿失联络，进入衢地就应该结交诸侯，深入重地就要掠取粮秣，遇到圮地就必须迅速通过，陷入围地就要运谋设计，处于死地就要力战求生。

从前善于指挥作战的人，能使敌人前后部队不能相互策应，主力和小部队不能相互依靠，官兵之间不能相互救援，上下级之间不能互相联络，士卒分散不能集中，队伍集合也不整齐。对我有利就打，对我无利就停止行动，请问：如果敌人兵员众多且又阵势严整地向我发起进攻，该怎样对付呢？回答是：先夺取敌人最关心的要害，这样就听从我们的摆布了。用兵的道理贵在神速，乘敌人措手不及，走敌人意料不到的道路，攻击敌人没有戒备的地方。

在敌国境内作战的一般规律是：越深入敌境，军心就越坚固，敌人就不易战胜他们；在敌国丰饶的田野上掠取粮草，使全军得到足够的给养：注意休整部队，不要使其过于疲劳，提高士气，集中力量，部署兵力，巧设计谋，使敌人无法判断我军的意图。将部队置于无路可走的绝境，士卒就会拼死而不退，既然士卒能拼死不退，又哪有不得胜之理，上下也就能尽力而战了。士卒深陷危险的境地，就不再恐惧；无路可走，军心就会牢固；深入敌境，军队就不会离散；迫不得已，军队就会殊死奋战。因此，不需整饬就能注意戒备，不待鼓励就会愿意出力，无须约束就能亲密团结，不待申令就会遵守纪律。禁止迷信，消除士卒的疑惑，他们至死也不会逃跑。我军士卒没有多余的钱财，并不是不爱财物；我军没有贪生怕死的人，也不是不想长寿。当作战命令颁发之时，士卒们有的坐着泪沾衣襟，有的躺着泪流满面。但把士卒置于无路可走的绝境，他们就会像专诸、曹刿一样勇敢。

善于指挥作战的人，能使部队像“率然”一样。“率然”是恒山的一种蛇，打它的头部，尾巴就来救应；打它的尾，头就来救应；打它的腰，头尾都来救应。请问：可以使军队像“率然”一样吗？回答是：可以。吴国人和越国人是互相仇恨的，但当他们同船渡河遇到大风时，他们相互救援，就如同人的左右手一样。所以，缚住马缰、深埋车轮，以此来防止士卒的逃亡，是靠不住的；要使部队齐心协力奋勇作战，在于管理教育有方；要使强弱不同的士卒都能发挥作用，在于恰当地利用地形。所以善于用兵的人，能使全军上下携手团结如同一人，这是因为客观形势迫使部队不得不这样。

主持军事行动，要沉着镇静而幽深莫测，公正严明而有条不紊。能蒙蔽士卒的耳目，使他们对于军事行动毫无所知。变更作战部署，改变作战计划，使人无法识破真相；不时变换驻地，故意迂回前进，使人推测不出其意图。将帅授予作战任务，要像登高而抽去梯子一样使士卒能进不能退。将帅率领士卒深入诸侯国境，要像拨动弩机发出的箭一样可往而不可返，烧掉渡船，打破饭锅，以示决一死战。对待士卒要能如驱赶羊群一样，赶过去又赶过来，使他们不知道要到哪里去。聚集全军，置于险境，这就是统帅军队的要点。九种地形的应变处置，攻防进退的利害得失，全军上下的心理状态，这些都是作为将帅不能不认真考察研究的。

在敌国境内作战的规律是，进入深，则军心专一稳固，进入浅则容易涣散。离开本国进入敌境作战的称为绝地；四通八达的叫衢地；进入深的叫重地；进入浅的叫轻地；背有险阻前有隘路的叫围地；无路可走就是死地。因此，在散地，要统一全军意志；在轻地，要部署连续；在争地，要迅速出兵抄到敌人的后面；在交地，要谨慎防守；在衢地，就要巩固和邻国的结交；入重地，就要掠取粮草；在圮地，就必须迅速通过；陷入围地，就要堵塞缺口；到了死地，就要显示死战的决心。所以，士卒的心理状态是，陷入包围就会竭力抵抗，形势逼迫就会拼死战斗，身处绝境就会听从指挥。

不了解诸侯国的战略意图，就不能与之结交；不熟悉山林、险阻、沼泽等地形情况，就不能行军；不使用向导，就不能得到地利。这些情况，有一样不了解，都不能成为霸王之军。凡是霸王之军，进攻大国，能使该国的军民来不及动员集中；兵威加在敌人头上，能够使敌方的盟国无法配合策应。因此，没有必要去争着同天下诸侯结交，也用不着在各诸侯国里培植自己的势力，只要伸展自己的意图，把兵威施加敌人头上，就可以拔取敌人的城邑，摧毁敌人的国都。施行超越惯例的奖赏，颁布打破常规的号令，指挥全军就如同指挥一个人一样。布置作战任务，不必说明作战意图。叫他们去夺利，不告诉他们任务的危险性。把士卒投入危地，才能转危为安。使士卒陷于死地，才能起死回生。兵众陷入危险的境地，然后才能操纵胜败。所以指挥作战，在于谨慎地观察敌人的战略意图，集中兵力，朝一个方向进攻，千里奔袭，斩杀敌将，这就是所谓巧妙用兵能成大事。

因此，在决定战争行动的时候，就要封锁关口，销毁通行符证，不允许敌国使者往来；在庙堂里再三谋划，作出战略决策。敌人一旦出现间隙，就要迅速乘虚而入，首先夺取敌人的战略要地，但不要轻易与敌约期决战。破除陈规，因敌变化，以此来决定作战行动。因此，战争开始之前要像处女那样沉静，使敌人放松戒备；战斗展开之后则要像脱逃的野兔一样行动迅速，使敌人来不及抵抗。

第十二章　火攻篇——以火助攻夺取战争的胜利

火攻，在古代战争中是一种特殊而有效的进攻手段。孙子强调君主和将帅对战争要谨慎从事，做到“非利不动，非得不用，非危不战”，对于那种缺乏政治目的和战略目标而轻启战端的愚妄行为，应持坚决反对的态度。他着重指出，“主不可以怒而兴师，将不可以愠而致战”，只有“合于利而动，不合于利而止”才是真正的“安国全军之道”。另外，本篇中孙子还提出了“战胜而修其功”的思想。

【原文】

孙子曰：凡火攻有五：一曰火人，二曰火积，三曰火辎，四曰火库，五曰火队[1]。

行火必有因[2]，烟火必素具[3]。发火有时，起火有日[4]。时者，天之燥也；日者，月在箕、壁、翼、轸[5]也。凡此四宿者，风起之日也。

凡火攻，必因五火之变而应之[6]。火发于内，则早应之于外[7]。火发兵静者[8]，待而勿攻，极其火力[9]，可从而从[10]之，不可从而止。火可发于外，无待于内，以时发之[11]；火发上风，无攻下风[12]。昼风久，夜风止[13]。凡军必知有五火之变，以数守之[14]。

故以火佐攻者明[15]，以水佐攻者强。水可以绝，不可以夺[16]。

夫战胜攻取，而不修其功者凶[17]，命曰费留[18]。故曰：明主虑之，良将修之[19]。非利不动，非得不用，非危不战[20]。主不可以怒而兴师，将不可以愠而致战[21]。合于利而动，不合于利而止。怒可以复喜，愠可以复悦，亡国不可以复存，死者不可以复生。故明君慎之，良将警[22]之，此安国全军之道也。

【注释】

[1] 火人、火积、火辎、火库、火队：火，全用作动词，烧。火人，焚烧敌军人马、营寨。火积，焚烧敌军的粮草。辎，辎重。火辎，焚烧敌人的辎重。火库，焚烧敌军的物资仓库。队（suì），通“隧”，道路的意思。火队，焚烧敌人运输道路设施。

[2] 行火必有因：指在实施火攻时，必须具备一定的条件，如天气干燥、顺风、有易燃物或有内应等。行，实施、实行。因，条件。

[3] 烟火必素具：用来进行火攻的燃料物品必须平时就要准备好。烟火，指发火器材。素具，平素有准备。

[4] 发火有时，起火有日：实施火攻要选择有利的时机日子。

[5] 箕、壁、翼、轸：中国古代星宿的名称，是二十八星宿中的四个星宿。古人认为月亮运行到这四个星宿位置时多风。

[6] 必因五火之变而应之：应，策应。必须根据五种火攻所引起的情况变化，适时地运用兵力策应，灵活地采取相应的措施。五火，五种火攻的方法。因，根据。

[7] 火发于内，则早应之于外：火从敌营内部烧起，那么我军应当在外部加以策应。

[8] 火发兵静者：火已烧起，而敌军仍能保持镇静的。

[9] 极其火力：待火势烧到最旺的时候。

[10] 从：（随之展开）进攻。

[11] 火可发于外，无待于内，以时发之：火也可从外面烧起，不必非要等待内应，根据情况来发起进攻。

[12] 火发上风，无攻下风：在上风方向起了火，不要逆风去进攻。

[13] 昼风久，夜风止：白天风刮久了，夜里风往往就会停止。

[14] 以数守之：数，指前面所说的“发火有时，起火有日”等火攻条件。等候具备火的条件。

[15] 佐：辅佐、辅助。明：效果明显。

[16] 水可以绝，不可以夺：水可以阻隔敌军，但不能（像火那样）烧毁敌军人员和物资。

[17] 不修其功者凶：不能巩固胜利成果是危险的。修，修治，引申为巩固。凶，祸，这里是危险的意思。

[18] 命曰费留：可以说是以前做的都是徒劳白费。留，通“流”，白费的意思。

[19] 良将修之：优秀的将帅要认真对待这个问题。修，认真对待、妥善处理。

[20] 非利不动，非得不用，非危不战：不是对国家有利，就不要采取军事行动；没有取胜把握，就不要贸然用兵；不是十分危急，就不要轻易开战。

[21] 将不可以愠而致战：愠，怨愤、恼怒。将帅不可以凭一时的怨愤而与敌交战。

[22] 警：警惕、警戒。

【译文】

孙子说：大体上火攻有五种目标：一是焚烧敌军的人马，二是焚烧敌军囤积的粮草，三是焚烧敌军的辎重，四是焚烧敌军的仓库，五是焚烧敌军的后勤补给线。实施火攻必须具备一定的条件，发火器材必须在平时就要准备好。实施火攻还要选择有利的时机，放火要选准有利的日子。所谓有利的时机，指的是天气干燥之时；所谓有利的日期，指月亮运行到“箕”“壁”“翼”“轸”四个星宿位置的时候。一般来说，月亮运行到这四个星宿位置时，多是起风的日子。

凡用火攻，必须根据上述五种火攻所造成的情况变化，适时地运用兵力加以策应。从敌人内部纵火焚烧的，就要及早派兵从外面策应。火已烧起，而敌军仍能保持镇静的，要观察等待，不要马上进攻，等火势烧到最旺的时候，视情况可以进攻就进攻，不宜进攻就停止。火也可以从敌营外面放起，那就不必非要等待内应策应，只要时机和条件成熟就可以放火攻击。火发于上风，不可逆风去进攻。白天风刮久了，夜晚风往往就会停止。总之，军队必须了解实施五种火攻方法的变化运用，然后才能根据条件，寻机实施火攻。

用火来辅助进攻的效果明显，用水来辅助进攻的攻势可以加强。水可以阻隔敌人，却不能烧毁敌人的有生力量和军需储备。

凡打了胜仗，攻取了敌方土地、城池，而不能够巩固胜利，是十分危险的，这就叫做徒劳、白费。因此，明智的国君一定要慎重地考虑这个问题，优秀的将帅必须认真对待妥善处理这个问题。不是对国家有利，就不要采取军事行动；没有取胜的把握，就不要贸然用兵；不到危急紧迫关头，就不要轻易开战。国君不可凭一时的恼怒而兴兵打仗，将帅不可凭一时的怨愤而与敌交战。符合国家利益就行动，不符合国家利益就停止。一时的恼怒还可以重新欢喜，一时的怨愤也可以重新高兴，但国亡了就不复存在，人死了不能再复生。所以明智的国君对战争问题一定要慎之又慎，有能力的将帅对战争问题一定要警惕，这是安定国家和保全军队的关键。

第十三章　用间篇——使用间谍是获取情报的重要途径

本篇主要论述使用间谍的重要性、种类及其方法，强调侦查了解敌情并给敌军造成错觉对作战的重要性。其中，孙子把间谍具体分为因间、内间、反间、死间、生间五大类，并细致分析其不同的特点和各自的功用。

【原文】

孙子曰：凡兴师十万，出征千里，百姓之费，公家之奉[1]，日费千金；内外骚动，怠于道路[2]，不得操事者[3]，七十万家[4]。相守数年[5]，以争一日之胜，而爱爵禄百金[6]，不知敌之情者，不仁之至也[7]，非人之将也，非主之佐也，非胜之主也。

故明君贤将，所以动而胜人，成功出于众者[8]，先知也[9]。先知者，不可取于鬼神[10]，不可象于事[11]，不可验于度[12]，必取于人，知敌之情者也。

故用间有五：有因间[13]，有内间，有反间，有死间，有生间[14]。五间俱起[15]，莫知其道[16]，是谓神纪[17]，人君之宝也。乡间者，因其乡人[18]而用之；内间者，因其官人而用之；反间者，因其敌间[19]而用之；死间者，为诳事于外[20]，令吾闻知之而传于敌间也；生间者，反[21]报也。

故三军之事，莫亲于间[22]，赏莫厚于间，事莫密[23]于间，非圣智[24]不能用间，非仁义[25]不能使间，非微妙[26]不能得间之实。微哉！微哉！无所不用间也。间事未发[27]而先闻者，间与所告者皆死。

凡军之所欲击，城之所欲攻，人之所欲杀，必先知其守将[28]、左右[29]、谒者[30]、门者[31]、舍人[32]之姓名，令吾间必索[33]知之。

必索敌间之来间我者，因而利[34]之，导而舍之[35]，故反间可得而用也。因是而知之[36]，故乡间、内间可得而使也。因是而知之，故死间为诳事，可使告敌。因是而知之，故生间可使如期[37]。五间之事，主必知之，知之必在于反间，故反间不可不厚[38]也。

昔殷[39]之兴也，伊挚在夏[40]；周[41]之兴也，吕牙[42]在殷。故明君贤将，能以上智[43]为间者，必成大功。此兵之要，三军之所恃[44]而动也。

【注释】

[1] 奉：通“俸”，指国家开支。
[2] 怠：疲惫，懈怠。
[3] 不得操事者：不能从事生产的人。操，操作、从事。
[4] 七十万家：曹操注云：“古者八家为邻，一家从军，七家奉之，言十万之师举，不事耕稼者七十万家。”
[5] 相守：相持。
[6] 爱爵禄百金：指吝惜爵禄钱财。爱，吝惜。爵，爵位。禄，俸禄。
[7] 不仁：没有仁爱之心。
[8] 成功出于众者：成就功业超群拔俗。出于众，出类拔萃。
[9] 先知：先知先觉。这里是指事先掌握了敌情。
[10] 取于鬼神：指用祈祷、祭祀等迷信方法去求助鬼神。
[11] 象于事：指筮占之事。《易・系辞下》云：“吉事有祥，象事知器，占事知来。”象事指易筮的“象数之学”。
[12] 验于度：指用日月星辰运行的度数来验证吉凶祸福。验，验证。度，日月星辰运行的度数。
[13] 因间：即下文的“乡间”。指利用敌国的乡野之民当间谍。
[14] 生间：指到敌方刺探后能生还的间谍。
[15] 起：起用。
[16] 莫知其道：使敌人摸不清我军的行动规律。道，途径、规律。
[17] 神纪：神秘莫测之道。纪，即“道”，这里有“道理”的意思。
[18] 乡人：指敌国的乡间百姓。
[19] 敌间：敌方派来的间谍。
[20] 诳事于外：故意向外散布虚假的情况，假装泄露机密，以欺骗、迷惑敌人。
[21] 反：通“返”，返回。
[22] 莫亲于间：没有比间谍更亲信的了。亲，亲信、亲密。
[23] 密：秘密。
[24] 圣智：才智过人。
[25] 仁义：这里指深仁厚义。
[26] 微妙：精细奥妙。微，细心。妙，巧妙。这里指谋虑细致的人。
[27] 间事未发：指起用间谍的事还未实施。
[28] 守将：指守城之将。

[29] 左右：指守将身边的近侍之臣。

[30] 谒者：指守城的门卫。

[31] 门者：指把守城门的官吏。

[32] 舍人：指把守寝舍的官吏。

[33] 索：求，这里有“刺探”的意思。

[34] 利：利用。

[35] 导而舍之：引导他并且把他放回去。

[36] 因是而知之：通过他了解敌人的真实情况。是，这里作为代词，指“乡间”“内间”。

[37] 如期：指如期返回。

[38] 厚：指待遇优厚。

[39] 殷：商汤战胜夏桀后建立的奴隶制国家，建都亳（今河南商丘北），历史上称为商代。后来商王盘庚迁都到殷（今河南安阳），因此又称为殷。

[40] 伊挚：即伊尹，原为夏桀之臣，辅佐商汤灭夏，后为夏相。夏：由夏启建立的我国历史上第一个奴隶制国家，建都安邑（今山西闻喜东）、阳翟（今河南禹县）等地，传到桀，被商汤所灭。

[41] 周：周武王灭商后建立的奴隶制国家，建都镐京（今陕西西安）。

[42] 吕牙：即姜子牙，俗称姜太公。曾为殷纣王之臣。周武王姬发伐纣时，用吕牙为师，打败了商纣王。

[43] 上智：高超的智慧。

[44] 恃：依靠。

【译文】

孙子说：凡是兴兵十万，出征千里，百姓的耗费，公家的开支，每天要花费千金；前后方动乱不安，民夫兵卒奔波疲惫，不能从事正常耕作的有七十万家。双方相持数年，是为了决胜于一旦，如果吝惜爵禄和金钱，不肯用来重赏间谍，就会因为不能了解敌情而导致失败，那就是不仁到极点了。这种人不配做军队的统帅，算不上国家的辅佐，也不是胜利的主宰。

明君、贤将，之所以一出兵就能战胜敌人，成功超出众人，就在于事先了解敌情。要事先了解敌情，不可乞求鬼神，不可用类似的事情去类比推测，不可用日月星辰运行的度数去验证，必取之于人，从那些熟悉敌情的人口中去获取。

间谍的运用方式有五种：乡间、内间、反间、死间、生间。五种间谍同时都使用起来，使敌人不知我用间的规律，这乃是使用间谍神妙莫测的方法，是国君胜敌的法宝。

所谓乡间，是敌国乡人做间谍。所谓内间，是利用敌方官吏做间谍。所谓反间，是利用敌方间谍为我所用。所谓死间，就是制造假情报，并通过潜入敌营的我方间谍传给敌间，使敌军受骗，一旦真情败露，我间不免被处死。所谓生间，是侦探后能活着回来报告敌情的人。

所以，在军队的亲密关系中，没有比间谍更亲近的，奖赏没有比间谍更优厚的，事情没有比间谍更秘密的。不是睿智聪颖的人，不能使用间谍；不是仁慈慷慨的人不能指使间谍；不是精细深算的人，不能分辨间谍所提供的真实情报。微妙呀，微妙！无时无处不可以使用间谍。间谍的工作尚未进行，先已泄露出去，那么间谍和听到秘密的人都要被处死。

对那些要攻打的敌方军队，要攻占的敌方城堡，要刺杀的敌方官员，必须预先了解其主管将领、左右亲信、掌管传达的官员、守门官吏和门客幕僚的姓名，指令我方一定要侦察清楚。

必须搜查出前来侦察我军的敌方间谍，从而收买他，厚礼款待他，引诱开导他，然后放他回去，这样，反间就可以为我所用了。通过反间了解敌情，这样乡间、内间就可以为我所用了；通过反间了解敌情，这样就能使死间传假情报给敌人；通过反间了解敌情，这样就可使生间按预定时间回报敌情。五种间谍的使用，君主都必须了解掌握。了解情况的关键在于使用反间，所以对反间不可不给予优厚的待遇。

从前商朝的兴起，在于伊挚曾经在夏为间，了解夏朝内情；周朝的兴盛，在于姜尚曾经在商为间，了解商朝内情。所以明智的国君、贤能的将帅，能用高超智慧的人做间谍，一定能建树大功。这是用兵中重要的一招，整个军队都要依靠其提供的敌情来决定军事行动。

第三部分

智慧之光

战略谋划篇

第1智　非危不战——实施争战的底线和红线

《孙子兵法》开篇的第一句话就是“兵者，国之大事，死生之地，存亡之道，不可不察也”，这里面的“兵”，指的是战争，“察”是指考察、研究。“兵者，国之大事，死生之地，存亡之道，不可不察也”的完整意思是“战争，关系到军民的生死，国家的存亡，是不可以不认真研究的”。孙子的这一战争态度观在后面的篇目中也有所体现。如在《火攻篇》中，孙子说：“主不可以怒而兴师，将不可以愠而致战。”其后又告诫人们：“亡国不可以复存，死者不可以复生；故明君慎之，良将警之，此安国全军之道也。”慎战与备战，是孙子战争观的主要表现。慎战，即慎重地对待战争；备战，即在和平时期就要做好战争的准备。

我们说孙子兵法是从战略高度来把握战争，一上来就把战争这种至关重要的本质给揭示出来了。什么是战争呀？普鲁士军事理论家克劳塞维茨也说过，战争是把自己意志强加给别人的暴力行为，这种暴力的使用是没有限度的，这就是战争，要么生，要么死，要么存，要么亡，没有丝毫的中间环节。你打输了，打败了，你就得老老实实承认，你就得生灵涂炭、割地赔款，就得丧权辱国，这就是战争，非常残酷，所以作为指导战争的人，一定要高度理智、高度清醒、高度节制。对待可能遭到的侵略，务必要未雨绸缪，早做准备；如果要对外发动战争，也要权衡利害，慎之又慎，不可轻战浪战。

孙子重战、慎战与备战思想，早已被古今中外的战争实践所证明。在中国历史上就有许多亡国之君，如南北朝时期最后一个皇帝陈叔宝，史称陈后主，就是典型的例子。陈后主奢侈享乐、荒淫无道，对战争可能的危害毫无认知。陈叔宝继位时，隋朝已经统一了北方，面对随时可能南下征伐的隋军，陈叔宝毫不放在心上，不备战事。当隋军开始南伐时，陈叔宝还天真地以为金陵虎踞龙盘，隋军奈何不了。更为荒唐的是，在大敌当前时，他竟然还强迫前线主帅的妻子侍寝。有这样的国君，不亡才怪呢！

当今世界，虽然冷战已经结束，但有些国家凭借强大的实力地位，在国际关系中动不动就诉诸武力或以武力要挟，把战争当成解决人类矛盾的“万能药”。2003年3月20日，美国以伊拉克支持恐怖主义、研发大规模杀伤性武器、对美在中东的利益构成“潜在威胁”为理由，避开联合国安理会对一个主权国家伊拉克发动战争，4月9日，美军入侵巴格达，萨达姆政权垮台。战后的伊拉克满目疮痍，暴力袭击事件不断，安全局势动荡不安，伊拉克人民的生活远不如战前。美国为了这场战争，耗费军费7630亿美元，超过朝鲜、越南战争的费用，间接损失上万亿美元。在持续9年多的伊拉克战争中，有超过9000名美军官兵丧生，5.6万人受伤。关于伊拉克战争，似乎是美国胜利了，但是也有人说美国失败了。从军事角度看，美国已经打败了萨达姆，最初的目的达到了，但从战争的全局和长远来看，美国在很大程度上失败了。

因此，重战慎战，不轻易言战，和平时代积极备战，关键时刻敢战能战，这是我们当代中国人需要牢固确立的战争观。战争的硝烟在我们的记忆中似乎已经遥远，这不等于未来我们就可以永远远离战争，要知道，“能战方能言和”“和平只是两场战争的间隙”。当今世界仍然不太平，我国尚没有解决国家统一问题，与周边国家还存在领土主权和海洋权益的争端，特别是美国推行“亚太再平衡”战略以来，我国面临的安全形势更加复杂和严峻，在发展经济、改善民生的同时，要特别重视国家安全问题。

同时，孙子的慎战重战备战思想，对今天我们的企业经营者、管理者来说仍然有重要的警醒和借鉴作用。其实，企业之间的竞争和战争一样面临“死生之地，存亡之道”，“死”就是风险，“生”就是机会，“存”就是生存，“亡”就是消亡。新希望集团董事长刘永行曾经说过：“没有一个企业在刚刚开始的时候，认为自己会倒闭，但事实上90%的企业是要倒闭的。”中国的民营企业的平均寿命大概是2.9年，中关村那么多的企业，生存8年以上的企业只有3%。有人说：“做企业，就好像综艺节目中的孤岛生存游戏。有些人怕吃苦，倒下去了；有些人在独木舟上行走，没有踩好，倒下去了；有些人关键时候跑不动，被老虎、狮子吃了。总之，竞争就是这样的，适者生存的游戏规则是明确的，所以应该有这样的思想准备。倒下去也没有什么，因为他知道自己坚持不了。现实社会中有很多例子，从独木舟上翻下去，下去了就下去了，再翻过来就非常难。”

现在政府倡导“大众创业、万众创新”，作为创业者，你必须首先意识到企业同样是一个充满风险和机会的领域，你必须牢牢地把握这样一种成功和失败的内在规律，你才能够在这个领域里生存。联想集团董事长柳传志在接受《中国企业家》杂志采访时表示，最伟大的企业家应该具备的素质，第一条就是对所处行业的深刻理解，如果你不能够深刻理解这个行业的话，那你就不要进入，这是企业竞争的一个特点。

经营企业如此，做人也一样。人须有志气，但不可有“火气”。因为“火气”一大，便会“气”令智昏，后果不堪设想。逼近一步，剑拔弩张；退后一步，海阔天空。“火气”一旦生就，不仅会灼伤别人，还会烧痛自己。所以，人们常说：“你别动气，动气就伤了和气；你别生气，生气就坏了元气；你要忍气，忍气便能神气。”戒“火气”，遇事能忍得住，关键时刻自能转危为安、逢凶化吉。

有这样一个寓言故事：两个猎人为一匹鹿争执不休，原因是甲坚决说是他射死的，而乙肯定地说是他先开的枪。就这样，两人越吵越凶，最后竟动起刀来，你追我赶，在林子中拼命，反而把鹿的事给忘记了。就在这时，天上掉下个老公公。老人问：“你们干吗打啊杀的？”两个猎人请求公断。老人说：“这个不难，但是，我不喜欢过去的事情，我更喜欢放眼未来，你们想知道自己的命运吗？”两个猎人连连点头。老人说：“那好，还是以你们俩为主角来推演一下吧……”

瞬间，场景又回到刚才的打杀镜头：猎人甲在一棵大树后忽然转身，挥刀砍倒猎人乙；当猎人乙躺在血泊中时，猎人甲扛起鹿扬长而去……

老人说：“再过两年……”场景是夜晚。猎人乙的重伤已经愈合，但左臂留下了残疾。他拎着一把枪，悄悄摸到猎人甲家的后院墙，伸头窥探动静。这时，猎人甲出来，猎人乙乘机举枪瞄准……

老人说：“再过两年……”场景是一处闹市。瘸了一条腿的猎人甲坐在街头卖菜，忽然看见猎人乙拉着小儿子逛街来；猎人甲两眼直冒火光，赶紧拉下帽檐，手伸向菜筐里的一柄铁铲……

老人说：“再过两年……”场景是一座大都市。猎人甲租房子藏在贫民区，而猎人乙怀揣一把匕首，衣衫褴褛，一副乞丐样，两眼东张西望，寻寻觅觅，一看就是个复仇者……

这时，两个猎人愧疚地低下头说：“老人家，算了，我们知错了。”老人家笑呵呵地说：“好啊，不过，事情还没完，再看看40年后……”场景是荒郊野外的一座坟场，猎人甲和猎人乙的墓碑一个在东、一个在西，一片肃静……

两个猎人面面相觑。老人说：“完了，这就完了。世上一些人打打杀杀的，也不过如此，最终一人一个墓碑而已。”

推演到此，猎人甲伸出颤抖的手，迎接猎人乙的拥抱。两人几乎同时喊道：“好兄弟……”

【扩展阅读】

西方的“三争文明”与中国的“三和文明”

随着全球国家间竞争愈演愈烈，东西方文化的差异日益明显。西方当代文化推行自我的方式，概而言之是“三片文明”和“三争文明”：一是大片，我们的视觉趣味深受美国影响——往往非好莱坞大片不看；二是薯片，青年一代大多吃薯片长大，虽然明知道肯德基、麦当劳等油炸食品是垃圾食品，但照吃不误；三是芯片，Windows系统深藏奥秘，只要人们上网，美国情报系统出于需要，就可以通过特殊技术把电脑里有关材料复制走（“棱镜门”即最好例证）。大片控制了我们的视觉娱乐，薯片控制了我们的肠胃，芯片则控制了我们的创造性和文化安全性。

作为日益崛起的大国，中国有什么可以跟西方相抗衡的全球化力量？又有什么样的反控制的文化战略和国家文化安全措施呢？

西方的“三争文明”认为：伙伴之间是竞争，非敌非友或亦敌亦友之间是斗争，敌对的国家间会爆发战争！两次世界大战主要是西方国家发动的，落后挨打、弱肉强食——东方国家今天已经在西方推行的“丛林法则”中学会了这些。西方现代殖民主义发展史，伴随着惨绝人寰的大屠杀：西班牙对中美洲土著的大屠杀发生在 16 世纪，英国对澳洲土著的大屠杀发生在 18 世纪，美国对印第安人的大屠杀发生在 19 世纪，纳粹德国对犹太和波兰人的大屠杀发生在 20 世纪，日本侵略者制造的南京大屠杀也发生在 20 世纪。

在现代之前，全世界约有 20 多种文明，现在只剩下不到 10 种。西方武力的扩张连同自然生态环境的恶化，使得文明的消亡不断加速，其中，现代工业文明倾轧和大规模战争的人为因素祸害极大。西方的现代文明承诺人类走向共同富裕，但事实上全球贫富差距日益加大，社会公正难以落实。有资料表明：全球有 10 亿人每日靠不到 1 美元的收入在世界上挣扎，另有 15 亿人依靠 1 到 2 美元艰难度日。现代世界的两极分化导致很多地区出现大批失业者、难民，穷人与现代文明繁荣似乎无关。

这种现代性对全球文明的霸权主义诉求，导致了西方中心主义的扩张。为什么近年来美洲、欧洲和亚洲诸国对中国都不够友好呢？为什么在中国走向富强和自主的时代，西方对科学、民主的诉求，变成了对中国的政治仇视和文化对抗呢？其根本原因就在于，中国是真正崛起了！于是，西方冷战思维的幽灵重新作怪，认为国家间非友即敌。

中国文化是一种和谐文化，中国文化的内在精神是“三和文明”——在竞争的伙伴关系状态下追求和谐，在斗争的状态下追求和睦，在战争的状态下追求和平。但中国文化在全球化格局中还不够强势，所以“三和文明”的声音，不仅没有被放大成为国际的声音，反而成为中国落后、僵化、保守的例证，进而成为西方妖魔化中国的理由。

有相当西化色彩的当代中国文化，既不是纯粹的美国消费主义文化，也不是欧洲式的贵族古典文化，更不是中国传统的人本文化，而在变成多面的杂糅文化。这一后殖民话语的“文化中断”，将使国人文化认同与文化寻根成为问题纠结之所。全盘西化者的文化巨型想象有着这样的图景：“全盘西化”似乎成为东方的未来图景，有极端者甚至曾提出要改汉字为拼音、奉基督教为国教，从而无差别地与世界“接轨”。在这种民族虚无主义和文化失败主义的心态下，中国的国内问题被西方看得过于严重。

中国的文化安全与中国周边国家的军事安全紧密联系。在西方“三争文明”的主导下，诸如朝核问题、台湾问题、克什米尔问题、伊核问题、巴以争端等，都成为从亚欧大陆的亚洲部分引发的突出的国际问题。中国文化不应再亦步亦趋地追逐西方潮流，必须扬弃西方的现代文化与后现代的低俗性和虚无性。

撒切尔夫人生前说过：中国不会成为世界的超级大国，“因为中国没有那种用来推进自己权力，从而削弱我们西方国家的具有国际传染性的学术，今天中国出口的是电视机，而不是思想观念”。她从西方中心主义的立场看中国，认为：中国的知识体系不能参与世界知识体系的建构，不能成为知识生产的大国。即使在巨大的经济崛起中，中国充其量也只能成为一个物质生产大国，但在精神文化生产和创新乃至输出上，仍是个无需重视的小国。这提醒我们，西方人不太看重一味提升物质财富和金钱爆发，更看重一个大国参与国际事务的能力和文化输出的力度。

如果说过去一直是西方在影响着中国，那么从现在开始，中国应向海外向西方强力介绍中国文化，让更多人认识、了解和欣赏中国文化。这样，世界才会认识到：经过汰变的中国文化，不是西方人眼中的那种扩张性文化，不是持“中国威胁论”者宣扬的那种冲突性文化，更不是 19 世纪后西方人眼中的愚昧落后、衰败脆弱的文化。中国文化是有深刻历史感和与人类文明互动的历史文化，是具有书画、琴韵、茶艺等艺术性很强的精神文化，是怀有“天下”观念和博大精神的博爱文化。

【经典案例及分析】

伊利“QQ 星”对决蒙牛“未来星”

伊利和蒙牛作为中国两大乳业巨头，他们之间的竞争异常激烈，从新产品开发到广告营销、抢占市场份额，各个领域都开展全面竞争。伊利在 2012 年推出“QQ 星营养果汁酸奶饮品”，包括香蕉和草莓口味，采用迪斯尼卡通形象 3D 立体包装，并通过在《爸爸去哪儿》中进行广告冠名，获得了很高的知名度。随后，蒙牛在 2015 年也推出了一款名为“未来星营养果汁酸奶饮品”的产品，口味也包括香蕉、草莓两种，同样以卡通形象为蓝本，进行 3D 立体包装。伊利认为，蒙牛的行为构成了不正当竞争，要求其停止使用涉案产品的装潢、产品名称等不正当竞争行为并赔偿经济损失 300 万元，还要刊登声明，消除影响。

伊利公司起诉称，“QQ 星营养果汁酸奶饮品”是其于 2012 年上市销售的专为儿童设计的饮品，包括香蕉口味和草莓口味。该产品包装、装潢设计独特，是根据迪士尼卡通形象在国内首创的 3D 立体包装。该产品自 2012 年面世以来，获得多个奖项。经过广告投放与宣传，获得了极高的知名度，市场占有率极高，是相关公众广为知晓的知名商品。蒙牛公司于 2015 年 4 月上市了名为“未来星营养果汁酸奶饮品”的产品，该产品也包括香蕉和草莓两个口味，包装、装潢以卡通形象为蓝本，也是 3D 立体形状，且卡通形象特点与“QQ 星”类似。作为同类产品，伊利公司与蒙牛公司的产品被并列摆放在货架上，造成消费者混淆和误认。

伊利公司认为，被控侵权产品包装、装潢与伊利公司的产品包装、装潢在组成要素、设计风格等方面相同或近似，产品名称也近似，以相关公众的一般注意力为标准，极易产生对产品来源的混淆和误认。伊利公司同时起诉了位于海淀区的一家超市，要求其停止销售蒙牛公司的涉案产品。

蒙牛公司辩称：第一，伊利公司的产品不具备知名度和特有性，不构成知名商品特有的包装、装潢；第二，双方的包装、装潢不构成近似；第三，双方商品没有混淆的可能性；第四，蒙牛公司的商标本身具有极高知名度，没有侵占伊利公司商誉的主观恶意；第五，蒙牛公司有自己的知识产权，包括自己的瓶身和设计。伊利公司的产品名称是通用名称，不具有知名性，不能被伊利公司独有。

北京市海淀法院经审理后认为：伊利公司与蒙牛公司均从事牛奶制品方面的经营，均是我国乳品行业的领军企业。伊利公司“QQ 星”、蒙牛公司“未来星”是两个各自旗下独立的、专门针对儿童群体研发的牛奶品牌，在该领域展开了激烈竞争。双方在产品类别、用户群体、盈利模式、市场细分领域等方面均有重合，存在直接竞争关系。法院认为，蒙牛公司推出同类产品的时间晚于伊利公司，且伊利公司的涉案产品知名度高、包装装潢独特，蒙牛公司与伊利公司之间长期存在着激烈竞争关系，蒙牛公司不可能对伊利公司涉案产品的包装装潢不知晓，存在攀附恶意。

最终，法院认定蒙牛公司构成不正当竞争，应立即停止使用涉案产品包装、装潢的不正当竞争行为，涉案海淀区某超市应立即停止销售涉案侵权产品，同时蒙牛公司应当消除影响，并赔偿伊利公司经济损失及合理开支共计 215 万元。

伊利“QQ 星”对决蒙牛“未来星”的商战实践告诉我们，竞争和合作是现代企业交往的一个最常见的现象，也是企业相互作用的基本形式。一个企业要想生存和发展，就必须要像对待“战争”一样慎重地对待“竞争”，正如孙子兵法中所说的那样，“兵者，国之大事，死生之地，存亡之道，不可不察也”，特别是出现恶意竞争时要果断地拿起法律的武器维护自己的竞争利益。其次，成功的企业一定要懂得“战争与竞争”以及“竞争与合作”两者的辩证关系。从形式上看，竞争与合作是对立的；而从本质上看，二者又是相互伴随、相互统一的。从根本上说，竞争离不开合作，竞争的胜利通常总是某一群体内部或多个群体之间通力合作的结果；合作也离不开竞争，没有竞争的合作只能是死水一潭。竞争可促进合作，合作又增强竞争的实力，正是这种竞争中的合作和合作中的竞争，推动着人类社会的不断发展和进步。基于这样的立场，既要鼓励竞争、提倡竞争、保护竞争，又要提倡合作，提倡企业间特别是同类企业间互相关心、互相爱护、互相支持，一句话就是既要敢于竞争又要善于合作。

阿根廷轻易挑起战端　战败后总统被捕入狱

英国和阿根廷的纠纷源于南大西洋的马尔维纳斯群岛（简称马岛）。英国坚持马岛是英国海员发现的，阿根廷则认为马岛位于阿根廷大陆架内，两国为此进行了长达二十年的谈判，可是最终连一个字的协议也没有达成。

1982年4月，阿根廷总统加尔铁里派出一支由陆海空三军约四千人组成的舰队一举攻占马岛，将英国的国旗抛入大海。消息传到伦敦，英国举国震惊。英国首相撒切尔夫人庄重地走上议会大厅讲台，用不同寻常的语调说："为了大英帝国的利益，我代表执政党向议会提出，对阿根廷宣战！"全体议员一致拥护。半小时后，英国"快速反应司令部"所属的几十艘大型战舰迅速开到朴茨茅斯港集结待命，"海鹞"式战斗机和"轻剑"防空导弹等先进武器源源不断地运到这里。几乎散布在四大洋的英国商船一齐调转航向，驶向南大西洋，它们边航行边改装。两天后，一支拥有近百艘舰船和两万多人的特遣舰队便浩浩荡荡地驶出了朴茨茅斯港。

加尔铁里以武力攻占马尔维纳斯群岛之后，曾狂喜不已。然而，就在阿根廷举国上下狂欢庆贺之际，加尔铁里的妻子却冷冷地对丈夫说："狂热的民族加上一个狂热的领袖，非坏事不可！"可是，加尔铁里并没有从妻子的警告中及时清醒过来，他竟然天真地认为英国人不会横跨一万多公里的大西洋去远征一个小小的群岛。

当英国特遣舰队渐渐逼近马岛时，加尔铁里将马岛的驻军从四千人增至一万人，但这些军队既不进行必要的临战训练，也不着手作战准备。一位将军曾建议加尔铁里在马岛修筑大型空军基地，否则阿根廷的飞机从本土起飞，在马岛上空只能停留两分钟。可加尔铁里却回答说："以色列人一分钟就能打个漂亮的空战！"加尔铁里还寄希望于美国，当情报长官向他报告"美国的大西洋同步卫星天天给英国舰队传送阿根廷和马尔维纳斯群岛的情况"后，加尔铁里只好发出一声无奈的哀叹："我们被出卖了！"

4月底，英国特遣舰队在航行了一万三千公里后驶抵马尔维纳斯海域，并切断了阿根廷与马岛的联系。随后，英军以泰山压顶之势击沉了阿根廷唯一的万吨级巡洋舰"贝尔格诺将军"号及"圣菲"号潜艇，攻占了马岛附属岛屿南乔治亚岛。阿根廷慌忙向马岛增兵，但英国的导弹核潜艇使马尔维纳斯海域变成了一片死亡的世界。5月下旬，阿军军心已散，一败涂地，英军则越战越勇，威风凛凛。6月14日凌晨，英军向阿军发起总攻，仅仅几个小时后，阿根廷军队即举白旗投降。英国的国旗再一次高高地飘扬在马尔维纳斯群岛的上空。

战争结束了，加尔铁里被迫辞去总统和陆军总司令的职务。几天后，两名警察出现在他的面前，"你就是加尔铁里吗？你被捕了。你被指控要对这场失败的战争负全部责任。"

第2智　先计后战——战略规划强调庙算为先

孙子兵法《计篇》中的"计"，可以直译为计算或估计。用今天的话来说，"计"就是“总计”的意思。“计”，还有计划的意思，可理解为“全盘计划”或“通盘考虑”“战略运筹”“战略谋划”。《计篇》结尾强调：“夫未战而庙算胜者，得算多也；未战而庙算不胜者，得算少也。多算胜，少算不胜，而况于无算乎。吾以此观之，胜负见矣。”意思是说，作战之前筹划得周密，得胜的把握就会大一些；作战之前筹划不足，不详尽周密，得胜的把握就会少一些。如果根本没有谋划，那就不可能取得胜利。所以，对战前谋划的疏密程度进行观察比较，就基本可以看出谁胜谁负了。

所谓“庙算”，是指古代人用兵时在庙堂里举行的仪式，一是为了祭奠先人，二是为了讨论作战计谋。作战前在拟定作战计划的庙堂里，详细讨论敌我力量态势，评估作战胜算的机会有多大。也就是说不打无把握之仗，更不打糊涂仗。

现代商战中，“未战庙算”“先计后战”是非常重要的，投资建厂必须事先对国家和地方政府的相关政策有充分的了解，对市场及其环境进行周密的调查研究，要知道消费者的需求，市场同类竞争者的虚实，否则，就会打败仗。

美国一家快餐公司计划在德国巴伐利亚开一家快餐店，他们在所有可选的地点派人进行了详细的“交通流量计数”的调查，比较来往行人的频繁程度，同时采取了复杂的综合测评技术，逐一进行筛选，终于确定并买下了新店址，建起了一个时尚美观的快餐店。快餐店很快开业了，可奇怪的是，光顾这里人的很少。于是这家公司就犯起嘀咕，是测评技术有问题，还是“交通流量计数”不准确？如果是前者，那么他们之前用这种方式确定的不少店址都成功了；如果是后者，那就更不可能了，分明在快餐店门前不断往来的人流量很大。他们找来找去，最终找到了答案，原来在这条路的尽头是红灯区，当人们匆匆从这里经过时，满脑子所想的并不是汉堡包。这个看似详尽的调查，其实被假象迷惑了，致使这一投入了不少资金的快餐店很快倒闭了。

一位很有名气的张姓地产开发商在 2006 年房价大涨的情况下突然淡出地产业，做起了饲养生猪的生意。他在市郊的秃山下租用了大量土地，盖起了猪舍。人们对此深感不解，说老张赚钱赚昏了头，放着大把的票子不赚，当起了让人总有几分不屑的养猪专业户，而且当时猪肉价格只有四五块钱。其实，老张心里明白，一个不足百万人口的城市，在这几年房地产大开发的情况下，市场已经处于基本饱和状态，再加上地价不断攀升，开发商所增加的成本只有转嫁到购房者身上，弱化了投资价值。他预测，地产市场必将会遇到一个深度调整的过程，地产商的暴利一定会受到抑制，甚至重创。而四五元一斤的猪肉价格却跌到了极限，尤其当他看到本地以及附近地区的养猪大户因极度亏损纷纷放弃这一经营项目的时候，他却感到迎来了一个新的契机。经过对市场详细周密的调研，老张一边大量购进小猪仔，一边对养猪户进行大规模并购。2006 年下半年，猪肉价格开始回升，到了 2007 年年底升到令人震惊的十八九元一斤，有的地方甚至超过了二十元。让老张更高兴的是，在猪肉非常紧缺的情况下，政府对猪肉还进行了相应的价格补贴，仅这一项，老张就净赚了几千万。而房地产市场走进 2008 年下半年后，因房屋空置率太高出现了一路下滑的趋势，进入 2009 年则跌入低谷。

“商战始于庙算”，庙算周密就能取得胜利，庙算疏漏自然会失败。综观市场竞争，其规律与兵家之筹算相应而暗合。根据市场的变化，要有周密详尽的了解和部署，要做到知己知彼，要有前瞻性，要有不断创新的能力和魄力，只有这样才能立于不败之地。庙算如此重要，那么庙算到底算什么？这就是《孙子兵法· 计篇》中提到的“五事七计”。

“五事七计”是学界对“经之以五事，校之以七计”的概括。“五事”就是“道、天、地，将、法”。孙子指出，凡属这五个方面的情况，将帅都不能不知道，充分了解这些情况就能打胜仗。“七计”是“五事”的展开，包括“主孰有道、将孰有能、天地孰得、法令孰行、兵众孰强、士卒孰练、赏罚孰明”七个方面的情况。依据“五事七计”，就能够判断谁胜谁负了。由此可见，“五事七计”是从宏观的“知”的视野预测战争胜负的五个因素和七个方面，是用正道在战前预测胜负的依据，也是平时军队建设的根本大计。

孙子的“五事七计”对企业发展的重要启示是：企业求生存谋发展要立足“五事七计”，因其乃生存发展的正道。企业的求生存谋发展必须走正道。企业的经营之“道”，可理解为企业使命与战略目标。企业为什么要生存？企业的使命是什么？显然，企业所奉行的“道”，乃是企业界人士规范和指导企业行为，进行经营活动的基本法则。过去，西方发达国家比较流行的企业使命观是，企业之所以存在主要在于它迎合了追求利润、创造财富的投资者需要。但后来，越来越多的人开始突破这一观念的框框，从更宽广的视角去看待企业的使命，认为企业生存的价值并非仅在于实现利润，企业除实现利润外，更重要的是满足顾客的需要并积极承担社会责任。

《财富》杂志指出：企业责任是全球商界的一个热门话题。越来越多的公司认识到，企业不仅要赚钱，还要确保“取之有道”；不仅要考虑股东的利益，还要考虑所有利益相关者的利益，尤其要对社会和环境的改善有所贡献。面对这一不可阻挡的大趋势，一些精明的企业已经行动起来，开始将商业目标和发展战略有机融合，并视之为未来竞争优势的一个重要方面。

企业的“天”，可理解为企业的宏观战略环境，包括政治环境、法律环境、经济环境、技术环境、社会环境、自然环境。企业的宏观战略环境，对企业经营的影响是深刻而长久的。故企业家要有宏观的视野、宏观的思维和宏观的决策。说得通俗点，就是要从宏观上把握大环境。既要把握某一个地区之“天”，还要把脉国家之“天”，更应放眼世界之“天”。

企业的“地”，可理解为企业的微观战略环境，包括行业性质、竞争者状态、消费者、供应商、中间商及其他社会公众。企业的微观战略环境是特殊环境，说到底是指对企业经营具有直接影响的行业竞争环境。尽管企业经营环境的范围很广阔，但是最关键的部分就是企业投入竞争的一个或几个行业。

企业的“将”，可理解为企业经营者。在现代企业经营中，企业竞争从某种意义上说，就是企业经营者之间的谋略和能力的较量。孙子对“将”提出了五条标准，俗称“为将五德”：智、信、仁、勇、严。智能发谋、信能赏罚、仁能附众、勇能决断、严能生威。孙子强调的“将孰有能”，不看谁的后台硬、职务高，而看谁的综合能力强。

对企业来讲“法”可理解为企业行为规范。在现代企业经营中，“法”，就是企业行为规范。一个成功的企业必须有一个统一的而且能得到贯彻落实的企业行为规范。

对企业来说“七计”可以这样理解：第一，哪一方领导团队经营理念超前；第二，哪一方企业的人才、干才多且精；第三，哪一方拥有更好的天时地利；第四，哪一方企业能够政令畅通、令行禁止；第五，哪一方企业的设备、硬件强；第六，哪一方企业的员工训练有素；第七，哪一方企业能够赏罚公正严明。企业经营者倘若能如此这般地比较而能头脑清醒，找出优劣，正确决策，就能取得经济战场上的一个又一个胜仗。

中国孙子兵法研究会第一任会长、中国人民解放军军事科学院战略部原部长谢国良少将认为，“五事七计”的内容是一致的。“五事”阐明了决定战争胜负的基本因素，“七计”阐明了制定战略决策的方法和依据，从而给军事家提供了一个研究战争、指导战争、统筹全局的理论武器。“五事七计”对于一切具有对抗、竞争的领域都具有思想滋养的价值，也是人生得以成功的正道。

先说人生的“五事”。首先要有“道”，做人要讲政治，与党中央保持一致；讲道德，和中华美德相吻合；讲品格，让人性人格趋完善。其次要有“天”，即要善于利用“天时”，抓住“机会”，特别是重大的机会，错过了也就错过了，今后不会再有，抓住了就可能一举成功，创造辉煌的人生。再次要有“地”，即要有“地形”“地势”“地利”，也就是要适应“地形”，借助“地势”，利用“地利”。然后要有“将”，即要有“才智”“才能”“才干”，展开地说要心脑有“才智”、躯体有“才能”、四肢有“才干”。最后还要有“法”，具体地说要有“制度作保证，法度来约束”，不能蛮干，不能利令智昏，胡作非为。

【经典案例及分析】

在中国，为什么麦当劳竞争不过肯德基?

麦当劳与肯德基同为美国快餐品牌，但在世界餐饮排行榜中，麦当劳要领先于肯德基。与肯德基相比，麦当劳拥有更悠久的营运背景，更雄厚的企业实力，更强势的品牌资本。在美国快餐排行榜中，麦当劳稳居第一，肯德基仅仅排名第七。然而，在中国肯德基远远领先麦当劳，成为中国人了解西式快餐的第一品牌，稳坐中国西式快餐第一把交椅。截至2019年6月，肯德基在中国已经拥有门店5300多家，而麦当劳门店数量仅仅2400多家。我们都知道麦当劳和肯德基都是世界知名餐饮品牌，就连选址情况都基本相同，甚至在很多地方它们都是邻居。那么为什么在中国，麦当劳竞争不过肯德基呢？

1985年，中国改革开放初期，肯德基当时的总经理迈耶就已经敏锐地意识到作为世界第一人口大国中国市场的无限潜力，他已经做好了一切进军中国市场的心理准备。但是，面对巨大的战略机遇，迈耶并不冲动，他经过冷静的思考和分析后最终将市场开拓前的试点基地选在了与中国有着相似饮食习惯的新加坡。任命王大东出任肯德基东南亚地区副总经理，承担起拓展中国市场的重任。王大东出生于中国，有着典型的中国文化成长背景；在美国求学，受过严谨的专业化训练。曾经是肯德基公司多年的中层管理人员，熟悉并理解这个企业的特有文化，特别是有过在中国开办餐饮业的成功经验，这种跨文化的经历对肯德基在中国的拓展至关重要。王大东的加盟为肯德基在中国的发展注入了本土化的血液，这对于一家不熟悉中国文化特点的跨国公司的初期本土生根和发展起到了关键作用。通过在新加坡的练兵，肯德基对跨文化管理，尤其是对东方人的管理积累了足够的经验，另一方面也积累了熟悉中国特点的运营人才，保障了进入中国之后能够迅速地融合并做到游刃有余。

1987年11月12日，北京前门中国第一家肯德基餐厅的成立，开启了肯德基在中国餐饮市场的远征之路。肯德基下好了这步漂亮的先手棋，开业的时候用了中国人节日欢庆最常用的大红色，而且还有扭秧歌和舞狮助兴，这些非常有中国特色的东西，一开始就彰显肯德基拥抱中国的决心。

接下来，肯德基将自己的中国总部设在了上海，而且对后面的所有选址进行严格的科学分析，选址成功也大大提高了肯德基门店的效益。肯德基之所以在中国市场如此受欢迎，最重要的原因就是它符合中国的饮食口味，敢于创新。肯德基在保持其特色的同时，推出符合中国消费者饮食习惯的中式快餐。从一开始，肯德基就锁定了产品本土化的宗旨，努力开发更符合中国人口味，具有中国地域特色的食品，肯德基试图让自己成为中国人的一种生活方式，真正融入了中国人的生活。而麦当劳一直保持其菜谱多年不变，即使是后来推出了新品，其速度和品质远远落后于肯德基。总之，麦当劳仍是全世界的麦当劳。而肯德基，慢慢成为中国人的肯德基。

最终肯德基大幅领先麦当劳，取得了中国市场的全面胜利，麦当劳是美国的，而肯德基却做到了改变自己，在践行“做中国餐饮第一品牌”的道路上继续前行。肯德基在美国战场和世界其他地区战场皆落后于麦当劳，在中国战场却翻了盘而且全胜，其中的成功奥秘让我们用孙子兵法中的“五事七计”来解释那就是：一是主有道：时任肯德基总经理迈耶思维敏锐、眼光独特，一直秉承“立足中国，融入生活”的总策略，坚持“为中国而改变，全力打造‘新快餐’”的宗旨，努力探索，把最贴心的服务和最美味、安全的产品带给广大中国消费者，尊重中国消费者的特殊需求，真心实意为满足中国人的口味而服务。二是得天时：在改革开放初期，通过进入与中国文化背景相似的新加坡过渡后进入中国市场，迎合了改革开放初期人们对洋快餐的好奇心。三是得地利：总部设立在中国上海，全国布局。四是将有能：大胆启用具有跨两国文化、专业素质强的肯德基内部培养起来的中国人王大东。五是法严明：肯德基早期完善清晰的加盟制度，易于中国投资人接受。可见肯德基在中国战场，占尽了优势。反之，麦当劳，后知后觉，不愿改变，处处失去了优势，结果可想而知。

第3智　不战而胜——战略目标的最高境界

人人都想成功，个个都要达到人生目的，于是就有了争斗。有争斗就要战胜对手。战胜对手，打败对方，叫作“胜”。个人的“胜”是如此，企业、军队、国家、民族的“胜”也是这样。“争斗”是把双刃剑，因为“争斗”，人才辈出、科技发展、经济腾飞、社会进步……；也因为“争斗”，世界又呈现另一番场景：刀光剑影、硝烟弥漫、尔虞我诈、相互杀戮……

我们如何才能“胜”？我们究竟需要怎样的“胜”？孙子提出了两大策略思想：一是全胜策（谋胜），立足强大的实力地位，“威加于敌”，通过“伐谋”“伐交”，达到“不战而屈人之兵”的目的，继而实现“兵不顿，而利可全”的最高境界；二是战胜策（力胜），谋求决定性的力量对比和态势，运用“攻其无备，出其不意”的诡道之术，达到“百战百胜”的目的。

《孙子》的“全胜”思想是从论述战争指导法则的五个“全”开场的。他把“全胜”思想的内容分为由高到低、由大到小的五个层次——“全国”“全军”“全旅”“全卒”“全伍”，即完整地保全敌人的国、军、旅、卒、伍。他又将“破国”“破军”“破旅”“破卒”“破伍”作为“五全”之“次”，即为“五全”的下策。如此这般的立体构图，表达的是不但要保全自己，也要尽可能地保全对手。而对于保全对手而言，大到敌人的国家，完整地使它屈服是上策；小到对于敌人的一伍而言，完整地使它屈服也是上策。孙子的“全胜”思想既是战略追求的最佳境界，也是战术决策的最佳选择。

从另一个角度来看，孙子五个层次“全”的阐述表达了“破”中有“全”的“全胜”思想。在敌“国”不能“全”而不得不采取次策“破”之时，则应在“破国”中求得“全军”；在“全军”不可得而必须“破”时，则应当在“破军”之中求得“全旅”；在“全旅”不可得而必须“破”时，则应当在“破旅”之中求得“全卒”；在“全卒”不可得而必须“破”时，则应当在“破卒”之中求得“全伍”。这样，虽不能求得全局的不战而胜，也可求得局部的不战而胜。由此可见，“全胜”思想可区分为战略、战役和战斗三个层面，“全胜思想”意在将战争的伤亡和损失减小到最低限度。

《孙子·谋攻篇》开场的五个“全”，层层递进，如同五节火箭，射出的是石破天惊的中国兵学文化和世界军事思想的精华——“百战百胜，非善之善者也；不战而屈人之兵，善之善者也。”中国人爱说“百”，缘于求全、求完美。“百战百胜”就成了军事上求全求完美的理想境界。然而，无论是从哲学的层面还是从实战经验的角度来说，百战百胜是不可能的。孙子把不可能的百战百胜假设为可能，振聋发聩地指出百战百胜还不算是好中最好的，不经交战而能使敌人屈服，才是好中最好的。有人认为“不战而屈人之兵”就是不经战斗而迫敌降服，这只是字面义。还有人认为以实力为后盾，不通过直接交战而使敌人屈服，这应是其本意。其要义应该是以强大的军事实力为后盾，通过“伐谋”“伐交”，用全胜的计谋争胜于天下。

《孙子兵法》流芳百世，其价值究竟是什么？《孙子兵法》昭示于人类最重要、最有益的就是“不战而屈人之兵”的“全胜”战略思想，这乃是整部《孙子兵法》的精髓。“不战而屈人之兵”，对己方来说代价最小，对彼方来说反抗最小，对人民来说灾难最小，对世界来说破坏最小，由此实现了一个“全”。“全”是孙子谋略思想的核心。孙子的战略思想不仅在于达到“自保”的目的，同时还要让对方“保全”，这是一种深谋远虑的战略思考，体现了孙子基于“仁爱”为核心的武德，展现了孙子作为“兵家鼻祖”的广阔襟胸。美国国防大学战略研究所前所长、著名的军事理论家约翰·柯林斯说：“今天没有一个人对战略的相互关系，应考虑的问题和所受的限制比他（孙子）有更深刻的认识。”

历史上有许多大家对孙子“不战而屈人之兵”的思想均给予高度评价。唐太宗李世民誉其为“至精至微，聪明睿智，神武不杀”的最高军事准则。英国著名军事理论家利德尔·哈特赞其为“最完美的战略”。蒋介石认为：“‘不战而屈人之兵，善之善者也。’这句话于中国军事学上最有价值。因为打仗不是军人的目的，不是军人最好的成绩，一战得胜，生命的死亡，财产的消耗，不可胜计，为得为失，正未易辨。是以最高最上之军事家，无不以孙子此言奉为圭臬。其言实为最高之军事原则，至少可用于战略，若能用于政略，效力尤大。”

从军事战略上说，平津战役和平解放文化古都北平，以及 1949 年 4 月起在我军强大的军事压力下和平解放绥远、长沙、昆明和四川西部、新疆及西藏，这些都是“全胜”。从政治战略上讲，邓小平提出用“一国两制”的方式解决一个国家内部两种不同制度的和平共存、和平共处，也是“全胜”思想的应用。国与国的“和平共处”是“全胜”，人与人的“和睦相处”是“全胜”，商家与商家的“双赢发财”是“全胜”，和谐社会是“全胜”，大同世界是“全胜”……“全胜”应用如此广阔，与战争谋略、企业经营、为人处事皆息息相关。

1922年，土耳其在经过几世纪的敌对之后终于决定把希腊人逐出土耳其领土。土耳其的三军司令穆斯塔法·凯末尔，对他的士兵发表了一篇拿破仑式的演说："你们的目的地是地中海。"于是，近代史上最惨烈的一场战争展开了，最后土耳其获胜。当希腊的两位将领——的黎科皮斯和迪欧尼斯前往凯末尔总部投降时，土耳其人对他们击败的敌人加以辱骂。但凯末尔丝毫没有显出胜利的骄气。只见他握住战败者的手说："请坐，两位先生，你们一定走累了。"然后，在讨论了投降的细节之后，他安慰投降者失败的痛苦。他以军人对军人的口气说："战争这种东西，最佳的人有时也会打败仗。"凯末尔即使是在胜利的全面兴奋情绪中，也还记着这条重要的规则——让他人保住面子。凯末尔的"全胜"之举里，蕴涵着什么？

美国南北战争的时候有人向林肯祝贺胜利，说南方死了两千人，我们只死了八百人，我们胜利了，没想到林肯听到这句话后非常悲伤，他难过地说我们没有胜利，我们死了2800个同胞，正是因为林肯有这种悲天悯人的情怀，所以战争刚开始，北方节节败退，格兰特将军上任后，北方开始慢慢扭转战局，就在胜利在望的时候，突然林肯主张双方议和。南方的罗伯特·李将军同意议和，承认战败，但是战败者要有尊严，而格兰特将军虽然一直看不起罗伯特·李将军，但是，这个要求他接受了，所以在受降仪式那一天北方的格兰特将军一身便装，脏兮兮地走进受降大厅，而南方的罗伯特·李将军一身崭新的戎装，佩戴绶带，高傲地将宝剑献给胜利者格兰特将军，当时现场很多人都以为格兰特将军才是战败者。格兰特将军以一身便装的方式给了战败者尊严，让战败者可以不失尊严地接受战败。然后罗伯特·李将军离开的时候，格兰特将军还亲自护送他走了好几里路，战争可以如此温情，完全在大家意料之外。南北战争结束不久，美国南北双方就迅速地弥合了伤痕，美国也开始迅速强大，不久就赶上了被称为日不落帝国的英国。

在企业界，使用"全胜"思想获得成功的例子也很多。IBM的创立者华生先生，在离开NCR到CTR（IBM的前身）担任董事长时，首先面对的问题是资金的匮乏和人员的过剩。依靠华生的信誉，CTR 得到了摩根公司的融资。而对人员的过剩问题，CTR的主管都向华生先生提议以裁员的办法来解决。华生先生反对，他认为裁员对公司而言是经营合理化不得已的政策，但对员工而言却是影响一生的大问题。所以，即使是人员过剩或人员的能力不足，都不能轻易裁员。华生先生没有裁减一个人。之后，华生先生确立的就业方针是：①启蒙公司员工；②工作内容改变时，实施再教育；③对现在从事的工作感到困难时，给予其他的工作机会。这当然不是说公司废除了裁员，而是表明公司在采取解雇手段之前，不放弃任何机会再做最大的努力，为过剩的人员寻找新的工作机会，对能力不强的员工实施教育训练以开发其能力。

无独有偶，日本松下公司的创立者松下幸之助先生在企业不景气的昭和 45 年，没有裁减一位员工，也没有削减员工的薪水，他的做法与IBM公司的策略如出一辙。2008年金融危机席卷全球，不少公司也不裁员、不减薪。华生和松下幸之助先生，以及不少公司的“全胜”之举里，蕴涵着什么？

在体育比赛中，也会看到“全胜”思想的应用。2004年2月29日，莫拉莱斯和查维斯（拳王）比赛时，没几个回合，拳王的右臂就抬不起来了，他只能用左拳打。这个时候，莫拉莱斯完全可以专打对手的右方虚弱处而取胜，但是，莫拉莱斯没有全力击打对手的右脸，尽管这样可以一举将对手击倒。他控制住自己，不打对手的虚弱之处，最后以点数取胜。莫拉莱斯保全了对手的面子，保全了对手的尊严，也保全了自己的道德。莫拉莱斯的“全胜”之举里，蕴涵着什么？

“全胜”思想有着极其可贵的“仁”的底蕴。在西方战略思想史上有突出贡献的英国人富勒认为：“在战史中可以发现敌友时常交换。所以当击倒敌人时应迅速将他扶起，因为很可能下次你需要他的帮助。”

【经典案例及分析】

魏国巧用谋略成功实现不战而胜

魏昭王时期，秦赵两国联手攻魏，双方商定胜利后，邺城归赵国。听说要被秦赵联合攻打，魏王忙召集大臣讨论应对之策。

魏国相国芒卯是一个足智多谋的人，魏王非常倚重他，芒卯对魏王说：“大王不用担心，微臣已经有退敌之计了。”魏王听后，情绪缓和下来，连忙请芒卯说出来。

芒卯说：“赵国和秦国本来就不是什么盟友，他们还是仇人，今天来攻我大魏，不过是为了利益。我王可以派一位善于言辩的人出使赵国，只要对赵王阐明利害关系，然后再许诺他一些好处，赵国一定会跟秦国翻脸的。至于以后的事，微臣自有办法。”

魏王见芒卯胸有成竹的样子，把心放肚子里了，说：“计谋确实好，但是，咱们派谁去说服赵王呢？”

芒卯说：“这个事微臣不便出面，微臣认为张倚是最佳人选。”魏王于是同意张倚出使赵国。临行前，芒卯又对张倚如此这般交代了一番。

张倚见到赵王后说：“大王与秦国联手攻魏，如今魏国邺城肯定是守不住了，魏王担心战乱给老百姓会带来苦难，所以索性把邺城送给大王，你我两国就此罢兵，大王觉得怎么样呀？”

赵王听了，心中窃喜，嘴上却问：“感谢魏王的好意，不过，魏王对我国有什么要求？”张倚回答说：“大王这么说就见外了不是？魏赵两国世代友好，而魏秦两国却有着世仇。秦国是虎狼之国，秦兵凶狠残暴，魏王的意思就是请大王跟秦国断绝关系，与魏国结盟，为了显示我们的诚意，我们把邺城拱手相送，请大王考虑一下。”

赵王担心魏国有诈，于是便询问相国的意思，相国说：“大王，我们兴师动众跟秦国一起攻打魏国，我们的目的不就是为了邺城吗？现在我们不用死那么多士兵，不用浪费那么多粮草就可以得到邺城，这不是白捡的吗？为什么不笑纳呢？”

赵王听了相国的话，觉得非常有道理，于是很爽快地答应了魏国的请求，立即宣布与秦国绝交，下令封闭关卡，不准秦国人通过。秦王得知被赵王给耍了，非常生气，于是，不再进攻魏国，掉过头来攻打赵国。

赵王美滋滋地派使臣去接管邺城，但是，魏相芒卯却领兵驻守邺城，拒绝赵国使臣入内。赵国使臣还以为守城的将军不知道邺城已经被送给赵国了，于是派人上去说明原委，芒卯却说：“我国之所以与贵国修好，为的就是保全邺城，怎么会拱手相让呢？你去问张倚吧，一定是他搞错了。”

赵国使臣只好垂头丧气地回去复命了，赵王听了之后，鼻子都气歪了，这才知道，上了魏王的鬼当。这个时候，又听说秦魏要一起来攻打赵国，赵王坐不住了，马上召集群臣商议，最后决定主动割让五个城邑给魏国，换取魏国跟赵国结盟，一起抵抗秦国。

《鬼谷子·谋篇》开篇就说：“凡谋有道，必得其所因，以求其情；审得其情，乃立三仪。三仪者，曰上、曰中、曰下，参以立焉，以生奇；奇不知其所壅；始于古之所从。”对于一个人来说，凡是筹划计谋都要遵循一定的法则。一定要弄清缘由，以便研究实情。根据研究，来确定“三仪”。“三仪”就是上、中、下。三者互相渗透，就可谋划出奇计，而奇计是所向无敌的，从古到今都是如此。

我们来拆解一下芒卯“以谋制战，不战而胜”的策略。

第一步，抛砖引玉。抓住人类爱占小便宜的弱点，先给赵王一点甜头——邺城，来诱其上钩。

第二步，过河拆桥。通过邺城这个“鱼饵”瓦解秦赵联盟，导致秦王大怒，改攻打赵国，这个时候，魏国毁约，反正赵国不敢两面开战。

第三步，趁火打劫。赵国惹祸上身，魏国散布消息，要联合秦国攻打赵国，赵国为了自保，不得不委曲求全，送五城给魏国以求联合，共抗仇敌秦国。

第4智　先胜后战——追求零风险战略运营

古往今来，大凡用兵打仗，谁人不追求胜利、哪个不害怕失败呢？求胜讳败是人性的本能。然而，正是这一人性的本能，又导致了人的思维定势，即直线思维地求胜。孙子兵学思维的深刻之处，就在于首先“立于不败”之地，尔后再去谋求胜利。做到“立于不败”之地了，是不是就能所向无敌必定战胜对手了呢？已经“立于不败”之地了，是不是胜利就像可以伸手摘桃子般地唾手可得呢？“立于不败”之地的根基究竟是什么呢？在《形篇》中孙子曰：“昔之善战者，先为不可胜，以待敌之可胜；不可胜在己，可胜在敌。”意思是说：从前善于打仗的人，先要做到不被敌人战败，然后再等待时机战胜敌人。不会被敌人战败的主动权操在自己手中，能否战胜敌人则在于敌人是否会犯错误，让我有机可乘。

深刻领悟孙子的“先胜”思想须从“先”和“待”二字入手。“先”和“待”蕴意深邃。“先”强调的是敌我这对矛盾中，己方是矛盾的主要方面，是转变敌我态势的根据，是取胜的决定因素。只有首先使己方强大，才能确保不被敌方战败，胜券才可能握在自己手中，因此，要把功夫下在己方这一矛盾的主要方面上。战争的胜败，主要靠己方的综合实力和灵活的战略战术。“待”的含义是等待和寻求战机的到来。真正的英雄都在时势未到时懂得养精蓄锐，充实自己，等待时机。武林之道认为：“要成为好的猎手，必须先学会等待。等待最佳的时机，忍耐到最适当的时机，有时要比武功高强还重要。”有时战争中取胜不是靠“打”出来的，而是靠“等”出来的。白居易《与元九书》中对“待时”的高论也有助于我们理解孙子讲的“待”：“大丈夫所守者道，所待者时。时之来也，为云龙，为风鹏，勃然突然，陈力以出；时之不来也，为雾豹，为冥鸿，寂兮寥兮，奉身而退。进退出处，何往而不自得哉！”

“待”的含义中还包括忍耐。所有的忍耐，都是为了更有效地达到目的。一个人不能忍耐，便不能成大事。人的一生很多时候往往都在等待和忍耐。一个人必定要能等，才会有收获。越是能等，收获越大。忍耐的最高境界便是韬光养晦。一个人、一个民族、一个国家要生存发展，就得韬光养晦。第二次世界大战后的德国，战败无条件投降，受到美、苏、英、法四国的占领和全欧洲的猜疑怨恨，原来统一的国家被分裂成东西德两国，分别被苏、美所控制，看来是永世不得翻身了。但是，德国人忍辱负重，不急不躁，埋头苦干，把经济搞了上去，成为欧洲第一，世界第三。美国的国父乔治·华盛顿在卸任总统时曾经反复叮咛并告诫美国人要一心办好自己的事情，千万不要卷入欧洲列强之间的纷争。邓小平提出“发展是硬道理”，告诫“要一心一意搞建设”，都饱含着韬光养晦的忍耐。

“待”的含义虽然是在忍耐中等待和寻求战机的到来，但也必须指出，“待”不是一味守株待兔，而是要适时地创造时机、战机和条件。与其关门在家傻乎乎地等待运气，不如开门出去创造机会。

【经典案例及分析】

三株“帝国”轰然倒塌的背后

三株集团成立于 1994 年，由吴炳新父子创立。从 1994 至 1996 年的短短三年间，三株销售额从1个多亿跃至80亿元；从1994年30万元的注册资金到1997年底48亿元公司净资产。三株在全国所有大城市、省会城市和绝大部分地级市注册了600个子公司，在县、乡、镇有2000个办事处，吸纳了15万销售人员。迅速崛起的三株不仅达到了自身发展的顶峰时刻，更创造了中国保健品行业史上的纪录，其年销售额80亿的业绩至今在业内仍然无人可及。

1996年6月常德市77岁的退休职工陈伯顺购买了三株口服液，服用8瓶后不知何因全身不适而死亡。随后，陈伯顺的家属诉讼到法院，要求三株公司赔偿其经济及精神损失费30万元。吴炳新坚信三株没有毒性，他认为这完全是敲诈，根本不予理睬。经过一年多的调查后，湖南省常德市中级人民法院于1998年3月31日宣判：陈伯顺系喝三株口服液导致死亡，责令由三株公司向死者家属赔偿29.8万元，没收三株公司“非法”收入1000万元。此判决一出，当地媒体以《八瓶三株喝死一条老汉》为题进行了报道，并引来全国媒体的疯狂转载。

这场官司给三株公司造成了毁灭性的打击，全国各经销商、消费者听到三株喝死人的消息后，纷纷退货索赔，三株口服液及三株系列产品的销售迅速陷入瘫痪状态。三株不服判决，上诉到湖南高院。1999年3月，湖南省高级人民法院做出终审判决，三株公司胜诉，认定三株口服液是安全无毒、功效确切、质量可靠的高科技产品。

到底是谁打倒了“三株”？真的是常德老汉喝三株身亡事件吗？其实，早在1997年的年终大会上，三株集团董事长吴炳新就已经开始自我反省，分析了三株存在包括市场管理体制等方面的“15大失误”。其实，“三株”的成功在于农村包围城市的营销策略，但是当企业过度扩张以后，没有做好“内功”，忽略了“先为不可胜”思想，出现了大量管理漏洞，这才是三株集团轰然倒塌的根本原因。

第5智　知彼知己——战略决策的前提和条件

孙子在《谋攻篇》中曰：“知彼知己，百战不殆；不知彼而知己，一胜一负；不知彼不知己，每战必殆。”在《地形篇》中又曰：“知吾卒之可以击，而不知敌之不可击，胜之半也；知敌之可击，而不知吾卒之不可以击，胜之半也；知敌之可击，知吾卒之可以击，而不知地形之不可以战，胜之半也。故知兵者，动而不迷，举而不穷。故曰：知彼知己，胜乃不殆；知天知地，胜乃可全。”《用间篇》中曰：“故明君贤将，所以动而胜人，成功出于众者，先知也。先知者，不可取于鬼神，不可象于事，不可验于度，必取于人，知敌之情者也。”

“知彼知己”的军事名言闪亮登场在《谋攻篇》。这一东方兵学理念如今已渗透到了社会生活的方方面面，被广泛运用。在《谋攻篇》中，孙武首先从战争的指导法则论起，阐明“不战而屈人之兵”的全胜策略，指出谋攻的法则以及集中兵力的原则，然后阐述将帅对国家兴衰的影响，进而论述国君危害军事的三种情况和预知胜利的五种方法。这个论述层次不仅是为了最后自然地引出“知彼知己，百战不殆”的结论，更重要的意义在于表明“知彼知己”是军事领域一切问题的根基。“知彼知己”的结论独独放在《谋攻篇》结尾，足见其重要性。

我们都想做聪明的人，聪明的人是能认识别人的人。所以，孙子在“知彼知己”中把“知彼”放在了“知己”之前。过去，老人常说：“不识字不要紧，不识人要吃苦头。”可见，“知彼”是很重要的。《韩非子》中有这样一则故事：在鲁国，有这么一对夫妻，男的是个鞋匠，鞋子做得很好；女的是个织绢的能手。有一天，他们两口子商量好，想到越国去谋生。这消息传开了，就有一个人去劝他们：“不要去吧，你们如果到越国去谋生，那可更糟了。在那里，你们一定无法生活的！”他俩问：“我们不懂你说的意思，咱两口子，各有一套手艺，怎么会生活不了？别胡说了！”那人告诉他们说：“对呀，你们都各有一套手艺。可是，你们知道吗？你们做了鞋子，原是给人家穿的，可是越人爱打赤脚，不穿鞋子；你们织的丝绢，原是做帽子用的，可是越人喜欢披着头发，不戴帽子。你们做的鞋子和帽子怎么卖得出去呢？你们的本领虽大，在那里可都用不上。到那时候，看你们怎样生活！”这个故事里的夫妻不知越国的具体国情特别是老百姓的风俗习惯就贸然要去那里谋生，显然不是聪明之举。

在“知彼”的同时，还要做到“知己”。一个人犯的最大的低级错误莫过于自以为认识自己。其实，这个世界上，认识自己是最难的事！你对别人的优点和不足往往看得很清楚、很准确，但对自己身上的优缺点却不甚明了，所以往往会自以为是、目空一切，或者盲目自卑、丧失自我。

从哲学的意义上讲，“知彼知己”是实事求是的朴素的唯物主义思想；从战争理论上讲，“知彼知己”是判断和分析情况的先决条件；从战争的指导意义上讲，“知彼知己”是先求可胜之机，再求必胜之机的重要抉择。

在商战实践中，“彼”的内涵是十分丰富的。“知彼”不能只知当面的竞争者，还要尽可能地了解潜在竞争者、替代产品竞争者、购买者的竞争力量、供应者的竞争力量等等，还包括确认企业的竞争者、确认竞争者的策略、判定竞争者的目标、评估竞争者的强势与弱点、评估竞争者的反应型态，等等。同时，还要对经济政策、经济形势、科技信息、市场需求等有一个全方位的了解。

2008 年的一天，东星航空的“线控员”突然发现某个航线的机票全部卖完了，公司立刻意识到这是冰雪灾荒造成的，于是马上把公司大多数的飞机调到这个航线上，结果比其他航空公司多赚了钱。而有的航空公司由于没有细致敏锐地捕捉信息，把握市场，大量航班卖不出票，甚至在铁路已经通畅后，还不及时进行调整，以至于出现飞机空飞的情况。这个案例启示：知彼就是要知道最前沿、最实时的市场动态信息。

在企业经营活动中，“知己”同样也是非常重要的。“知己”是向内看，重点是要了解和掌握企业的内部条件。例如企业拥有的资源、资源运用的有效性、企业的目标及其实现的程度等。

一般地说，“知彼”要比“知己”难。孙子说“不知彼而知己，一胜一负”，却没有再说“不知己而知彼，一胜一负”（尽管后面的《地形篇》说到了这一层）。这是为了突出强调军事领域“知彼”更重要、更困难、更复杂。

“知彼”是相对于“知己”更重要、更困难、更复杂的事情，所以《孙子》最后单列了《用间篇》。孙子考察历史经验而总结明君、贤将之所以一出兵就能战胜敌人，功业超过众人，就在于事先了解敌情。那么，怎样事先了解敌情呢？孙子深刻地指出，事先了解敌情而“知彼”的极其重要、极其见效的手段是“用间”（使用间谍）。怎样使用间谍事先了解敌情呢？孙子首先非常唯物主义地指出，要事先了解敌情，不可祈求鬼神，不可用类似的事情去类比推测，不可用日月星辰运行的度数去验证，要从那些熟悉敌情的人的口中去获取。在孙子看来，使用间谍不是偷鸡摸狗，亦非窥人隐私，用“上智为间”的目的是要“必成大功”，同战争的巨大消耗相比，“用间”代价小而收效大，如果吝啬金钱爵禄而不用间以致战败，那就是“不仁之至”。把能不能使用间谍作为检验明君贤将睿智与否的标准；把能不能指使间谍作为检验明君贤将仁慈与否的标准；把能不能分析间谍所提供的真实情报作为检验明君贤将精细与否的标准。

在我们的日常生活中，很多人也感慨“知人知面难知心”。有的人，对你笑是真对你好，但有些人却是笑里藏刀。任何人都有他的弱点，但你不了解他，便无从知道他的弱点。就算你以为你了解他，说不定那只是他故意显露出来的假象。一旦你去攻击这个弱点，这弱点马上就变成了他的长处。所以，能成为一个好杀手，武功好还不如知道别人的武功有多好来得更重要。有一位公司董事长，对一个员工非常信任，从这个人大学毕业来到公司开始，就着意培养和提拔他，最后提拔他当上公司的总经理。后来，公司出现了许多关于董事长个人的谣言，一时间弄得董事长处境很难堪，而从谣言的内容看，应该是一个对董事长很了解的人。最后查出造谣的人就是董事长最信任且一直培养提拔的这位总经理。

这件事情说明，“知彼”很难！前面说了，“聪明的人认识别人”。这个董事长不认识总经理，说明他不是聪明的人。他还不是一个智慧的人——“智慧的人认识自己”——正是因为他还没有达到真正的认识自己，也就是他没有认识到自己还不能够完全识别和认识别人，所以才导致他栽在最信任而一直加以培养提拔的人手上。这样说来，这个董事长既不认识自己，也不认识别人，那他可谓愚蠢的人了。用孙子的话来说：“不知彼不知己，每战必殆。”

约翰·麦斯威尔有一句惊人之语："我们笨的时候，要征服世界；我们聪明的时候，要征服自己。"之所以要征服自己，深层的原因是"知己"难。只有战胜自己，才能战胜别人。只有控制自己的情绪，才能控制别人的情绪。一般的人，总是着眼于"知彼"，朝外看，却忽略了、轻待了"知己"。这就使自己的思路进入到做"聪明人"的狭窄轨道。

失误、失败了，往往归咎于"不知彼"——就好像电影《南征北战》里的张林甫，失败之后固执地认为："这不是我们无能，而是共军太狡猾！"——却不明白症结还是"不知己"，思路还没有进入到做"智慧的人"的宽阔轨道上。因此，"知彼"难，"知己"更难，难在最大的敌人就是自己，战胜自己最难。

从前有个和尚学习坐禅，他很注意要领，眼观鼻，鼻观心，意守丹田，还用数息的方法，竭力让浮躁不安的散乱之心平静下来。可是每当入定不久，他就觉得有一只大蜘蛛钻进来捣乱，使自己无法保持平静。这样反复多次，他实在没办法对付蜘蛛，只得去请教师傅。师傅微笑着对他说："这个好办，下次入定时，你手里拿一支笔，看到大蜘蛛来捣乱，就在它的肚皮上面画圈，出定后看看它到底是哪路妖怪？"得到师傅传授的方法，那和尚便在坐禅前准备了一支笔。这次还是那样，他刚入定，大蜘蛛便又出现了。和尚在保持闭眼入定状态中拿起笔来，在它的肚皮上画了个圈。这个圈才画好，大蜘蛛就销声匿迹，不再出现。没有了干扰，和尚安然入定，坐得稳稳的，像一座山。过了好长时间，和尚才出定。他想起曾在蜘蛛肚皮上画过圈，就在周围寻找那只蜘蛛可怎么也找不到。无意中低头一看，自己肚脐眼上有个圈记，分明就是画在大蜘蛛肚皮上的那个。这时，那和尚幡然领悟到，入定时出来捣乱的大蜘蛛，不是来自于外界的什么妖怪，而是出于自身的心猿意马。事情往往是这样，有的人出了问题，有了毛病，就到外界去找原因，找来找去找不到，而不知毛病其实出在自身。

"知彼"是做"聪明人"，"知己"则是做"智慧的人"。既能"知彼"又能"知己"，等于既是"聪明人"，又是"智慧的人"，那就是"高人"。孙子最后概括而作结论说："知彼知己，胜乃不殆；知天知地，胜乃可全。"他是在并列了"彼、己、天、地"之后才说胜利就可保全。所以，知"彼、己、天、地"才是"圣人"。孙子虽然将"知"从"知彼知己"扩展到"知天知地"，但其深层的涵义则是强调："知"全局是制胜的要诀。或许有人会问：孙子为什么只讲知"彼、己、天、地"而不涉及别的方面呢？这是中国古代"天人合一"的思想使然。古人认为人的所作所为和大自然的一切都是相关的，对敌作战，更要讲究占天时、得地利。彼己，是人的、内在的，主体的高度概括；天地，是物的、外界的、客体的高度概括。"天人合一"是最高境界，达到最高境界则必胜。

【经典案例及分析】

盲目扩张：潮汕牛肉火锅店纷纷关闭

在我国，火锅的人群消费很广，据有关数据统计，全国共计有超过 35 万家火锅商户，在整体餐饮的渗透率为 7.3%，是中国第一大美食。资本的青睐和“跟风”的潮流，使火锅产业的变化像快时尚一样让人难以捉摸，海底捞、小肥羊、韩国部队火锅等几乎都曾风靡过一段时间，没有人知道下一个流行的会是什么？若是评选 2016 年度最火的餐饮，潮汕牛肉火锅必当位列其中。在潮汕当地，类似门店有近 3000 家；在上海，一年内开了 2500 家；在北京，店数过千家；在厦门，几个月内开了 400 家；在杭州，一个说法是 2 公里路段内开了 11 家；在火锅之都重庆，潮汕牛肉火锅也一度打破了“外地火锅无法立足”的宿命，门口排起了长队……

潮汕牛肉火锅能火起来是因为它有一个鲜明的主题——鲜牛肉。潮汕牛肉火锅门店的第一个显著特点就是“后厨前移”，以半开放式的全透明厨房，把各式未分解的大块鲜牛肉呈现在顾客面前，几个大厨用熟练的刀工快速、娴熟地处理着。它让消费者先看到新鲜实物，用强烈视觉感官刺激消费者。

另外是吃法显得专业。为让消费者清楚知道吃的是牛的哪个具体部位，店家会在菜单上提供一张详细解读牛各个部位的图，让人一目了然。因此，吃一顿潮汕牛肉火锅，就像吃一顿全牛宴，增加了消费者的好奇心。另外，潮州牛肉火锅很注重刀工，其中最重要的要求是，不能用机器，要用手。手切的要点也有很多，如果切得不好，肉的纤维太长，要么吃起来粗糙，要么根本不好嚼。薄片切得好，这样的肉吃起来嫩，吃起来就很有满足感，用潮州话讲叫作“饱喉”。

这一切，让潮汕牛肉火锅很具新意，给消费者营造健康、精细、科学的感觉，这样别具一格的形式，使它赢得了消费者。于是，仿佛一夜间，大街小巷，四处都飘溢着潮汕牛肉火锅的气息。然而，这个“忽如一夜春风来，千树万树梨花开”的餐饮新物种，没能逃过一阵风的魔咒，甚至比其他快速火爆的餐饮品类熄火更快。

“倒闭得也太快了！在上海，2017 年上半年，就已经有 40%的潮汕牛肉火锅店关闭。”上海业内普遍认为，关店数应该会在 60%以上。在大众点评上搜北京地区的潮汕牛肉火锅，一个页面上就有五家潮汕牛肉火锅属于暂停营业状态。毫不夸张地说，2017 年闭店最高的餐饮品类非潮汕牛肉火锅莫属。

潮汕牛肉火锅来得快去得也快，但主要的还是违背了“知彼知己”的原则，在没有搞清楚市场需求和自身保障能力的情况下盲目决策、盲目跟风，最终是“跟风而起，跟风而死”。究其原因主要有以下三个方面。

一是规模化扩张后出现供应链断裂。“一天一头牛”是潮汕牛肉火锅对外主打的口号，而且，它着力体现“现宰现卖”的卖点。为确保牛肉的品质，在潮汕当地，一头牛从屠宰到餐桌的时间需控制在 6 小时以内，来确保牛肉的最佳口感。而一头牛从幼崽到出栏，平均需要 1 年左右，最快也要 8～10 个月。市场上一时间涌现出成百上千家潮汕牛肉火锅店，平均一家店 1 头牛，一天的牛消耗量就是几千头，但潮汕地区本身却并不盛产牛。当初，在潮汕，很多火锅店就开在屠宰场附近，甚至都有自己的牛场，牛肉火锅的整个供应链条布局相当完整。但潮汕牛肉开到外地，店多了，潮汕牛肉根本供应不过来，即使运过来，品质也不能保证。而有很多店，为节约成本，干脆直接从周边地区进货，品质显然无法保证，潮汕牛肉火锅的质量受到严重质疑。

二是专业人才不能满足市场扩张的需求。潮汕牛肉火锅表面上看没有技术壁垒，可讲究现宰现切的潮汕牛肉火锅看似标准化门槛低，却对切肉刀工有严苛的要求。潮汕牛肉火锅，切工师傅等同厨师，正宗潮汕牛肉店的合格切肉师傅，要对牛的每个部位都了如指掌，刀工达到每片肉厚薄均一，下水不超过 10 秒必熟的程度，没几年工夫上不了台。而潮汕牛肉火锅的火爆，使切肉师傅工资一年内飙升了 4 倍，月薪上万已招不到熟手，这就导致了人才瓶颈。

三是盲目跟风开店，盲目扩大规模。整体来说，在我国餐饮市场火锅这几年是呈上升的趋势，因为火锅经营成本低，毛利率高。正餐的人工成本一般占营业额的 25%左右，但火锅的人工成本往往在 15%以下。同时，火锅与一般的中餐相比更容易被复制。随便走进一家中餐厅，菜单上都可能有几十上百道菜，它们需要不同的食材、调料、火候、制作工序，这意味着每个中餐厅都得有几个厨艺还过得去的厨师，甚至还需要一些独家味道的菜式。火锅与一般的中餐相比是最容易做标品的，它不涉及大厨；底汤和酱料都可以在工厂生产好，配菜的问题交给供应链。一般来说，火锅比其他中餐的门槛要低。所以，跟风者开店前毫无计划，见利就趋之若鹜。为捞上一笔，跟风者良莠不齐，疯狂加入潮汕牛肉火锅开店浪潮中，这是压倒潮汕牛肉火锅的最大力量，甚至也是导致上面这些问题产生的最大原因。

第 6 智　胜敌益强——在对抗消耗中如何让自己变得更强大

战争拼的是实力，比的是消耗，即便打胜仗也免不了有损失。那么，如何在战胜敌人的同时，让自己的实力变得更加强大呢？孙子在《作战篇》中提出了“胜敌而益强”以及如何才能做到“胜敌而益强”的重要思想。

一是要坚持“因粮于敌”的思想，孙子《作战篇》中曰：“善用兵者，役不再籍，粮不三载，取用于国，因粮于敌，故军食可足也。”意思是说：善于用兵打仗的人，兵员不用再次征集，粮草不用多次运送，武器装备从国内取用，粮食饲料在敌国补充，这样，军队的后备供给就充足了。

“因粮于敌”思想备受中外军事家的重视。北宋时期，沈括在率领部队同西夏作战时深感军粮补给是个大问题。作战的士兵佩带武器装备后，就不能再带很多粮食，只得抽调大批民夫运送。沈括计算发现，三个民夫供应一个士兵用粮，只能维持 31 天。如果计算往返时间，最多只能维持 16 天。假如出兵 10 万与敌作战，就得抽出约 1/3 的兵力押运辎重，直接参战的士兵就只剩下 7 万人。同时，还需要动员 30 万民夫运粮。其中队长不带粮，伙夫减半，再加上逃亡、病故等情况，民夫的负担会大大加重。如改用牲口驮运，自身的食用也相对增加，结果同人力背运的利害相当。因此，沈括当时就提出：行军作战所需粮秣，最好的办法就是取之于敌，以战养战。

“因粮于敌”是一个高明的军事思想，但是运用时要讲谋略。战国时期，塞北的匈奴人经常南侵，骚扰赵国边疆，掠夺百姓财物和牲畜，将军李牧奉命驻守雁门关，抵御匈奴。李牧兵马有限，在较长一段时间内处于守势，匈奴人则依仗强大的骑兵，纵横奔驰，不把李牧放在眼里。一天，匈奴人把数百匹战马赶到河边洗浴。李牧在雁门关上远远望见，馋得心头直痒痒，心想：“如能将这数百匹战马弄到手，既壮大了自己的实力，又可大杀匈奴人的威风，多美的一桩事！”然而，李牧知道，只要他打开雁门关的城门，匈奴人就会将马赶回去。

况且，匈奴大军亦离河不远。李牧猛地从数百匹欢腾嘶叫的战马中想出一条妙计：“匈奴人的战马都是公马，如果用几百匹母马来引诱它们，逗引它们跑过河来，再把它们赶入城中，岂不是白白得到数百匹骏马？”城里就有母马，不需远求。李牧下令挑选了几百匹母马，让士兵们把母马牵出城，系在隔河的树荫下。不一会儿，一匹匹母马仰着头向着河那边嘶叫起来；河那边匈奴人的数百匹公马听到母马叫声，纷纷抬起头来向河这边的母马张望。

接着，几匹公马带头嘶叫起来，似乎是在回答母马的“召唤”。随后，几匹公马率先游过河，向树荫下的母马奔去。群马一阵狂嘶，争先渡河，飞奔而去，看马的匈奴人阻拦不住。早已守候在河岸旁的赵军将士乘机一涌而出，将数百匹战马赶入雁门关中。李牧“就地取材”，用“美马计”夺得匈奴人数百匹骏马，壮大了军力，可谓“因粮于敌”思想的活用。

现代条件下，虽然有先进的运输工具，运输能力得到空前提高，但由于战争的突然性和破坏性增大，军队在很短的时间内极可能消耗、损失大量的物资和装备，造成运输量的空前增加。据资料记载，抗美援朝战争中，我志愿军作战兵力同运输兵力的比例，由开始的 3:1 逐步发展到 1:1。我后勤运输伤亡占战斗伤亡的比例，平均在 10%到 15%之间。由此可见，在现代战争中，取之于敌仍然是损失少、受益多的有利战策，有其特殊的战略意义。

中国共产党领导下的人民军队在抗日战争和解放战争中，广泛采取“因粮于敌”的策略，对人力、物力的补充，主要不是后方，而是依靠前方作战的俘获和在敌占区就地解决。正如《游击队之歌》里唱的那样：“没有吃，没有穿，自有那敌人送上前；没有枪，没有炮，敌人给我们造。”解放战争中缴获敌军武器为我所用，人民解放军从单一陆军发展成陆海空三军。几百万大军的吃和穿，除了人民群众的支援外，其余还要靠取之于敌。

总之，“因粮于敌，以战养战”是孙子军事谋略中极其夺目的重要原则之一，是战争取得胜利的保证。在敌国解决粮草给养，不仅减轻本国的经济负担，而且消耗了敌国的资源，实际效益大大超过了粮草本身。

要实现“胜敌而益强”，还要奖励士卒、优待俘虏，这是孙子军事思想又一闪光点。鼓励士卒英勇杀敌，夺取敌人的战车，并重奖。“故车战，得车十乘已上，赏其先得者”，用以武装自己“更其旌旗，车杂而乘之”，不断壮大己方。对待俘虏要“卒善而养之”。在孙子之前，屠杀活埋战俘是常见的事。正如恩格斯在《反杜林论》中指出：“在这以前，人们不知道怎样处理战俘，因此，就简单地把他们杀掉，在更早的时候，甚至把他们吃掉。”优待被俘的敌军士卒，不断补充自己的兵员，在壮大自己的同时，更削弱了敌人的战斗力，其效益与“因粮于敌”等同，甚至更大，因为优待俘虏还能产生瓦解敌人军心的作用。孙子这一思想也是社会进步的一种表现。这样虽然我方在战争中也有人员损耗，但可以使我方人员越战越多、越战力量越强大，“胜敌而益强”，最终形成良性循环的局面，确保最终达成实现战略进攻的目的。

对于企业经营来说，胜敌而益强也很重要！我们很多企业竞争，是胜敌而益弱！杀敌一千，自伤八百，甚至有人杀敌一千，自伤三千，这三千哪来的呢？是靠投资人的钱来烧；市场上的胜利又哪里来的呢？是靠补贴消费者来的。这样的胜利，完全是空心的，他们基于一个前提，把对手烧死之后，只剩我一家企业了，就垄断了，获得“垄断效应”了，就开始赚钱了。这一天会不会到来呢？大多数情况下不会到来。因为市场比战场还可怕，战场上的敌人消灭了可能就没有了，但市场上会随时有新的竞争对手。所以，企业的目标一定要长远，企业竞争不能以“消灭”对手为目的，要让大家都能活下来，而我的企业要活得比你更好、更长久。

【经典案例及分析】

瑞幸咖啡巨额亏损的背后

瑞幸咖啡（Luckin Coffee）是由神州优车集团原 CEO 钱治亚创建的国内新兴咖啡

品牌。Luckin Coffee 经营饮品及轻食，其中饮品类分为大师咖啡、零度拿铁、瑞纳冰和经典饮品；轻食类分为新鲜沙拉、健康轻食。目前，瑞幸咖啡也开始销售杯子和其他周边商品。2018 年 6 月 18 日，厦门市思明区与瑞幸咖啡（中国）有限公司签订项目合作协议书，瑞幸咖啡的全国总部正式落户福建省厦门市。

为了快速扩展市场，瑞幸咖啡自诞生之初就在不断烧钱。下载一个瑞幸咖啡 App 送你 27 杯咖啡，非常有诱惑力，瑞幸咖啡的高获客量的代价是持续不断增加补贴。2019 年 11 月 14 日，瑞幸咖啡发布了最新的业绩报告显示，瑞幸咖啡第三季度总净营收为 15.416 亿元，同比增长 540.2%，净亏损为 5.319 亿元。在不断烧钱的推动下，上线仅两年之久的瑞幸咖啡，决心在 2019 年年底赶超星巴克，成为中国最大的连锁咖啡品牌。

瑞幸咖啡开了三种不同类型的店，A 型店、B 型店和 C 型店。A 型店就像星巴克这样的咖啡厅，开在商圈或者社区里，面积比较大，可以让顾客在店里慢慢品尝咖啡，满足放松休闲的人群。B 型店主要满足上班族，开在写字楼的一楼，面积要比 A 型店小很多，只有很少的几张桌子，主要让你上班时顺便买杯咖啡带上去喝。而 C 型店，几乎连门面都没有，主要是用来做外卖生意的，让外卖小哥来取咖啡然后送到顾客家里。

从规模上看，截至 2019 年 9 月 30 日，瑞幸咖啡门店总数达 3680 家，预计在四季度另开设至少 820 家门店，到 2019 年底在全国门店总数将达 4500 多家，超过星巴克成为中国最大的连锁咖啡品牌，截至 2019 年 9 月 30 日，星巴克在中国门店数只有 4125 家。瑞幸咖啡于 2019 年 5 月 17 日表示，亏损符合公司预期，通过补贴快速获取客户是其既定战略。“我们会持续补贴，坚持三年到五年！我们会坚持快速的扩张，目前不考虑盈利。”

瑞幸咖啡的扩张战略确实反映了移动互联网经济的特点，即在短时间内通过“让利”策略，实现“圈粉”的目的，继而在规模上迅速超越其他咖啡品牌，但是如果不能营利，做到“胜敌而益强”，这种扩张战略是否可持续，值得关注！

为将之道篇

第 7 智　主孰有道——管理成败的关键因素

战争关系到军民的生死、国家的存亡，那么怎样去谋划战争的胜负呢？孙子指出，在战前必须周密地分析敌我双方条件，研究并制订作战方针，他提出了著名的“五事”与“七计”。所谓“五事”，指道、天、地、将、法这五项战争力量构成的基本因素。有了“五事”就决定了战争胜负的可能性，但还不是必然性。战争不是一方的游戏，战争的胜负是敌我双方甚至是多方各种力量交换作用的结果。所以，除了“经之五事”外，还要“较之七计”，即进行七个方面的比较，这样就可以预知战争的胜负。而“七计”之首位就是“主孰有道”。孙子认识到要夺取战争的胜利，首要的是革新政治，做到“令民与上同意”，只有这样在战争中才能做到民众与士卒“同生共死而不畏危”，甘愿为其效力。像这样把“道”作为制胜的第一条件，在孙子之前的军事论著中是没有过的。这是孙子对我国乃至世界古代军事思想的一个重要贡献，具有划时代的意义，也是孙子军事思想进步性的一个重要标志。

大家都熟知楚汉相争的故事，项羽跟刘邦一共打了 73 仗，前面 72 仗都是项羽胜而刘邦败。最后一仗，垓下之战，项羽一败涂地，败走乌江，最后自刎而死。那么，讲到这里，可能大家会提出疑问，这怎么可能，前面的许多仗都打赢了，怎么最后一仗就会一败涂地呢？刘邦跟项羽作战，项羽号令天下十八路诸侯，往往采取攻势。而刘邦力量弱小，只好采取守势，大家知道，打仗向来易守难攻，特别是冷兵器时代的作战更是这样。所以呢，刘邦这个人打仗没什么志气，一旦感觉守不住了他就逃。而项羽呢，每一次一定要强攻把对手拿下。前面 72 次仗，刘邦虽然败了，但每次城被攻破前就逃跑，所以损失并不大。而项羽每次都强攻，虽然赢了，但代价很大，人就越来越少，这是第一个原因。第二个原因，刘邦每到一地，跟百姓约法三章（杀人者死，伤人及盗抵罪），封府库，远美女，对百姓秋毫无犯。而项羽呢，每次攻城，代价很大，一旦进城，就觉得很愤怒，下令报复，要进行屠城。火烧阿房宫，大火三月不绝，那把火，传说就是项羽放的。所以，老百姓都知道项羽残暴，而刘邦比较仁慈。刘邦撤退的时候，老百姓拖家带口，要跟刘邦走。所以，刘邦虽然败了，损失不仅不大，人还越来越多。而项羽呢，虽然赢了，付出的代价却很大，尤其是失去了民心。所以到垓下之战的时候，项羽被韩信的军队团团包围。项羽派出去的探马来报，说刘邦的军队至少有十万人。项羽想不明白，打了这么多次败仗还会有这么多人，怎么可能，于是命探马再去侦察，回报说不止十万估计得有二十万人。为了提振士气，他自己一个人单骑闯入包围圈中，砍杀数百人。但项羽军队被包围，士气不高，在关键时刻，又传来了“四面楚歌”。好多士兵闻之痛哭流涕，军心涣散，很多人当了逃兵。项羽没有办法，召集大家说：“愿意留下的继续跟着我，不愿意留下的你们自己走吧。”那些士兵就作鸟兽散，只剩下了数百人。项羽带领这数百人，一路过关斩将，逃到乌江边上。这时候，江边来了个老人，说：“来者可是西楚霸王项羽乎？我在这里等你多时，准备把你接到江东去。”项羽说：“我带江东三千弟子出来，打了三年只剩下二十八人，我有何脸面去见江东父老。”于是，拔剑自刎。

得道多助，失道寡助。在充分认识“道”的极端重要性的基础上，我们再来进一步理解“主孰有道”这句话。《孙子兵法》在这里所说的“主”，就是指国君。但推而广之：

对军队而言，也可以指主将；对企业而言，那就是董事长或者总经理；对一个团队而言，则就是团队的第一责任人。在孙子看来，各个领域中坐在“主位”上的人，是非常重要的，“主事之人”能不能带领大家打胜仗，起决定作用的不在于国土面积的大小，不在于人口的多少，不在于军队作战力量的强弱，也不在于物质资源是否雄厚，关键在于是否有“道”，没有“道”就不可能赢得民心，失民心者不可能得天下。

在古代汉语中，“道”字有多种含义，道理、道德、规律、方法、艺术等，都可以用“道”来表述。孙子所说的治国之道、统军之道，主要有两方面的含义。

一是为人之道，要以德服人。无论在哪个领域，坐在领导岗位上的人，自己要有一个良好的品德，要以身作则，在各方面做好下属的表率，要求部下做的事情自己首先要做到，如果只知道一味地严于律人，而宽以待己，就不可能有威信，也不可能把队伍带好。在商战中，正确的经营思想、长远的发展目标、优秀的管理人才、合理的激励机制以及科学的管理制度等都是企业生死存亡的关键因素，但对企业来讲，领导者有“道”是最重要的。因此，要加强领导自身的素质建设，制定科学合理的管理制度，采取适当的激励措施，在此基础上还要充分利用人才，具备了这些，企业才能在激烈的市场竞争中立于不败之地。

联想集团董事长柳传志说过这样有一段话：“做人要正。虽然这是老生常谈，但确实极为重要。一个组织里面，人怎么用呢？我们认为每个人就相当于一个阿拉伯数字。比如说 1000，前面的 1 是有效数字，带一个零就是 10，带两个 0 就是 100……其实 1 极其关键。很多企业请了很多有水平的大学生、研究生，甚至国外的人才，依然做得不好，是因为前面的有效控制不行，他也是个零。作为‘1’的你一定要正。”柳传志是这么说的，也是这么做的，比如在联想的“天条”里，就有一条是“不能有亲有疏”，为防止出现这种情况，联想规定领导的子女不能进公司。柳传志的儿子是北京邮电大学计算机专业毕业的，与公司的专业完全对口，但是柳传志不让他到公司来，因为他怕子女们进了公司，大家的关系就会变得错综复杂，将来想管也管不了。正是因为柳传志以身作则，联想的其他领导人都以他为榜样，自觉地追随他，遵守着各种有益于公司发展的“天条”，使得联想的员工心服口服，事业才得以蒸蒸日上。

二是管理之道，以道驭人。孙子认为，作为领导管理者，仅仅做到以德服人还不够，还要善于用道去驾驭别人。他指出：“道者，令民与上同意也。故可与之死，可与之生而不诡也。”这句话中的“令”和“民”如何来理解呢？薛国安将军在其新作《向孙子兵法学经营管理》中的解释让人大开眼界，这里的“令”不是命令、指令，而是“使”，如同现在常用的令人深思、令人神往等成语中的“令”。通过得民心、合民意的方针政策和种种领导艺术，使军民自觉自愿地与上层思想意志趋于一致。“民”在先秦兵书中往往不是指民众，而是指官兵，后来才逐渐用于指民众。

这两个字一解释，这句话就比较好理解了。它实际上是一条分析比较的标准，看敌对双方国君将帅得不得“道”，就看他们能不能使所统辖之下的军队和民众都能够自觉自愿地与上层领导的思想意志保持一致，即“与上同意”。上下一致，就是得了道，上下离心离德，就不得道。这一条既是战争胜负的决定性因素，也是平时治国治军的首要问题。

当然，这也是企业管理工作中的重中之重。企业管理工作千头万绪，其中的关键就是要让员工之间产生一种强大的凝聚力和向心力，这也是企业文化的核心。

【拓展阅读】

学会做人：不可不知的处世之道

人生一世，最重要的也就两件事：一是做人，二是做事。会做人，做好人，才能成大事，建功业。所以，古往今来，关于为人处世之道，有诸多论述。

为人处世要待人真诚。真诚是一个人应该具有的良好品质。真诚的人，不搞虚套；真诚的人，才有真诚的朋友。真诚是发自内心的，你和朋友一起吃饭，自己却执意要买单；你与别人吵架了，却能主动道歉；你乐于助人，却不认为他人欠了你的人情；真诚的人不需要甜言蜜语；真诚的人路越走越宽；真诚的人朋友会越来越多。真诚才会助你成就大的事业！

为人处世要学会尊重。爱面子，是人的一大天性和共性，人人都有受尊重的欲望。可是，“若要人敬己，先要己敬人”。平时与别人交往时要择言、慎言、慎行。如果你在不经意间说出了让别人尴尬或不愉快的话，尽管对方当时默不作声，或一笑了之，但心里可能已经受到了伤害。无论对方年龄、身份、地位如何，都要一视同仁的尊重，这样，你才会赢得别人的认可和尊重。主动表达歉意丝毫无损于你的形象。常常看到这样一个现象：在聊天时，有一个人给一群人递烟，也许是无意的疏忽，漏掉了其中一个人，不管被漏掉的人会不会抽烟，他都会觉得自己在别人面前没有面子，会显得很难堪。学会尊重，就要尊重他人的人格，尊重他人的面子，也要尊重他人的隐私。

为人处世要学会宽容。宽容，就是大度，就是“宰相肚里能撑船”。宽容，才会有你退我让的“六尺巷”；宽容，才能赢得“仇家”的叹服；宽容，才能唱出和谐的歌。只有宽容，才能把两人之间本来较远的距离拉近；才能把已经存在的矛盾化解；才能把烦恼和恩怨转化为理解和快乐；才能赢得更多的朋友。宽容是一个自我修行的过程，它能提升自我素质，它能加强自我修养，它能体现自我涵养，它能塑造自我品质。学会宽容的人，就学会了摆脱烦恼。

为人处世要学会读懂对方。人与人之间能够互相读懂是一种缘分，是一种幸运。读懂对方，靠的是心有灵犀的默契；靠的是火眼金睛的慧眼。能读懂对方，是一种欣喜，一种骄傲；能被对方读懂，是一种幸福，一种满足。志不同、道不合、情不融、意不谐的两个人很难互相读懂，只会是厌恶多于喜欢，猜疑大于信任。有些人和你在一起，会让你疑虑重重，有些人和你在一起，会让你坦坦荡荡；有些人和你在一起，会让你心灵的天空阴沉，有些人和你在一起，会让你心里阳光明媚。在相互的交往中，即使不能读懂，也得学会识人！不能好坏不分、真假不辨。

为人处世要学会与“另类”打交道。正如世上没有两片完全相同的树叶，每一个人都有自己独特的性格。在我们的交往圈子里，总有一些人是不易相处的，诸如自私的人，傲慢的人，死板的人，孤僻的人，暴躁的人，自尊心过强的人等。所以必须因人而异，采取不同的交际策略。对于傲慢的人，为了不伤和气，你可以“先君子”，他如果不尊重你，你可以在适当的时机挫其锐气，让他知道山外有山，人外有人！对于内向、死板、孤僻的人，你不必太在意他的冷面孔，应以你的热情来化解他的冷漠，寻找他感兴趣的话题交流。对于性情暴躁、自尊心过强的人，在不伤自己自尊的前提下，要尽量对其宽容，回避，不说尖刻之辞，对他的莽撞、虚荣，以笑置之……

总之，我们要学会识破口蜜腹剑，笑里藏刀的人；理解性格内向，不善言辞的人；亲近心地善良，品行高尚的人；乐处平易近人，与人为善的人；善待贫困弱势，朴实正直的人。为人处世，交朋待友，切不可目中无人，不可得意忘形，不可逢人自夸，不可被名利遮住双眼，迷住心窍，而要与人为善，尊重为基，真诚为本，宽容为怀，互懂为盼，唱响人类的和谐之歌。

【经典案例及分析】

长春长生因经营无“道”惨遭破产

长春长生生物科技有限责任公司（以下简称为长春长生）于 1992 年 08 月 27 日成立，法定代表人为高俊芳。2018 年 7 月 15 日，国家药监局发布《关于长春长生生物科技有限责任公司违法违规生产冻干人用狂犬病疫苗的通告》，长春长生疫苗造假事件曝光。次日起，在深交所上市的母公司长生生物股票持续跌停，股票简称于 2018 年 7 月 26 日变更为“*ST 长生”。

3 个月后，2018 年 10 月 16 日，针对长春长生违法违规生产狂犬病疫苗一案，官方依法从严作出多项顶格行政处罚。国家药监局撤销长春长生狂犬病疫苗（国药准字 S20120016）药品批准证明文件；撤销涉案产品生物制品批签发合格证，并处罚款 1203 万元。吉林省食药监局吊销其《药品生产许可证》；没收违法生产的疫苗、违法所得 18.9 亿元，处违法生产、销售货值金额三倍罚款 72.1 亿元，罚没款共计 91 亿元；对涉案的高俊芳等 14 名直接负责的主管人员和其他直接责任人员作出依法不得从事药品生产经营活动的行政处罚，涉嫌犯罪的由司法机关依法追究刑事责任。

2018 年 11 月 16 日，深交所启动对长生生物重大违法强制退市机制。2019 年 1 月 14 日，深交所下发决定书，对长生生物股票实施重大违法强制退市。2019 年 10 月 8 日，深交所最终作出对长生生物终止上市的决定，股票简称变更为“长生退”。2019 年 11 月 26 日为长生生物在 A 股的最后一个交易日，2019 年 11 月 27 日，长生生物公司股票已被深圳证券交易所予以摘牌。长生生物成为 A 股重大违法强制退市第一股。

长春长生问题疫苗案件审查处理中，对 6 名中管干部作出予以免职、责令辞职、要求引咎辞职等处理，对涉嫌职务犯罪的原国家食品药品监督管理总局党组成员、副局长吴浈给予开除党籍处分并移送检察机关依法审查起诉。同时，有关部门和地方根据调查认定事实，依规依纪依法对涉及原国家食品药品监管总局、国家药监局、吉林省各级药品监管部门、长春市人民政府、长春市高新技术产业开发区管委会等 42 名非中管干部进行了严肃处理，其中，厅局级干部 13 人、县处级干部 23 人、乡科级及以下干部 6 人，对涉嫌职务犯罪的原吉林省食品药品监管局 3 名责任人给予开除党籍处分并移送检察机关依法审查起诉，对包括原国家食品药品监管总局药品化妆品监管司 1 名副司长、原吉林省食品药品监管局两名副局长在内的 6 名责任人给予留党察看或撤销党内职务、政务撤职处分，对 29 名责任人给予其他党纪政务处分。

长生疫苗事件再一次刺痛国人的良心，挑战了国人的底线。疫苗关系到人民群众的健康，关系公共卫生安全和国家安全。长春长生背“道”而行，又岂能“长春长生”？

三鹿集团因经营无“道”终被消费者抛弃

三鹿集团曾经是中国最大的奶粉制造商之一，其奶粉产销量连续 15 年全国第一。2008 年 8 月三鹿产品爆发三聚氰胺污染事件，面对消费者的质疑，2008 年 9 月 11 日，三鹿集团传媒部部长崔彦锋却回应：“作为具有 60 多年历史的国家知名企业，三鹿几乎成了我国奶粉的代名词，因此我们具有极高的社会责任感，婴儿奶粉是专门为婴儿生产的，在生产中对理化、生物、卫生等标准也是完全按照国家配方奶粉的标准执行并全面检测的。我们可以肯定地说，我们所有的产品都是没有问题的。”三鹿在发现毒奶粉之后，还继续生产了至少 5 天，产量以千吨计。三鹿的核心价值观“诚信、和谐、创新、责任”和“为提高大众的营养健康水平不懈进取”，在利字面前变得一文不值，这不禁让人们对企业的社会责任感产生了质疑。三鹿集团由此从辉煌走向没落，2009 年 2 月该企业破产。

随着经济全球化，企业经营环境变得越来越不确定，企业竞争加剧，进而使企业的发展存在很大的变数。所以，我们若想驾驭全局，运筹帷幄，就要求企业战略管理者必须具有战略思维。战略思维是指战略管理者能够着眼于企业的长远发展，站在全局的角度来制定决策和实施管理，能够应付灵活多变的企业经营环境，具有强烈的开拓意识。在此基础上，企业还必须承担一定的社会责任，包括对环境的责任、对员工的责任、对投资者的责任、对所在社区的责任以及对消费者的责任。其中企业对消费者的责任体现在以下五个方面。

（1）保证和保护消费者的权益，企业必须向消费者提供安全、高质量、价格合理、服务完善的产品。

（2）企业具有保障消费者使用产品和接受服务安全的责任。

（3）消费者具有知道产品或服务真实情况的权利，企业具有为其产品和服务提供真实信息的责任，不能弄虚作假欺骗或误导消费者。

（4）企业具有保障消费者自主选择权的责任。企业应该尊重顾客的自主选择，不能强买强卖。

（5）企业具有对消费者进行产品知识宣传和教育的责任。在产品使用前或使用中，企业有责任指导消费者正确使用其产品。总之，消费者可以说是最终所向，企业有责任也有义务保护消费者的合法权益。

《增广贤文》曰："苗从蒂发，藕由莲生。"这句话告诉我们，世界万物，有因必有果，事物的兴衰由量变到质变。三鹿集团由小到大，由弱到强的不断发展，是几代三鹿人奉行了"以消费者为中心"的经营之道，向广大消费者履行了诚信、责任，换来了广大消费对三鹿奶粉的忠诚，有的消费者几代人都选择食用三鹿奶粉。当年三鹿奶粉品质优良、服务周到、口碑良好，促成了三鹿奶粉在大江南北市场畅销，市场份额不断扩大，取得了持续发展的良好局面。

三鹿集团几十年的发展兴盛是果，而对消费者的忠诚、诚信、责任是因，累累硕果是生长在忠诚、诚信、责任之树上的，树存果则存，树亡则果亡。恶因结恶果，善因结善果。三鹿集团被石家庄中级人民法院依法裁定破产是果，而对消费者缺失忠诚和诚信以及对消费者不负责任是因。

自从三鹿集团的领导在同行的竞争压力之下，在名利的诱惑之下，忽视了产品质量，甚至得知牛奶中添加了有害物质而不敢面对现实，企图隐瞒真相，蒙混过关之时，就践踏了商家"以消费者为中心"的道德底线，三鹿集团的破产是必然的，这规律谁都不能违背。对消费者的忠诚、诚信、责任就是商家的"高压线"，谁触摸了"高压线"，谁就会"触电"，轻则受伤，重则毙命。这就是变幻诡秘的商海永恒的规律。

企业从成立的那天开始，不仅要追求利润最大化，为股东创造价值，而且要履行社会责任，保证为客户提供优质产品和服务，这就是企业对股东、客户和社会的承诺，纵观古今中外的基业长青企业都是坚守"以消费者为中心"的经营理念，而那些昙花一现的短寿企业都能从诚信、忠诚、责任上找到败因。

第8智 将有五危——管理者应警惕极端性格

孙子兵法《九变篇》曰："故将有五危：必死，可杀也；必生，可虏也；忿速，可侮也；廉洁，可辱也；爱民，可烦也。凡此五者，将之过也，用兵之灾也。覆军杀将，必以五危，不可不察也。"意思是，将领有五种致命的缺点：只知死拼，可能被诱杀；贪生怕死，可能被俘虏；浮躁易怒，刚忿偏急，可能被敌人凌侮；矜于名节，可能陷入被敌人侮辱的圈套；过于仁慈，可能导致烦扰。大凡这五点，都是将领素质的缺陷，也是用兵的大害。军队覆灭、将帅被杀，必定由这五种因素所引起，是不能不清楚认识的。

"慈不掌兵，义不行贾。"在中国古代军事家的眼里，对敌人和对属下的仁慈都是一种残忍。因为小小的仁慈会让自己和部下死无葬身之地。在战场上，很多"美德"有时就是催命符。可能大家会感到奇怪：将士有必死之决心，而且满腔义愤，将领廉洁爱民。这是仁义之师、威武之师呀，怎么会打败仗而且将领还会因此丢掉性命呢？

大家看《三国演义》，都觉得诸葛亮和司马懿的斗法是整部书最精彩的情节之一，按照《三国演义》中的描述，诸葛亮和司马懿都是极力想躲开"为将五危"的，但是出于某种原因，也都没有完全躲过去，所以他们的争斗才互有胜负。

首先我们来看"必死"，这里面最冲动的就是马谡和张郃了。作为镇守街亭的主帅，马谡把部队弄上了形同绝地的孤山，还断章取义引用孙子兵法"置之死地而后生"，这是《孙子兵法·九地篇》里说的，但是人家孙武还说："疾战则存，不疾战则亡者，为死地。"

马谡看来是读了死书，只知道跟曹魏军队玩命儿，结果被张郃杀了个全军覆没。可是张郃虽然打败了犯了"必死"错误的马谡，自己后来也步了马谡的后尘，不听司马懿劝阻，非得要去追可能有伏兵的诸葛亮，结果在剑阁道中被射成了刺猬。

求生欲望太强，就只能当俘虏，甚至被当作猴子耍，这一点孟达是经典案例。想当年关羽荆州失败，孟达害怕自己也搭进去，就袖手旁观，结果刘备事后要追究责任，孟达只好投降了曹丕；等到曹丕挂掉了，曹魏阵营有人要收拾他，他又跟诸葛亮眉来眼去，想再次跳槽。结果诸葛亮看着这个反骨仔也心烦，就把孟达要反的消息透露给了司马懿，结果司马懿跑到上庸拿走了他的脑袋。

"忿速，可侮也；廉洁，可辱也。"这两招诸葛亮和司马懿都有灵活的运用。诸葛亮想让司马懿"忿速"，就使出了各种激将法，包括把抓来的魏兵剥光了涂上一脸墨汁，气得司马懿暴跳如雷亲自上阵冲杀，结果被诸葛亮三路夹攻，杀死了一大半人马。后来司马懿也学聪明了，任凭诸葛亮怎么羞辱叫骂，打死也不出头，即使诸葛亮送给他女人的衣服，他也乐呵呵地穿上照镜子——司马懿是深刻理解了《孙子兵法》的要义：两军阵前面子不重要，打赢了才是硬道理！所以在两个深通孙子兵法的军事大家面前，战略战术都成了经典。但是有一样诸葛亮还真是不如司马懿，所以司马懿笑到了最后。

诸葛亮不如司马懿的地方，就在“仁慈”两个字上。诸葛亮连打二十军棍的处罚都要亲自过问，“食少事烦”。而且因为爱惜魏延的勇猛和杨仪的才能，对这两个人都比较放纵，结果一个狂傲一个偏狭，最后水火不容两败俱伤，伤了蜀汉元气。而司马懿则是杀伐果断，有个偏将抱怨了几句雨水太多不肯速战速决，结果司马懿二话不说就把那偏将给杀了，要知道偏将在军中那也是有相当地位的，比如刚投降曹操的关羽、赤壁之战时的周瑜、刘备入蜀前的赵云也都是偏将。

司马懿比诸葛亮狠，所以他赢了，而诸葛亮六出祁山都徒劳无功，原因当然有很多，但是过于“爱民”，似乎也应该算是原因之一。

所以，孙子提出的将帅五种致命的弱点，发人深省。世上金无足赤，人无完人。人贵有自知之明，将帅对自身的长处短处应有一个清醒的认识，尤其是对自己的特长，不要过于执着，以免成为“包袱”，成为敌人可以利用的弱点。良将明帅应善于自我批评，在用己之长的同时，更要察己之短，纠正性格上的偏差。一个人的性格弱点，只要痛下工夫，加以克制，这些毛病未尝不可渐渐改正。这里所说的“勇”和“可杀”，“怯”和“可虏”，“刚”和“可侮”，“廉”和“可辱”，“仁”和“可烦”，都是相互对立的矛盾体。只有把这些矛盾统一起来，使将帅既能勇，又不必死；既能怯，又不被虏；既能刚，又不被侮；既能廉，又不被辱；既能仁，又不被烦。这是将帅性格修养上的“机变”。

军事上的“五危”同样存在于企业经营管理中，是从事商战的现代企业家必须时刻警惕的。例如：抱着拼死一战的决心，盲目投资，孤注一掷，就可能输得血本无归；畏缩胆怯，一味求稳，就可能错失良机，甚至被对手吞并；急躁冒进，轻举妄动，就可能被对手凌辱；过分重视名声，就可能受到各种议论的影响，折损企业的利益；过分迁就，放纵员工，就可能使管理松懈，效益下降，陷企业于困境。以上五种品格，单一来看，有的还是优点，如果不懂权变，就会带来祸患。因此，企业领导者必须时刻警惕这些弱点，使企业走上健康发展的道路。

马尔是法国一个小城里的警察。有一天，他身着便装来到市中心的一家烟草店门前，他想要进去买一包香烟。这时门外一个流浪汉伸手向他讨一支烟。马尔说他现在口袋里还没有，正准备进去买。流浪汉没有走，就站在门外等着，以为等他买完了之后会给他一支的。当马尔从店里走出来时，喝了不少酒的流浪汉又缠着他要烟。马尔不给，于是两人就这样发生了口角。随着谩骂和嘲讽的升级，两个人的情绪也越来越激动。马尔觉得自己是一个堂堂的警察，竟然受到流浪汉的谩骂和嘲讽，感到非常气恼。他从口袋里掏出警察证和手铐，说：“如果你不放老实点，我就给你颜色看看！”流浪汉毫不在乎，反唇相讥道：“你这个混蛋警察，你能把我怎样！”在言语的刺激下，两人扭打成了一团。这时旁边有人过来，拉开了两人，劝他们不要为一支香烟发这么大的火，流浪汉被人拉开后，骂骂咧咧地向附近的一条小巷走去，他一边走还一边喊："你是警察，是警察又能把我怎样！臭警察！有本事你来抓我啊！"接着还伴随着一连串的谩骂。这时的马尔已经失去了理智，在大庭广众之下怎能受此侮辱，他拔出了手枪，冲了过去，朝着流浪汉连开了几枪。流浪汉当场死亡。法庭最终判决，以故意杀人罪判马尔服刑 40 年。

一个人死了，一个人坐了牢，而起因呢？罪魁祸首不是那支香烟，而是两人无法控制的情绪。马尔觉得自己是一个有身份的警察，被一个流浪汉当街辱骂，在事发时他犯了人性致命的弱点"廉洁可辱"，毁了自己。同样，流浪汉也是犯了这个人性弱点，"自己虽然是流浪汉，但是也不能被人欺侮"的想法为他带来了杀身之祸。

在现实生活中常有类似的事情发生，往往都是因为一件小事，最终双方闹得不可开交。明代人吕坤曾说："忍、激二字是祸福关系。"忍就是忍耐，激就是激动、偏激，两者的区别就是在于自己能不能控制得住。如果马尔能够尊重一个流浪汉，也可以这样认为，这个人真是可怜，他要的只是一支烟而已。那么他就不会做出那样疯狂的举动了。如果流浪汉也能改变自己的想法，不就是一支烟吗？他不给我可以再向别人去要，这样也可以避免杀身之祸。在这个事例中，两人正是为了顾念各自"廉洁"不"可辱"而铸成大错的。

【经典案例及分析】

从小老板到塑料大王的传奇人生

2008 年 5 月 14 日，汶川地震发生后的第三天，国台办收到了一笔来自台湾地区的一亿元捐款，这是当时最大的一笔捐款。捐款的正是大家熟知的台湾台塑集团创始人王永庆。

捐款 5 个月之后，在美国视察的王永庆因心肺衰竭去世，享年 92 岁。15 岁创业的他，最后一刻还在努力工作，真正做到了生命不息、奋斗不止。

王永庆是台湾家喻户晓的企业家，被誉为"台湾经营之神"。他祖籍福建泉州，1917 年出生在台北的一个茶农家庭，小时候，家里很穷，缺吃少穿。15 岁开始独闯天下，兢兢业业地干了 77 年，到他去世时，台塑集团的全球总产值已占台湾 GNP（国民生产总值）的 11.8%。葬礼之上，富士康董事长郭台铭这样评价："王老是前无古人、后无来者的'台湾工业之父'"，并带着儿子郭守正三行跪叩大礼，这是他除了父亲外，第一次向长辈行跪拜礼；时任国民党主席吴伯雄则评价，"他一生奋斗不懈，刻苦耐劳，创业的过程和经营理念就是最珍贵的台湾精神。"

王永庆靠米店起家，积累了第一笔财产。20 世纪 50 年代，台湾政府意欲发展塑胶工业，并派懂化学工业的企业家何义出国考察。何义考察回国后，认为在台湾生产塑胶，根本无法与日本竞争。此时，王永庆对塑胶还一窍不通，但他认为台湾岛各地都有烧碱生产，可为塑胶的生产提供丰富的氯气资源，而且，塑胶市场前景不可估量。1954 年，王永庆排除各方干扰，与人合作，创建了台湾第一家塑胶公司。

王永庆的塑胶公司以月产 100 吨的速度投入批量生产，但台湾的月需求量只有 20 吨，产品大量积压，股东们担心自己的投入打水漂，相继要求退股。王永庆狠狠心，倾尽家财，购下所有产权，独家经营。他的对策是：增加产量，降低成本和售价，吸引更多的客户。

但是，市场上的日本产塑胶粉不比他的差，价格也便宜，王永庆的产品在仓库里堆积如山。“难道真的像何义预言的那样，只有死路一条？”王永庆被逼上了绝路，他也曾想把产品运出，但远程运输，昂贵的费用掏不起。看来，出路还只能在台湾岛上。“再建一个塑胶加工厂！”换句话说，就是“我就是市场”。他把塑胶“卖”给自己的塑胶加工厂，然后出售塑胶成品。

王永庆的惊人之举得到了台湾有识之士的支持，他很快筹集到足够的资金创建了一座规模可观的塑胶加工厂，并更新了塑胶厂的设备。

塑胶加工厂投产后，两厂互补的生产优势立即大放异彩。王永庆独占了台湾的塑胶市场，无人可与他匹敌。受此启发，王永庆发现塑胶业与木材业结合，市场更为广阔，于是他又先后建立了“新茂木业有限公司”“台湾化学纤维有限公司”，开始生产新颖、别致、利润大的特种工业品。1973 年，世界性石油危机中断了台塑基础原料的供应时，王永庆果断地投资建成全球最大的轻油裂解厂，使自己的台塑集团再不为基础原料的供应而担心。面对事业中的“转变”，当你为某些客观条件的限制感到力不从心时，是沉着冷静，越挫越勇，还是自乱阵脚，望而却步，这是一个人能否成就大业的关键。

王永庆在事业低潮期表现出的胆识与气魄，使他成为名震海内外的塑胶大王。正是他的智慧与勇敢，才使他立于不败之地。这一案例，从反面论证了作为一个成功的企业家必须力戒“五危”的性格弱点。

关羽败走麦城 项羽乌江自刎

历史上很多知名的将帅导致失败的原因其实都与本人性格有关，三国时期的关羽是大家熟知的历史人物。从北宋开始，由于统治者出于自身利益的需要，一步步将关羽变成了神，但是关羽并不是神，他也是个人，他也有自己性格的缺陷。

关羽刚愎自用，瞧不起别人。关羽的勇猛是无可争议的，在吕布死后，关羽基本上没有遇到过自己不能打败的对手。正因为关羽的战无不利，他变得越来越骄纵，认为自己天下第一，瞧不起别人。马超投降刘备时，关羽马上问诸葛亮这个人有什么才能，凭什么受刘备重用，诸葛亮说他比不上关羽，关羽这才放下心来，但是他一直瞧不起马超这个降将。刘备封关羽为上将军，封黄忠为后将军，这引起了关羽的极大不满，认为自己怎么能和这个老匹夫并列，幸亏诸葛亮从中调和，才让关羽不满的情绪平息下来。对手下也一样，关羽经常打骂自己的手下，动不动就用军法吓唬他们，而这也导致了关羽手下部将的投降，失去了荆州。

关羽不谙政治，空有侠义。关羽的性格适合做一个侠客，但是他并不适合做一个统帅，他一意孤行，凡事都力求忠义，对政治漠不关心，根本不屑一顾。孙权向关羽求亲，让关羽把女儿嫁给他的儿子，关羽破口大骂："虎女焉能配犬子。"这也让孙权勃然大怒，为关羽的死埋下了后患。孙权可以把自己的妹妹嫁给刘备，这种政治联姻，大家彼此都明白，可是关羽偏偏不，不同意还要侮辱孙权，可见在政治上面，关羽是一个门外汉。而作为统领三军的人如果没有政治头脑，仅仅靠心中的忠义，是不可能在多方力量的博弈中立于不败之地的。

第三，关羽立功心切，忘乎所以。从关羽大意失荆州，到败走麦城，最后死于非命，只有不到一年的时间，这期间的时间实在太短，而由胜转败的关键点就是关羽要进攻樊城，而樊城失利导致了关羽的溃败。如果关羽不出军樊城，死守荆州，那么孙权和曹操联军，怎么也不可能这么轻易就把关羽打得一败涂地。关羽的人生实在太顺利，他没有想到自己会败得如此之快，他一意孤行进攻樊城，正是因为他立功心切，忘乎所以，他做梦也没有想到，孙权和曹操能联合起来，他也没有想到自己的手下说投降就投降。而这些归根结底都是因为其性格缺陷导致的。

楚汉相争时的项羽，初期处于一个极强的优势，最后却被刘邦打败，项羽的性格缺陷更明显。孙子兵法中提出的为将五德（智、信、仁、勇、严）和将有五危（必死可杀、必生可虏、忿速可侮、廉洁可辱、爱民可烦），项羽的失败是最好的验证。

项羽出身高贵，极具英雄风度和男子气概，看不起经受胯下之辱的韩信。项梁被杀，项羽对秦人恨之入骨，屠城、坑杀降卒。章邯惧怕项羽，对于坑杀秦卒敢怒不敢言，使秦人对章邯、项羽愤恨至极，分封天下诸侯又使秦人治秦，分为三秦。以雍王章邯来作为阻止刘邦出汉中的屏障。秦人拥戴刘邦而恨章邯（章邯坑杀降卒而刘邦废除秦法苛政），分封诸侯时项羽因为要回江东，怕这些人做大，就故意把张耳等和他一起打仗的将军都封为新王，这些人都是没有治国才能的人，只图眼前之利。项羽赶走楚王，封自己为西楚霸王。陈平看项羽分封的地图觉得项羽给自己埋下太多隐患，所以挂印封金投奔刘邦。韩信本身是慕名而来，结果不仅不受重用还被项羽看不起，最后也离项羽而去。项羽能力太强又太聪明又顾面子，总是自己留一个心眼，所以后来才会中了离间计赶走范增，人心尽失，最终导致失败。

第9智　杂于利害——管理者必备的利害观

《孙子兵法·九变篇》曰："智者之虑，必杂于利害。杂于利，而务可信也；杂于害，而患可解也。"意思是，聪明的将帅思考问题，必须兼顾到利害两个方面，在不利的情况下要看到有利的条件，大事才可进行；在顺利的情况下看到不利因素，祸患才可以预先排除。

战争有利益，也有损害。利害杂糅，互相倚伏。所以，不先尽知用兵的危害，就不能尽知用兵的利益。故将帅考虑问题时，一定要综合利害两个方面，一面思利而力图之，一面思害而预防之。这样，既能确保作战目的能够顺利实现，同时又不会给己方带来消极不利的影响甚至危害。楚汉之争时的韩信，之所以敢于摆下背水之阵，就在于他从有害的因素中看到了赵军必然骄傲轻敌、倾巢出动的有利因素，结果打了一个大胜仗。相反，三国时的马谡，置军队于山头，只看到凭高视下、势如劈竹的有利条件，却没有察出山上无水和易受包围的有害因素，结果丢失街亭，打了败仗。这都说明：利与害作为一对矛盾，在一定条件下可以相互转化。在处理利害关系时，作为将帅一定要头脑清醒，切忌唯利是图、利令智昏。

孙子的"杂于利害"的思想同样适用于人生，启迪我们正确看待人生中的利与害。人生之不如意，十有八九。我们身处逆境，不要灰心丧气，一定要看到自身所拥有的优势，扬长避短，努力奋斗，就能实现自己的理想。古之伟人，多是由困而发，孜孜以成名。如果见利而忘害，结果便会是既得不到利，而又不可避免地遭到害。

通过下面这则寓言故事，大家可以从中得到启发。正是青黄不接的初夏，一只母老鼠掉进了一个盛得半满的米缸里。这飞来的口福，老鼠自然不会放过，但饿慌了的老鼠仍然十分警惕。这不，上一回自己的三个孩子因为贪吃涵洞里的玉米棒而丧命。刚从悲哀里缓过神来的它这回多了一个心眼，先用舌头舔一舔表层的米粒，几个时辰之后，它发现自己依然口不干、舌不烧、头不疼，觉得自己有点多虑了。接下来自然是一通饱吃，吃完后倒头就睡。

不知不觉中，丰衣足食地过了好长一段时间。有时，它也想跳出来算了，但一想到这么多这么好的白米，嘴里便直发痒。直到有一天，它发现米缸见了底，才觉得现在这样的高度是自己难以逃脱的了，心里不由得发了慌。这样下去的结果自然只有两个，不是成了主人的棒下鬼，就是饿死在缸中。

可以肯定的是，对于这只老鼠而言，这大半缸米是考验它智慧的一块试金石。如果老鼠想全部据为己有，其代价就是丢掉性命。因此，有人把这只老鼠能跳出缸外的高度叫"生命的高度"，而且这个高度就掌握在老鼠自己的手里。读了《孙子》再来分析，这只老鼠为什么会有一个悲惨的结局？原因在它没有“杂于利害”。

对企业而言，逆境不一定意味着灾难，也许是及时的提醒和有益的启示。企业的管理者应主动求变，积极应对，在低谷中寻找市场突破点，这样就可以东山再起。

意大利有一家饭店，开在了很偏僻的地段上。这里客流量很少，也很难找，因此生意很不好。老板在路边做了很多指引的牌子，也在报纸上打了很多广告，可是效果不明显。一天，老板上小学的女儿告诉他，自己和同学打赌，说同学一定找不到自己家饭店的位置。老板突然眼前一亮：“对啊，不好找也是一个特色啊，干嘛不开一家最难找到的饭店呢？”于是其把自己的饭店包装得很神秘。从外部装修到里面的设施，再到菜色服务，都带有神秘色彩；而后改变广告内容，以神秘饭店的卖点来吸引喜欢新奇的年轻人，让大家主动来寻找这家饭店，以寻找为乐趣，使就餐融入了非常多的娱乐元素，结果生意异常火爆。

这家店不仅化解了不利的局势，更巧妙地将劣势转化为相对的优势，精彩地诠释了“以患为利”的精髓，由此不仅走出了困境，更给饭店带来了丰厚的利润。

1968 年，日本的藤田先生与美国的油炸食品公司签订了销购三百万副刀叉的合同，交货日期渐近，藤田突然发现由于种种原因，根本无法按期交货，学过法律的藤田对于世界各民族的习俗十分了解，美国油炸食品公司的主管是犹太人，犹太人视信誉为至宝，如果不能按时交货，藤田将会信誉扫地。经过反复思考，藤田租了一架波音 707 飞机，将三百万副刀叉空运到芝加哥，虽然在经济上亏损了，但却保住了自己的声誉。第二年，美国油炸食品公司再次找上门来，向藤田订购六百万只刀叉。藤田有了第一次的教训，不断加快工作的进度，但是，由于发生意外之事，还是不能如期交货。为了按期交货，藤田再次租用波音 707 飞机，将刀叉空运到芝加哥。两次交易，两次亏本。但是，藤田的良好信誉却得到了商界的赞扬。此后，藤田获得了美国麦当劳在日本的总销售权，而两次亏本所造成的损失与总销售权给藤田带来的利润相比，实在是太微不足道了。

【经典案例及分析】

杂于利害是华为任正非最大的商业智慧

1987 年创立的华为到今天已经成为世界领先企业，华为的崛起，本质上有赖于创始人任正非处变不惊、善于转害为利的商业智慧和非凡的战略眼光。

1997 年，俄罗斯经济陷入低谷，卢布大幅度贬值，电信市场的投资几乎停滞，国外通信企业哀嚎一片，纷纷从俄罗斯撤出自己的投资。然而任正非却说，几年不盈利又怎样，帮助俄罗斯顺利渡过难关，才能考验一家企业的能力，“我们付出一点代价，换来的将是未来广阔的俄罗斯市场。”

那时候，华为的推销员像打鸡血一样，马不停蹄地奔向俄罗斯所有地区。在竞争对手滑雪和家人团聚的时间里，华为员工在不断地攻取阵地。任正非用最坚强的意志告诉国外客户：“大家都走了，但我们华为还在！”

这种锲而不舍、百折不屈的精神，最终打动俄罗斯运营商。从那以后，华为在俄罗斯市场以每年一倍的速度增长。等到 2003 年时，华为在俄罗斯的销售额已经超过了 3 亿美元。

2003 年，面对在全球急速扩张的华为，竞争对手坐不住了。其中一个竞争对手思科起诉华为侵犯其知识产权，试图将刚刚露头的华为打压下去。

面对指控，任正非没有慌乱，他一眼识破这是思科创始人钱伯斯一次有预谋的暗算，在华为的积极配合下，当地法院经过一系列的程序源代码审查，最终得出结论：两家公司源代码的相关性只有 1.7%，华为的产品完全没有任何抄袭行为。

审判结果摆在面前，思科败下阵来，这时华为本可以乘势追杀，将思科打趴下。但任正非紧急调整策略，与思科签订和解协议，主动退出了美国市场。这让很多人大惑不解，任正非解释道：“如果在市场上到处树敌，会被群起而攻之。我们宁愿放弃一些市场，也要与友商合作。要主动示弱，以土地换和平。”

2002 年，与思科打赢官司之后，任正非并没有像媒体表现的那样，陷入胜利者的狂欢。相反，在夜深人静的时候，他进行了一个极限生存的假设：如果有一天，所有美国先进芯片和技术，都不再为华为提供服务，那华为将会怎么办？

尽管在当时这被认为是无稽之谈，但还是引起了任正非足够的警觉。他决定为公司的生存打造“备胎”，发起了科技史上最为悲壮的长征——研发海思芯片。芯片是智能手机的大脑，是整部手机中最关键的零部件。一款小小的芯片，从启动到研发成功，即便是世界知名企业，也至少需要 3 年的时间。

面对井喷的手机市场，那时国内手机厂商采取的主要策略就是购买外国的芯片和电子元件进行组装出售，只有苹果、三星这样在销量排名靠前的企业，才敢进行芯片研发。

但华为不过是一个小小的通信设备运营商，刚刚经历了几场大的危机，财务并不宽裕。但任正非对当时研发部的主力研究人员何庭波说：“我给你每年 4 亿美元的研发费用，给你 2 万人，一定要站起来，减少对美国的依赖。芯片暂时没有用，也还是要继续做下去，这是公司的战略旗帜，不能动摇的。”此后的很长一段时间，海思芯片在华为一直拥有“烫手的吸金娃娃”的绰号。近十年的时间，华为在芯片项目上的累计投入超过 10 亿美元。

从华为开始进军智能手机行业伊始，华为员工就有一个巨大的疑问：自身完全能够生产芯片，成本低、更安全，为什么任正非固执地坚持“1+1”政策，一半用自己的芯片，一半购买美国芯片？直到最近华为身处风波，人们才明白。此前任正非购买国外芯片并不是一种低声祈求的姿态，相反这是他更为高明的商业战略。

十年饮冰，一朝爆发。2013 年，华为 P6S 搭载全新麒麟 910 芯片问世。次年，华为 P7 搭载麒麟 910T 技惊四座。如今，一直迭代到华为最新手机 P30，处理器麒麟 980 已经足够对抗行业大佬高通、苹果，同时开始向国外出口。

面对诸多媒体大肆宣扬华为精神，鼓燥华为必胜的舆论，任正非见利思害，再一次展现了他过人的智慧。“为什么不洗一个‘冷水澡’呢？我认为，我们最重要的是要冷静、沉着。热血沸腾、口号满天飞，最后打仗时不行也没用，最终要能打赢才是真的。”面对国内外媒体提出“买华为就是爱国”的道德绑架，任正非说出了自己的内心想法。“华为产品只是商品，如果喜欢就用，不喜欢就不用，不要和政治挂钩，华为毕竟是商业公司。”这才是一个企业家的真正的格局。

第 10 智　爱兵如子——领导者对部属的情感

孙子在《地形篇》中曰：“视卒如婴儿，故可与之赴深溪；视卒如爱子，故可与之俱死。厚而不能使，爱而不能令，乱而不能治，譬若骄子，不可用也。”意思是，对待士卒像婴儿一样，士卒就会跟他共赴患难；对待士卒像爱子那样，士卒就会跟他同生共死。如果厚待而不能指使，疼爱而不加管教，违法乱纪而不惩治，那就像娇惯了的子女，是不能用来作战的。

孙子非常重视将帅对士卒的关心爱护，只有“视卒如婴儿”“视卒如爱子”，才能调动士兵的积极性，才能在内心深处和将领同心同德、同仇敌忾，所谓“打虎亲兄弟，上阵父子兵”，只有军队中的每个参与者都犹如兄弟父子般的感情，战争才可能取得胜利。

《史记·孙子吴起列传》中记载了一则名将吴起爱护士兵的例子。吴起听说魏国国君魏文侯非常贤明，于是就投奔了魏国。魏文侯因为吴起善于用兵，就任命吴起为大将。吴起率领军队攻打秦国，连续攻占了五个城池，声名大振。吴起得胜的原因是多方面的，其中之一就是爱护士兵。

吴起虽然做了大将，但是他仍然不摆将军架子，依然和士兵吃住在一起，他和普通的士兵穿同样的衣服，吃同样的饭菜。睡觉的时候也不铺垫褥子，行军的时候也不乘车骑马，而是亲自背着捆扎好的粮食，与士兵同行。有一次，有一个士兵生了恶性毒疮，很久没有治愈。吴起知道这件事情后，不听大家的劝阻，亲自为那个士兵吸吮脓液。这件事情被那个士兵的母亲知道后，那个士兵的母亲就伤心欲绝，痛哭失声。很多人不明白其中的道理，于是就问道：“您的儿子只不过是个普通的士兵，而吴起将军却亲自为他吸吮脓液，对他如此之好，您难道还不满意吗？”那位母亲回答道：“我并不是不满意啊。只是我知道我的儿子不久就要死了，所以才伤心罢了。几年前，吴起将军曾替他的父亲吸吮脓液，他的父亲感激吴起，于是在战场上奋勇杀敌，不顾性命，最后死在了敌人的手里。如今，吴起将军又为我的儿子吸吮脓液，我知道我的儿子也一定会向他的父亲一样战死沙场的，所以，我才哭泣的。”

从这个例子中可以看到，在战争中，将领只有发自内心地爱护士兵，士兵才能“士为知己者死”，才能不顾性命，奋勇杀敌。吴起因为爱护士兵，很受士兵的爱戴。因此，魏文侯非常器重他、重用他，因此成为一代名将。

东汉末年，刘备被曹操几番追杀，失魂落魄，只能投奔刘表，在新野屯兵。他虽有远大的抱负，想逐鹿中原，可是身边没有谋士良臣。徐庶向刘备举荐他的朋友诸葛孔明。诸葛孔明人称“卧龙”，隐居隆中，留心世事。刘备听到这个消息，兴奋异常，赶紧让徐庶把孔明请来。徐庶却说：“孔明乃天下高士，将军果真有心，应该屈驾前去拜望才是。”刘备连连称是。最后，刘备三顾茅庐，好不容易才见到诸葛亮，两人在茅屋中促膝长谈。诸葛亮议论天下大事，口若悬河，观点精辟。一席话，使刘备好似拨云见日，诸葛亮向刘备提出“三分天下”的对策。刘备深感良臣难觅，待诸葛亮如至亲，而诸葛亮为表知遇之恩，也为蜀国的大业“鞠躬尽瘁，死而后已”。

刘备本人的能力并非超乎寻常，但是为什么他能够三分天下有其一呢？原因很简单，那就是他待身边的贤臣良将如至亲，给他们骨肉般的关怀与爱护，才能得其鼎力相助，誓死效命。

同样，在企业管理中，我们也要学会爱护部下、关心别人，这样才能营造良好的人际关系和人际氛围，最终取得事业上的成功。沃尔玛的人性化管理就是突出的例子。所谓人性化管理，就是一种在整个企业管理过程中充分注意人性要素，以充分挖掘人的潜能为核心的管理模式。至于其具体内容，可以包含很多要素，如对人的尊重，充分的物质激励和精神激励，给人提供各种成长与发展机会，注重企业与个人的双赢战略，制订员工的生涯规划等。

沃尔玛是全球最大的私人雇主，但从不把员工当作“雇员”来看待，而是视为“合伙人”和“同事”。领导和员工及顾客之间呈倒金字塔的关系，顾客放在首位，员工居中，领导则置于底层。员工直接与顾客面对面，其工作质量至关重要，领导就是要给予员工足够的指导、关心和支持，让员工更好地服务顾客。在沃尔玛，企业有两个“上帝”：一个是顾客，另一个就是员工。沃尔玛充分意识到员工的重要性，员工队伍的稳定、创造性的大小、素质的高低、凝聚力的强弱深刻影响着企业的效益和发展。对于企业来说，员工队伍的稳定可以说是效益稳定的一块基石。员工频繁的进进出出，实际上付出最大机会成本的还是企业，企业不重视员工，那它就不会拥有真正属于自己的员工。员工需要激励，这种激励一方面是精神上的，但物质激励在现实工作中往往能发挥更直接的作用。企业有时候过高地估计了员工的思想境界，认为员工提出福利待遇方面的要求是过分的，这无疑是戴着“老眼镜”在看新问题。

摆正了企业与员工的位置，才有人性化管理可言。人性化管理最起码的要求，就是要将人当人看。先有将员工当人看，才有将员工当上帝看。管理者如果在一般员工面前缺乏平等意识，不给予员工关怀、理解，不让员工参与企业的管理，而是对员工不屑一顾，这种企业就会缺乏凝聚力，缺少形成合力的基础。当然，说管理者与一般员工的平等并非要求二者什么都一样，重要的是要有平等意识。

沃尔玛对员工利益的关心有详尽的实施方案。公司将“员工是合伙人”这一概念具体化为三个互相补充的计划：利润分享计划、员工购股计划和损耗奖励计划。1971 年，沃尔玛开始实施第一个计划，保证每个在沃尔玛公司工作了一年以上以及每年至少工作 1000 个小时的员工都有资格分享公司利润。沃尔玛运用一个与利润增长相关的公式，把每个够格的员工的工资按一定百分比放入这个计划，员工离开公司时可以取走这个份额的现金或相应的股票。沃尔玛还让员工通过工资扣除的方式，以低于市值 15%的价格购买股票，现在，沃尔玛已有 80%以上的员工借助这两个计划拥有了沃尔玛公司的股票。另外，沃尔玛还对有效控制损耗的分店进行奖励，使得沃尔玛的损耗率降至零售业平均水平的一半。

【经典案例及分析】

爱国华侨吴庆星先生的“宽严相济”

吴庆星，1935 年出生于缅甸一个普通的华侨家庭，1941 年太平洋战争爆发，日本南侵缅甸后，吴先生随父母回国。抗日战争胜利后，他又重返缅甸仰光。吴庆星曾到泰国、香港等地从事经营饲料和粮食生意，并在香港设立和昌集团，亲任董事会主席。1986 年 5 月，吴庆星为实现先父的未竟事业，他放下繁忙的商务活动，回到家乡（福建省泉州市洛江区马甲镇），创建全国第一所私立大学——仰恩大学。

吴庆星亲自拟定仰恩大学校训：学会做人，守信笃行；学会做事，创业有成。为了创办一所让人民满意的高水平大学，吴庆星还为学校制定了“三严”方针：从严治校，从严管理，从严施教。这“三严”，相信在全国各级各类院校都是共同遵循的准则，但“严”到什么程度，吴庆星又有他自己的创造。比如，每天早晨 6 时 50 分全校师生员工齐集操场，7 时整准时升国旗、唱国歌，这在全国是独此一家。国庆节放假所有师生不离校，集体组织各类庆祝活动，或组织下乡文艺演出，与周边百姓共庆佳节，擅自离校者一律给予处分，“走了的就不要回来了！”这是吴庆星的原话。有的学生已经登上了回乡的火车，半道上接到通知，马上返校。也有人认为这个规定太过分，放假就是放假，为什么不许离校？出去看看电影、会会朋友，又有什么不可以的？吴庆星说："国庆节就是母亲的生日，你妈妈过生日的时候，你不愿意在家里陪她？非要出去看电影、会朋友吗？"于是，异议者哑然。

学校每年春季开学必须在元宵节之前，因为这一天是中华民族传统的上元佳节，要赏灯、吃汤圆，闽南人称之为"状元丸"，莘莘学子不可不吃，人人要争当状元，每人六个"状元丸"，由学校食堂煮好了，全校共度良宵。还有，毕业生必须通过英语六级、计算机二级考试，英语、计算机和体育课四年"不断线"，甚至每个学生还必须学会演奏一种乐器，无论弹钢琴、拉提琴、吹萨克斯，你总得会一样，否则毕不了业。

仰恩大学的学生守则也很独特。比如"九不准"，因为经过多次修订，各种版本略有不同，但其中几项最基本的是一直不变的：不准吸毒、贩毒，不准喝酒、吸烟，不准赌博，不准偷盗，不准打架斗殴，不准留长发、染彩发，不准穿超短裙和太高的高跟鞋，不准谈恋爱。校园里男女生宿舍实行封闭式管理，不准相互串门。对于学生守则中的种种"不准"，人们看法不一。像不准吸毒、贩毒、赌博、偷盗、打架斗殴，这些都能做到，其余的，就比较难了。不准吸烟，在中小学也许行得通，但在大学，难。不准喝酒，如果只是不准喝高度数的白酒、红酒，也许还能做到，但吴庆星规定的是连啤酒也不准喝；不但在学校里不准喝，在校外、在家里也不准喝，就让人觉得太过分了。至于头发和裙子的长度、高跟鞋的高度，以多少为准？也不好量化。而最难掌握的是不准恋爱。怎样的表现才算恋爱？如果搂搂抱抱是恋爱，手拉手是恋爱，那么人家心心相印、眉目传情、海誓山盟算不算？你管不管？幸亏，吴庆星只是禁止肢体接触，下雨天即使两人打一把伞，如果互相不搂抱，也可以不算。为了贯彻执行种种"不准"，吴庆星派了司机和自己身边的工作人员去校园里巡逻，碰到违规的就拍下照片，作为处理的证据。这个"立此存照"是很厉害的，被拍下来一次，记过一次，记过三次就留校察看，留校察看期间如果重犯，开除学籍。

处分决定都要张贴告示，上面贴着受处分学生的照片，并且通报家长。如此严酷的"校规"，居然获得学生家长的高度认可。当然，吴庆星并非铁石心肠，在"严"的同时也非常通情达理：处分不进档案，而且可以减免，为公益事业做好事十五次，"罪"减一等，多次递减，以至撤销。无论处分撤销与否，不影响参加三好生的评选。于是，校园里出现了一个有趣的现象，那些活跃在校园里的纠察队员，往往是背着处分的人，他们在努力"表现"，争取早日撤销处分！

仰恩大学的学生对吴庆星既恨又爱。恨的是他要求太严，管理过苛，以至于不近人情；爱的是在那副严父般的外表下，有一颗慈母般的心，那颗心充满温馨，充满柔情。谁能想到，当初像避猫鼠似地偷偷恋爱的男女同学，当他们毕业之后走出校门，找到满意的工作，终于公开举行婚礼之际，吴庆星竟然亲自到场祝贺，并献上厚礼。"孩子们，不是老爹不懂爱情，是怕儿女情长误了你们的前程。现在，你们终于成才了，我祝你们比翼双飞，前程无限！”

第11智　进不求名——管理者的名利观

《孙子兵法·地形篇》曰：“故战道必胜，主曰无战，必战可也；战道不胜，主曰必战，无战可也。故进不求名，退不避罪，唯人是保，而利合于主，国之宝也。”意思是，根据战争规律分析，必然会取胜，即使国君说不打，坚持打是可以的；根据战争规律分析，不会取胜，即使国君说一定要打，不打也是可以的。所以进不企求战胜的名声，退不回避违命的罪责，只求保全民众，并符合国君的利益，这样的将帅，才是国家的宝贵财富。

“地形者，兵之助也”，地形虽然在战争中有着极为重要的作用，但若就战争中人和地形而言，人是主，地是从，地形对战争只能起辅佐作用。白皙注：“兵道在人。”张预注：“能审地形者，兵之助耳，乃末也；料敌制胜者，兵之本也。”所以，孙子紧接着论述道：“料敌制胜，计险阨远近，上将之道也。”意思是说判断敌情，夺取胜利，研究地形，计算道路的远近，是高级将领的职责。这实质上是孙子“知彼知己”思想在军事地形上的体现。

孙子论述为将之道时，主要有两个观点：一是要把遵循战争规律视为指挥战争的最高原则。他指出：“战道必胜，主曰无战，必战可也；战道不胜，主曰必战，无战可也。”所谓“战道”就是战争发展的必然趋势，它是对战场上敌情、我情、天候、地形等综合考虑的结果。孙子强调，“战道”是将帅在战场上必须遵循的原则，如果国君的命令违反了战道，也应当不唯上，坚持按战争规律办事。这与《九变篇》中所提出的“君命有所不受”思想是一致的。二是要把国家和人民的利益放在高于一切的位置上。“进不求名，退不避罪，唯人是保，而利合于主，国之宝也”，只有舍弃一切私利，不顾个人荣辱，不为功名所累，不为权贵所扰，胸怀大度，光明磊落，一心一意忠于国家，忠于人民，才能真正做到按战争规律办事，这样的将帅才称得上是国家的宝贵财富。

“进不求名，退不避罪”，是战争的特点对将帅品行修养提出的客观要求，同时，也体现了孙子崇高的思想境界和无私无畏的精神风貌，是孙子高尚人格的写照。

优秀的管理人才是企业最宝贵的财富。他们不仅具备很强的工作能力，而且还具备优良的品质。企业管理者要淡泊名利，敢于担当，要始终把企业的发展放在第一位。

20世纪50年代，日本经济起飞，随着连续几年的经济高速发展，所有企业都在拼命扩大自己的经营规模，日立公司也投入了大量的资金。然而，到了60年代初，整个日本经济进入萧条时期。面对产品滞销，新建厂房的钢架已经搭起，新添置的一些机器设备已经运抵码头和车站，日立公司内部对下一步应该怎么办产生了两种不同的意见：一种是继续投资；一种是立即停止投资。公司内部发生了激烈的争论。

“我们不能短视，只看到眼前的萧条，萧条之后就是回升。如果我们现在停下，将来就会比别人慢一步。根据了解，东芝还在继续积极投资！”前者阐述自己的理由。

“停止这方面的投资绝不是短视。投资进去，萧条到来收不到丝毫效益。不如把这些资金投入到其他有效益的方面。哪怕只有微利也比压死在这上面强。将来经济一回升，我们就有大量的活动资金可利用。”后者针锋相对地回应。

“还有，正因为像东芝这样的大公司在继续积极投资，我们更不能继续投资下去。请想一想，我们目前能和他们比吗？仅靠实力，我们有获生的希望吗？何况现在投资竞争是拼老本。”后者的支持者接着补充说明。

“如果停止投资和施工，那么现有的半截工程和大批的设备搁置在那儿，不是很大的浪费吗？你们算过这笔账吗？”前者的支持者提出了新的论调。

“好吧，就算继续投资，施工完毕后，工厂形成了新的生产力，又如何解决工人工资和生产出来的产品销路呢？”后者尖锐地发问。“新的浪费无疑将比现在停下来更大！”

“立即停止投资施工！”最后公司管理层作出了果断的决策。这次日立的决定是正确的。从营业额来看，1962年开始，日本三大电器公司中的东芝和三菱有明显的下降，但是日立则一直到1964年仍在继续上升。从分红来看，1962年上半年，日立、东芝、三菱都维持在13%左右，1963年下半年，就出现了1%的差距。到了1964年下半年，差距扩大到4%，日立达到10%。时间进入到60年代后半期，一个新的经济繁荣时期到来了，蓄势已久的日立积极投资，1967年投入102亿日元，1968年上升到160亿日元，1969年上半年就突破1000亿大关，达到1220亿日元。而效益在1966年至1970年的5年里，销售额提高了1.7倍，利润提高了1.8倍。

由此可见，正是当年日立管理层不顾个人名利，主动停止投资，果断地作出战略撤退的重大决策，才使得它在经济萧条时期得以保存实力；到了经济回升期，才能以巨大的实力迅速东山再起。

【经典案例及分析】

巨人集团轰然倒闭的背后

由于决策者盲目乐观，一味地追求虚名，即便财力雄厚的集团也免不了要倒闭，巨人集团就是一个很典型的例子。1992年，在事业上一帆风顺的史玉柱决定建造巨人大厦，当时巨人的资产规模已经超过1亿元，流动资金约数百万元，最初的计划是盖38层，后来由于一位领导来巨人集团视察，无意间的一句话，就让史玉柱改变了计划。巨人大厦的设计从38层一下子升到了54层，后来，巨人为了争夺全国“第一楼”又把巨人大厦定为64层，由于64这个数字不怎么吉利，所以后来又增加到了70层。这就是最后导致史玉柱身败名裂的巨人大厦的投资决策过程。

在当时，盖一座38层的大厦，大概需要资金2亿元，工期为两年，这对巨人来说，并非不能承受之重，可是盖70层的大厦，预算增加到了12亿元，工期延长到6年。不但在资金上缺口巨大，而且时间一长，环境、政策、市场也充满了各种变数，风险太大。可是史玉柱为了追求“第一楼”的虚名而信心十足。因为当时巨人的6403汉卡在市场上卖得十分火爆，仅仅1993年的销量就比1992增加了300%，年回款有3000多万元。如果保持这样的势头，盖楼的资金应该没有问题。但是史玉柱犯了一个很多青年企业家都容易犯的错误：把预计的利润当成了实际的收益，并以此为基础，来设定自己的规划。

后来由于发生一连串的事情，导致巨人资金严重短缺。但巨人集团毁灭的最根本的原因在于巨人大厦的建设决策太随意，没有根据自己的实际情况坚持自己的观点，没有经过认真的调研论证，没有全盘考虑市场可能发生的变化，就为了盲目求高求大，草率地作出从38层加到70层的决策，导致巨人最后的倒闭。如果当年史玉柱能好好研究一下孙子的“进不求名，退不避罪，唯民是保，而利合于主，国之宝也”，也许这样的错误是可以避免的。

第12智　静幽正治——提升管理者能力的四大要诀

《孙子兵法·九地篇》曰：“将军之事，静以幽，正以治。能愚士卒之耳目，使之无知。易其事，革其谋，使人无识。易其居，迂其途，使人不得虑。帅与之期，如登高而去其梯；帅与之深入诸侯之地，而发其机，焚舟破釜。若驱群羊，驱而往，驱而来，莫知所之。聚三军之众，投之于险，此将军之事也。九地之变，屈伸之利，人情之理，不可不察也。”意思是，主持军事行动，要沉着镇静而幽深莫测，公正严明而有条不紊。蒙蔽士卒的耳目，使他们对于军事行动毫无所知。变更作战部署，改变作战计划，使人无法识破真相。不时变换驻地，故意迂回前进，使人推测不出其意图。将帅授予作战任务，要像登高而抽去梯子一样使士卒能进不能退。将帅率领士卒深入诸侯国境，要像拨动弩机发出的箭一样可往而不可返，烧掉渡船，打破饭锅，以示决一死战。对待士卒要能如驱赶羊群一样，赶过去又赶过来，使他们不知道要到哪里去。聚集全军，置于险境，这就是统帅军队的要点。九种地形的应变处置，攻防进退的利害得失，全军上下的心理状态，这些都是作为将帅不能不认真考察研究的。

关于深入敌境作战的将帅责任，将帅要“静以幽，正以治”，沉着镇静而幽深莫测，公正严明而有条不紊。“幽”，即幽深莫测，最为重要。“易其事，革其谋，使人无识，易其居，迂其途，使人不得虑”，实际都是将帅“幽”的品格体现。领兵的方法是“愚士卒之耳目”，封闭作战的相关信息，使士卒不得知，这仍然是“幽”的具体体现。从“能愚士卒之耳目”到“莫知所之”，通常被认为孙子“愚兵”政策的言论。有人批判，有人视其为糟粕。《白话孙子兵法》对此有独到见解：孙子的“愚兵”政策有其合理的一面，这些论述与其说是“愚兵”，不如说是“瞒兵”。“瞒”的是庙算的内容，是军事行动，是军事战路、战术、军事意图。总而言之，如果瞒的是军事情报，“瞒兵”是正确的，是必要的。对于机密、绝密的情报，不可能“广而告之”，让士兵通盘知晓军队的作战意图、行动方案，如果这样，那将是名副其实、彻头彻尾的蠢蛋，愚蠢的将帅比愚兵更可怕。瞒天过海，兵不厌诈，这是军事常识，为了诈敌、瞒敌，对自己的军事情况就必须做到保密。为了不让敌方探听到我方的作战意图，为了减少自己的牺牲，就要愚士卒之耳目。不过孙子把调动士卒比喻为“若驱群羊”，有轻视的成分，是奴隶主贵族思想的反映，确是其不足。

中途岛位于火奴鲁鲁（檀香山）西北约 1900 公里，地处太平洋东西两岸的中途，战略地位十分重要。由环礁围成泻湖，最深处约 20 米，是天然良港。该岛属波利尼西亚群岛，由沙岛和东岛两个主要岛屿组成，陆地面积为 4.7 平方公里，人口为 2000 多人，属亚热带气候，年平均降雨量 1000 毫米以上。这里原来是一片荒岛，岛上没有居民，1867 年被美国占领，1903 年起成为美国海军基地和夏威夷与菲律宾之间的海底电缆站。在第二次世界大战期间，中途岛是美国海空军的重要前进基地。

第二次世界大战中日本海军企图在中途岛与美国海军展开决战，将美军逐出太平洋，并拟定了“中途岛战役”的具体计划：“联合舰队司令官同陆军合作，占领中途岛和阿留申群岛以西的战略据点。”但是，美军情报机关截获并破译了日军的密码，然后，针锋相对地制订了歼灭日本海军的行动计划。正当日、美海军都在紧锣密鼓地进行战争部署时，美国芝加哥的一家报纸不知通过什么途径获得了美国海军的行动计划，并把它当作独家新闻刊发在报纸上。

美国情报机关和日本情报机关都大吃一惊，随后，立即把这一情报报告给各自的首脑。罗斯福也大吃一惊，如此严重的泄密，其后果不堪设想。但是，罗斯福在惊诧之后又立刻冷静下来，他认为：如果对这家报纸兴师问罪，必然会惊动日本人，日本人立刻就会取消中途岛的作战计划，更加严重的是，日本人会警觉起来，对他们自己的密码的可靠性发生怀疑，倘若日本人更新他们的密码，美国情报机关又只好从零开始……罗斯福采取的对策是：听之任之，故意装作不知。

罗斯福一装糊涂，日军首脑则真的糊涂起来，他们得出的结论是：美国人是在讹诈，其实，他们根本没有破译日本的密码。因此，日军不但没有终止中途岛大战的计划，而且连密码也没有更换。

中途岛一战，日本海军落入美军精心设下的陷阱，损失惨重。日本损失大型航空母舰 4 艘、重巡洋舰 1 艘、飞机 332 架，还有几百名经验丰富的飞行员和几千名舰员。而美军仅仅损失航空母舰 1 艘、驱逐舰 1 艘、飞机 147 架、兵员 307 人。

中途岛战役，日军丧失了在战争初期的制海权和制空权，也丧失了战略主动权。此战之后，日本被迫停止了战略上的全面攻势，放弃了对斐济、萨摩亚、新喀里多尼亚等岛的进攻作战。东条英机听到中途岛失败的消息，犹如大火焚身，惊恐不已，但他竭力控制自己，轻声地对参谋次长田边盛武中将说："切勿把这一消息泄露出去，要绝对保密。"这次海战是美军在太平洋战争中取得的决定性胜利，不仅沉重地打击了日本海军舰队，也扭转了太平洋盟军的不利态势，为美国进行反攻准备赢得了宝贵的时间，极大地鼓舞了盟国军民的士气。罗斯福总统沉着冷静，使美国海军从此掌握了海上作战的主动权。

【经典案例及分析】

知名企业家施祥鹏的"静幽正治"

施祥鹏是施琅将军的后代，1940 年出生于菲律宾，幼年时随父母回到祖籍福建晋江。他读完初中后辍学，15 岁做起了小工，赚钱补贴家用。1975 年移居香港，施祥鹏刚到香港时是一个连饭都吃不饱的搬运工，短短十几年时间就成为香港新远国际贸易有限公司、恒兴基立有限公司等十几家颇具规模公司的董事长。他的企业遍布南非、菲律宾、泰国、中国大陆（内地）、中国台湾、中国香港，他的事迹被收进《港澳名人精英录》。施祥鹏身上有种"静幽正治"和敢为人先的性格。他先后在风险极大的商界创立了六项"第一"。1977 年，他第一个发动香港和东南亚华侨为故乡福建省捐赠了 48000 吨化肥；1980 年，中国实行改革开放政策后，他第一批投资厦门，改造鹭江宾馆，并第一个提出在中外合资企业中实行"保障职工利益和保障投资者利益"的双保障制度；1983 年，他在广交会上第一个举行台湾商品展，使台湾商品第一次在内地公开露面；1986 年，他投资开发与兴建泉州商业城和石狮花园城，成为在福建进行土地开发的第一个港商；1989 年 6 月，他第一个到内地投资。

施祥鹏敢为人先，敢冒风险，在中国内地投资中取得突出业绩，这既是他热爱祖国思想素质的体现，更是他"静幽正治"素质的体现。1987 年夏天，他去石狮进行投资谈判时，一位当地的企业家找上门来，施祥鹏就是不谈正题，而是不着边际地东拉西扯，一星期后才开始正式谈判，在马拉松式谈判背后，施祥鹏紧张地进行了实际考察和搜集信息的工作。他了解到，4 万人的石狮市每天流动人口有 3.5 万人，每天有 6000 多人外出购销，有5000多辆汽车进出，每天耗用10吨啤酒、15吨可口可乐。石狮市场很有潜力。有了这个结论，终于签订了开发和兴建的协议。他决定新配套开发53.3公顷，第一期20公顷，投资近2亿元人民币。这件事证明他能“静以幽”，不受外界干扰，深思熟虑后处理问题。

在他投资2300万港币改建厦门市鹭江宾馆时，他决心把鹭江宾馆办成一流宾馆。他从抓服务质量入手，施行职工合法利益和投资者合法利益的双保障。结果，效果出乎意料得好，仅3年时间就收回全部本息。鹭江宾馆出色的经营，获得了中外领导人和旅客的交口称赞，给予很高的评价。他还在所属公司内实行“个人创的利润10%归个人”的制度，调动了员工的积极性，他受到了公司广大员工的尊敬和爱戴。这些事证明他能“正以治”，公正严明地处理问题。

施祥鹏目光远大，胆识过人，敢于做“第一个吃螃蟹”人，这使他捷足先登，先登则大受裨益。他的事业奇迹般地崛起，与他所具备的“静以幽，正以治”的素质是分不开的。

治军方略篇

第13智　择人任势——打造人才优势的新模式

《孙子兵法·势篇》曰：“故善战者，求之于势，不责于人，故能择人而任势。”意思是，善于作战的人，总是设法造成有利的态势，并不一味地苛责于部属，因而能选拔适当的人才，利用有利的态势。孙子的“任势”是指创造、驾驭和利用“势”以达成用小力而获大功的目的。要“任势”，首先，要善于造势，通过军事指挥者的主观努力，使己方在道、天、地、将、法等方面对敌形成整体优势，这种优势就像“决积水于千仞之溪”那样悬殊和险峻。其次，要充分运用和发挥我方已有的有利态势达成自己的目的。再次，是借势以成事。这就要正确分析形势，巧妙借用客观矛盾之间互相作用的力量以达成我方的目的，用小力获大功。孙子的“伐谋”“伐交”、利用地理使“刚柔皆得”等都体现了这一思想。

刘邦是汉朝的开国皇帝，对汉民族及其汉文化的发展有着不可估量的贡献。刘邦以一介布衣之身最后能成为一个王朝的开拓者，他的成功肯定不是偶然。这其中一个很重要的原因就是知人善用，他知人、识人，同时也会用人。汉阵营汇聚了当时楚汉阵营最杰出的人才，这些人中有很多都是从楚阵营投靠过来的。刘邦会发觉每个人的优点，把他们放在最合适的位置上，真正做到才尽其用。汉朝建立后，还广发求贤令，广招天下人才来治理天下。

有一次汉高祖刘邦在洛阳南宫摆设酒宴，他问到："各位王侯将领不要隐瞒我，都说出真实的情况。我得天下的原因是什么呢？项羽失天下的原因是什么呢？"高起、王陵回答说："陛下让人攻取城池取得土地，就把它（城镇、土地）赐给他们，与天下的利益相同；项羽却不是这样，杀害有功绩的人，怀疑有才能的人，这就是失天下的原因啊！"刘邦说："你只知道一个方面，却不知道另一个方面。在大帐内出谋划策，在千里以外一决胜负，我不如张良；平定国家，安抚百姓，供给军饷，不断绝运粮食的道路，我不如萧何；联合众多的士兵，只要打仗一定胜利，只要攻城一定取得，我不如韩信。这三个人都是人中豪杰，我能够任用他们，这是我取得天下的原因。项羽有一位范增而不任用（他），这就是被我捉拿的原因。"刘邦总结自己取胜的主要原因，明确表示自己能够很好地知人善用，发挥他们的才干，成就别人的同时也成就了自己。

孙子"择人而任势"的思想首要在于"择人"，对企业来讲，一个优秀的管理者会密切关注市场动态，紧紧把握市场机遇，适时出击。企业的发展既离不开外部的市场环境，也离不开人的核心作用。

福特汽车公司在国际上享有崇高的声誉。它的创始人亨利•福特十分重视培养和提拔人才。一个典型的例子就是他大胆任用 37 岁的年轻建筑师阿尔巴顿•康，在福特公司创造了 93 分钟造车的秘诀。

在亨利•福特决定退休并由亨利二世接任总经理时，福特公司因为种种原因陷入了困境。亨利二世接管公司后，当务之急便是要扭转公司高级管理人员匮乏的局面。因此，他不惜高薪聘请管理人才，而且给他们足够的权利和自由，让他们充分发挥各自的才干。

当时有一个以桑顿为首的"桑顿小组"，这个小组由 10 名有才华的年轻军官组成，他们具有非凡的运筹能力，可是他们要求的年薪标准也很高。不过亨利二世认为，这种高级人才必然对公司的发展有利，付给他们高薪是值得的，因此，他便许偌重金把他们全部聘请到公司，并委以重任。经过十几年的发展，这 10 名年轻人中有 4 人成了公司的高级主管，他们为福特公司的发展作出了很大的贡献。

无论是老福特还是亨利二世都非常注重利用人才。老福特任用年轻建筑师，提高了生产效率；亨利二世不惜重金聘用"桑顿小组"，扭转了公司的不良局面。这些都说明了"择人而任势"在企业管理中的重要作用。

孙子"择人而任势"的思想在"择人"的基础上要在"任势"。要营造有利的态势，而不要过分依赖个别人才。在市场竞争中，求之于势，以势制胜，在于要巧妙运用。这一点上，我们可以通过海尔公司成功的范例，看出孙子兵法这一思想在商战中的实效。1984 年，中国市场上的家电产品多为进口，在企业纷纷引进国外电冰箱生产线时，海尔公司专选德国利渤海尔的产品生产线，一开始就赢得了中国市场的青睐。顾客青睐其技术先进、节能、噪声小，符合中国当时的国情，这是借了德国的光，创造了海尔产品的引力势。

而后，在众多企业纷纷扩大产量时，海尔公司不为所动，一心抓质量、抓管理，一心创名牌，为此，不惜砸掉了 76 台不合格的电冰箱。经过七年奋斗，不仅被国家评为名牌产品，更创造出了品牌势，吸引了众多商家成为供销商，还创造出了海尔 OEC 管理模式，从而创造出了海尔的文化势，吸引了众多家电同行要求合作。

从 1991 年开始，海尔抓住机遇，实施多元战略，利用海尔的名牌优势、管理优势、文化优势和销售网络优势，有选择地兼并了一批企业，兼并一个，成功一个，从而完成了产业扩张和规模扩张。海尔在创造产品优势的同时，还致力于创造服务优势：对所有售出产品，海尔均建立了用户档案，只要顾客打电话提出要求，海尔马上派人应约登门服务；建立一整套服务规范，如进门换上塑料套鞋，不喝水，不吃请，服务完毕打扫卫生，请用户检验、评价、签字。过后，还有专人打电话问客户对服务是否满意。这种服务优势为海尔赢得了不少顾客，也被众多企业仿效跟进。

如今，“海尔—中国造”，享誉全球。正是依靠多年来持续不断的做功、造势，海尔把一个面临倒闭的小企业，发展成为举世闻名的跨国集团。

从海尔造势的实践中，我们可以体悟到：企业在竞争中如何出奇制胜，如何利用市场采用奇正的商业战略。当然，海尔的高明之处，不仅善于在产品经营上造势，而且善于在企业战略经营上造先进企业之势，造民族品牌之势，造持续发展之势。

【经典案例及分析】

格力电器慧眼识“珠”持续走强

珠海格力电器股份有限公司（以下简称格力电器），成立于 1989 年，是一家集研发、生产、销售、服务于一体的国际化家电企业，拥有格力、TOSOT、晶弘三大品牌，主营家用空调、中央空调、空气能热水器、手机、生活电器、冰箱等产品。2016 年格力电器实现营业总收入 1101.13 亿元，净利润 154.21 亿元，纳税 130.75 亿元，连续 15 年位居中国家电行业纳税第一，累计纳税达 814.13 亿元。连续 9 年上榜美国《财富》杂志“中国上市公司 100 强”。格力电器旗下的“格力”品牌空调，是中国空调业唯一的“世界名牌”产品，业务遍及全球 100 多个国家和地区。在 2019《财富》世界 500 强中，格力排名 414 位。在 2019 中国制造业企业 500 强中，格力排名第 37 位。“一带一路”中国企业 100 强榜单排名第 82 位。2019 年 11 月 13 日，珠海格力电器股份有限公司上榜单项冠军示范企业（第四批）名单。

格力电器刚成立时，只是一家默默无闻的小厂，全厂只有一条简陋的空调生产线，年产量不过 2 万台窗式空调。首任董事长朱江洪克服种种困难，开发生产了一系列适销对路的产品，从而抢到了市场先机，奠定了格力产品的竞争优势。但是，真正把格力电器做成现在这样知名品牌的一个重要人物就是大家熟知的女企业家董明珠。

董明珠出生于南京一个普通人家。毕业于安徽省芜湖干部教育学院统计学专业，1975 年在南京一家化工研究所做行政管理工作。其丈夫在儿子 2 岁时病逝，这一不幸成为董明珠人生的转折点。1990 年，董明珠来到了珠海并且加入格力。1992 年，董明珠在安徽的销售额突破 1600 万元，占整个公司的 1/8。随后，她被调往几乎没有一丝市场裂缝的南京，随后就签下了一张 200 万元的空调单子，一年内，个人销售额上蹿至 3650 万元。1994 年底，在格力电器最困难的时候，董明珠接过了经营部部长一职。就在此时，格力内部却出现了一次严重危机，部分骨干业务员突然“集体辞职”，董明珠经受住了诱惑，坚持留在格力，被全票推选为公司经营部部长。

1996 年，空调业“血战”，已升为销售经理的董明珠宁可让出市场也不降价，董明珠带领 23 名营销业务员奋力迎战国内其他厂家成百上千人的营销队伍。8 月 31 日，董明珠宣布拿出 1 亿元利润的 2%按销售额比例补贴给每个经销商，促使该年格力销售增长 17%，首次超过春兰。董明珠自 1994 年底出任经营部部长以来，领导格力电器连续 11 年空调产销量、销售收入、市场占有率均居全国首位。

1996 年底，格力电器在深圳成功上市。2012 年 5 月，董明珠被任命为格力集团董事长兼格力电器总裁。格力电器仅仅用了十余年时间，就从技术、质量、价格、服务等方面，一举战胜并超越世界老牌空调“西门子”“大金”“三菱”“三洋”等，占据世界空调销售第一的位置。

由于董明珠的杰出表现，2002 年 9 月，她荣获“中国企业女性风云人物”称号。2003 年，她当选为第十届全国人大代表，并荣获“南粤首届优秀女企业家”荣誉称号。2004 年 3 月，当选人民日报《中国经济周刊》评选的 2003—2004 年度“中国十大女性经济人物”。2004 年 6 月被评为“受 MBA 尊敬的十大创新企业家”，2004 年 11 月被评为“年度中国十大营销人物”。2005 年 11 月，再次荣登美国《财富》杂志评选“全球 50 名最具影响力的商界女强人”榜。

2007 年，董明珠出任格力电器股份有限公司总裁。2009 年 10 月，董明珠入选英国《金融时报》全球 50 大女性 CEO。2010 年荣获“中国上市公司最受尊敬 10 大功勋企业家”、英国金融时报“全球最具影响力 50 名商业女强人”（名列第五）、美国《商业周刊》“十年商业女性领袖大奖”。

2011 年，董明珠荣获“2010CCTV 中国经济年度人物”创新奖，也是唯一获得“2011 年度中国最佳商业领袖奖”的女性。2013 年位列 2013 福布斯亚洲商界权势女性榜第十一名。2015 年在《福布斯》“亚洲商界权势女性的 50 位榜单”位于第 4 位，并入选“十三五”国家发展规划专家委员会成员。

2016年9月，董明珠在《财富》“全球50大最具影响力女性”中排第11位。2017年2月6日，董明珠位列2017中国最杰出商界女性排行榜第1位。2018年1月当选为第十三届全国人民代表大会代表。

格力集团大胆重用董明珠，给董明珠人生发展提供了一个广阔的平台。董明珠当年在安徽、南京初露身手就战绩不俗，在上任主管销售经理后，面对全国空调市场混战局势，在营销管理上，她目标清晰，判断明确，迅速理顺营销条块关系，制定供销规则；在营销策略上，她决事果断，大胆出击，通过“淡季返利”聚拢资金，解决了厂里淡季生产资金短缺问题，鼓舞了全国各路经销商士气，聚集格力市场冲击力。她把市场上的“钱—货”关系，变成“钱—利”关系，“如转圆石于千仞之山”，蓄势待发。

同时，董明珠的智慧和胆识，也成就了格力电器的辉煌，证明格力电器决策层在“择人任势”上是有眼光的。董明珠性格外向，思想活跃。在经营管理中，目标坚定，敢于担当，善于决断，经营灵活。但从另一个方面来讲，事物都有它的两面性，思想活跃会让人觉得不够沉稳老练，目标坚定会让人觉得听不得别人意见，敢于担当又会让人觉得在收买人心，善于决断会让人觉得不讲组织原则，但是格力电器决策层“求之于势，不责于人”，在企业最困难的时候，选拔了董明珠挂帅主管销售工作，对于企业而言，在激烈的市场竞争中，选择主将CEO是很重要的。

第14智　文令武齐——培养团队凝聚力的方法

《孙子兵法·行军篇》曰：“卒未亲附而罚之，则不服；不服则难用也。卒已亲附而罚不行，则不可用也。故令之以文、齐之以武，是谓必取。令素行以教其民，则民服；令不素行以教其民，则民不服。令素行者，与众相得也。”意思是，士卒还没亲近依附就施行处罚，他们会不服，不服就很难使用。士卒已经亲近依附仍然不施行军纪军法，同样无法使用。所以，要用政治、道义、奖赏等“文”的手段管理他们，用军法、军纪、惩罚等“武”的手段使他们行动一致，这样就一定能取胜。平时严格贯彻命令，以此来教育士卒，战时他们才能服从命令；平时不能严格贯彻命令，以此来教育士卒，战时他们就不会服从命令。平时命令能贯彻执行的，是因为将帅同士卒互相信任，相处得来。

“令之以文，齐之以武”是孙子著名的治军思想。文，指用奖赏、爱抚等宽厚仁慈的手段去教化；武，指用军法、军纪、刑法等严厉的手段去惩戒。要用文的方法来教育士卒，用武的办法去管束士兵，这样的军队打仗必能取胜。治理军队，两者必须结合起来，文武兼用，恩威并施，两者相辅相成，缺一不可。同样，对企业员工也必须经常进行思想教育，使之能努力工作、遵守纪律和各种制度。

孙子还强调，“令素行以教其民，则民服；令不素行以教其民，则民不服。”也就是说，平时严格的管理教育是战时完成任务的基础，要做到有令必行、有法必依。如果平时不严格贯彻命令、管教士卒，士卒就会养成不服从的习惯，打起仗来，想让士卒服从命令就难了。同时还指出，“令素行者，与众相得也。”要想让士卒令行禁止，一个前提条件是：官兵关系要融洽。这是对“令之以文，齐之以武”的补充。这给我们很多的启示：作为一名领导，要想下级服从管理，就要做到上下相处得来，团结一致，关系融洽。

三国时期的蜀国丞相诸葛亮就是一位十分善于利用恩威并施这项策略的政治家。在《三国演义》就讲了诸葛亮“七擒孟获”的故事。刘备去世之后，蜀国丞相诸葛亮有了北伐中原的打算。当时的蜀国南部，就是云南贵州交界处，少数民族的大酋长孟获发动叛乱，诸葛亮决定亲自领兵平息叛乱，先解除这一后顾之忧。在当时就有人对他提出了建议，派一员大将南下就足以能够消灭孟获，丞相就不必考虑那“不毛之地”了。然而诸葛亮对此却有更加长远的考虑，他要对孟获恩威并施，以收服人心。

当地很多个部落并不是如同铁板块一样联系在一起的，孟获是叛乱的带头者，也是影响最大的酋长。诸葛亮很清楚，蜀国的大敌是北方的曹操。对于南方部族，不能采取赶尽杀绝的政策，而要分化瓦解，孤立孟获，用计生擒孟获。

孟获被俘之后并不服气，说诸葛亮靠诡计取胜并非真英雄。诸葛亮对此并没有难为他，当场释放，让他回去之后起兵再战。就这样，一而再，再而三，诸葛亮一次次生擒孟获，又一次次将他释放。直至第七次，诸葛亮不但生擒孟获，俘虏了他的妻子和弟弟，还使得其他部落纷纷归顺，孟获的部族也是众叛亲离。但诸葛亮对孟获一家人仍然尊重并以礼相待，终于使孟获深受感动，发自内心地臣服于蜀国。这样使得蜀国南部从此之后便稳定了下来。

文令武齐、恩威并施的两手策略，应用的范围极为广泛。用美国人的话来说，就是“胡萝卜加大棒”，属于软硬兼施的两手策略。在企业管理中，管理者既要关爱员工，又要严格管理。严师出高徒，严格就是大爱，大爱才是大善。如果只有恩惠，员工就容易安于现状，缺乏斗志，不利于培养经营人才，更不利于企业发展；如果只有威严，员工就容易产生怨恨，缺乏安全感，不利于凝聚人心，难以提升士气，团队就会缺乏活力。单方面实施的恩与威，都不利于团队的成长，不利于企业的成长。只有真正做到恩威并施的领导人才能出色地率领部属完成任务，可见恩威并施、文令武齐的重要性。

梅考科是美国知名的富翁，他的财富是怎么积累起来的呢？这与他对员工的精心管理分不开。梅考科在公司内设有严格的规章制度，违者必罚，绝不姑息。一次，一个跟梅考科干了 20 多年的老工人喝醉了酒，在工房里跟工头大闹起来，工头向梅考科作了汇报，梅考科大笔一挥：“立即开除。”

老工人可谓是梅考科创业时的患难之交，在梅考科创业最艰难的时候，公司一连三个月分文没发，许多人都弃梅考科而去，但老工人却没有走。对这样一位忠诚的员工，梅考科怎么就忍心开除他？当然，梅考科不会就这样简单开除了事。他找到老工人，与老工人谈心。原来，这个老工人的妻子刚刚去世，偏偏祸不单行，一个孩子不慎跌断了腿，老工人心情不好，只好借酒消愁，恰恰又被工头发现了，工头把他一顿臭骂，老工人借着酒劲，就跟工头干开了。

梅考科拿出厚厚的一叠钞票，塞给老工人，对他说："你回去把家务好好料理料理吧！"

老工人心头一亮，充满感激地说："老板，您不开除我了？"

"不！不！制度面前人人平等，开除的成命是不能收回的。"梅考科握住老工人的手，坚决地说，"不过，请放心，我绝不会让老朋友走上绝路的。"

事后，梅考科安排老工人在自己的一个牧场做了管家。梅考科坚定不移地开除了有20多年患难之交的老朋友，然后又想办法为老工人谋得了另一份职业。他的做法，令全公司的员工赞叹不已。这一案例充分体现了孙子"文令武齐"的思想，在企业管理实践中应该充分运用。

【经典案例及分析】

联想裁员：公司不是我的家

2004年3月11日上午，联想部分员工陆续被叫到会议室，告之已经被裁掉。20分钟后，在经理们的陪同下，被裁员工开始三三两两地离去，整个过程不到30分钟。联想裁员行动3月6日启动计划，7日讨论名单，8日提交名单，9－10日人力资源审核并办理手续，11日面谈。几乎与裁员同时，一篇联想员工撰写的《裁员纪实：公司不是我的家》在网上迅速流传开来。文章说，"领导者战略上犯的错，却要员工承担""不管你如何为公司卖命，当公司不需要的时候，你曾经做的一切都不再有意义""员工和公司的关系，就是利益关系，千万不要把公司当作家"。一时间，有关"联想文化的光环已经褪色"的质疑不绝于耳。

4月22日，联想公司总裁柳传志公开应答联想裁员事件。柳传志表示，正常的裁员应该是优胜劣汰，这次裁员却是整个部门裁，确实是由于公司战略调整引起的。公司新的三年规划是要紧缩过去三年执行的多元化战略，专注PC领域。相当一部分领域的业务戛然而止，连部门都撤了，员工只能成批地离开。其实绝大部分离开的员工对公司是很投入的。联想确实有一些战略上的失误由员工承担。企业要诚恳地对员工说对不起。裁员的责任确实在于领导。

同时，柳传志也指出：公司是以发展为目标的。近年来，联想在"亲情文化"基础上更多地融入了以业绩为导向的文化，所以淡化"家"的温暖是可以理解的。企业要做的是把员工放在最合适的岗位，产生最大的价值。做企业不可能不裁员，必须有淘汰才能保证企业正常发展。

此次“裁员事件”引起多方关注。企业以赢利为最终目的，如果不能获取利润，则面临着被“解散”的危险。“家”是什么？通俗地说，是一个避风的港湾。这就是孙子兵法中讲的“令之以文，齐之以武”，企业之间存在着竞争的压力，企业内部也有一个提高效率和降低成本的问题。企业的本质决定了它不可能如家中的母亲对孩子们的无私奉献。企业不是家。现在很多企业锻炼“狼性”，联想淡化“家庭文化”，从某种意义上讲是企业还原本质。

第15智　夺心治气——如何有效实施心理战

在《军争篇》中孙子曰：“故三军可夺气，将军可夺心。是故朝气锐，昼气惰，暮气归。故善用兵者，避其锐气，击其惰归，此治气者也。以治待乱，以静待哗，此治心者也。以近待远，以佚待劳，以饱待饥，此治力者也。无邀正正之旗，无击堂堂之陈，此治变者也。”意思是，对敌人的军队，可以挫伤其士气；对敌军的将帅，可以使其决心动摇。军队刚投入战斗时士气饱满，过了一段时间，士气就逐渐懈怠，到了最后，士气就完全衰竭了。所以，善于用兵的人，总是先避开敌人初来时的锐气，而等到敌人士气懈怠衰竭时再去打击他，这是掌握运用军队士气的方法。用自己的严整来对付敌人的混乱，用自己的镇静来对付敌人的轻躁，这是掌握军队心理的方法。用做好准备的我军来对付远道而来的敌人，用自己部队的安逸休整来对付疲于奔命的敌人，用自己部队的粮饷充足来对付饥饿不堪的敌人，这是把握军队战斗力的方法。不要去正面拦击旗帜整齐、部署周密的敌人，不要去进攻阵容强大、实力雄厚的敌人，这是在战斗中需要掌握的灵活机变的方法。

这里所谓的治气，就是指掌握军队的士气。“三军可夺气”，这是说对敌军，可以挫伤其锐气。两军初战时，士气旺盛，经过一段时间之后，逐渐懈怠，及至后期，士兵会气竭思归。所以善于用兵的将领，要避开敌人初来的锐气，等待敌人松懈疲惫时再攻打，“避其锐气，击其惰归”是也。拿破仑说过：一支军队的实力，3/4 是由士气构成的。这个比例不一定精确科学，但可以肯定士气是构成军队战斗力的精神要素。中国工农红军在井冈山斗争时期总结的“敌进我退，敌驻我扰，敌疲我打，敌退我追”的十六字诀，以及解放战争初期采用的“蘑菇战术”，都是为了消磨敌人的锐气，使其士气沮丧，等到敌人士气低落时再予以歼灭。

尉缭子说：“讲武料敌，使敌之气失而帅散，而不为用，此道胜也。”（《战危·第四》）就是说，研究军事，分析敌情，设法造成敌人士气低落、部队涣散，使其形式上保持原建制，但实际上已不能作战，这就是用政治策略取胜。“治气”的方法很多，不仅包括“避其锐气，击其惰归”，还包括政治上的瓦解、攻心战等。因此，在战争中夺敌士气和鼓己士气，这历来是兵家必须重视的一个问题的两个方面。

所谓治心，就是要掌握军心。“将军可夺心”之“夺心”，就是属于“治心”范畴。其方法就是“以治待乱，以静待哗”，即以自己军队的严整来对付敌军的混乱，以自己军队的镇静来对付敌军的哗躁。其实，夺心不能等待敌军自“乱”自“哗”，而应为“心者，将之所主也。怒之令愤，挠之令乱，间之令疏，卑之令骄，则彼之心可夺也”（《孙子・军争篇》李荃注）。意思是，作战决心是指挥员用兵思想的主导。用气恼敌将的方法使之愤激，用疑兵扰乱敌将的情绪，用离间手段使敌军上下互不信任，用示弱使敌将骄傲麻痹，这样敌将的决心就会动摇改变。在战争中将帅思想、意志和品德上的缺陷，常常可成为敌方乘隙“夺心”的缺口。

这种情形不仅被中外的战例所证实，就是商战中的许多案例也印证了这一点。如果这是商战，首先要有稳健而睿智的决策者，又要有强大而志在必得的销售士气，产品的优良品质和完善服务，就是一种让市场不得不接受的势力。与人相处，尤其政治领袖赢得民众支持必须充实自己的士气，稳定自己的决心与信心，并且以有利于民众的政治主张构成“势力”。孙子此策对待政敌与商业对手是适用的。姜太公曾经指出，“胜负之争，精神先见”。可见，在“四治”中，“将军治心”是关键。

英国最大的零售商场哈乐斯百货公司有一个“绝活”，那就是针对顾客的价格心理，实行“减价销售”。它的“减价”不同于一般。首先，时间固定，每年 1 月和 7 月各有一次；其次，削价持续时间长，每次 3 周；再次，范围大，凡在该商场出售的百货均减价；最后，削价幅度大，一般降价 1/3，甚至 1/2 以上。很明显，这是真正的“让利销售”，不是处理卖不掉的商品。每次减价都引起轰动，特别是开始的第一天，场面最为壮观。在商场开门之前，成千上万的人提着各种购物袋，聚集在商场门口，甚至拥塞在大街上，全体工作人员如临大敌，严阵以待。总经理布朗站在二楼俯视周围，手持对讲机联络指挥。

快到时间了，布朗对着手表读着倒计时：“1 分……30……25……”。商场外翘首期待的顾客们，像等待卫星发射，忍不住齐声附和：“5 秒、4 秒、3 秒、2 秒、1 秒，冲啊！”。9 点整，商场的 10 处入口同时开门，激动的人潮一拥而入，保安人员使出全身解数，把蜂拥的人群推向电梯、楼梯。几分钟后，这个总面积达 5 万多平方米的商场，到处人头攒动。布朗激动地说：“你们看，这些提篮携袋的男女老少，忽然间怎么都成了奥运短跑健将了？”

哈乐斯这项传统的、盛大的减价活动，已开展了 30 多年，并且一年比一年壮观、热闹，一年比一年销售量大。减价三周，每天要接待上万顾客，公司可以售出 10 多万个玻璃器皿、60 万套紧身衣裤、600 多件高档貂皮大衣、上万件男上衣等，总共 100 多万件商品。这种销售策略既把旧商品、存货卖了出去，又在消费者心目中极大地提高了知名度，取得信誉。从策略上讲，哈乐斯正是使用了“夺气攻心”之术而获得了成功。

【经典案例及分析】

日本松下电器产业集团的攻心为上

松下电器产业集团是日本六大独立企业集团之一，是目前日本最大的民用电器公司，号称“家电王国”。松下公司能从一个微不足道的小作坊成为规模庞大的跨国公司，其中的原因固然很多，但与创始人松下幸之助纵横捭阖的攻心策略有极密切的关系。他强调发挥人的作用，注重维系人心，他还采取精神与物质的刺激办法，使职工紧密聚集在公司周围。

松下幸之助注重营造企业凝聚力，重视精神的作用，他将企业的经营意图、指导思想、观点、信念灌输到所属人员中去，人称“爱说教的松下”。在 1933 年，松下幸之助提出了“松下电器公司应遵循的精神”，即工业报国精神、光明正大精神、团结一致精神、奋斗向上精神、礼貌谦让精神、适应形势精神、感恩报德精神，这就是“松下七精神”。职工上班前、下班后，都要全体肃立唱社歌，齐声朗诵“七精神”，最后还要来个“训词”。

除在精神上攻心外，松下幸之助还巧于运用物质手段实行所谓“高福利”政策，他鼓励职工向公司投资，建立“储蓄制度”。在公司改组为有限公司后，开始实行附有奖励金“投资储蓄制度”。松下公司还建立了“职工拥有住房制度”，同时改善了住宅分售、贷款制度，又建立了福利养老金制度，根据职工个人志愿，把退休金改为终身养老金。

从 1966 年起，松下公司建立了工种与工作能力相结合的工资体系，按照实力的顺序提拔和升级，以充分发挥每个人的才能。松下还向职工灌输所谓“全员经营、群智经营”的思想，即松下电器的经营，是“用全体职工的精神、肉体和资本集结成一体的综合力量进行经营”。宣传所谓的“职工自家事”，意在使职工觉得自己是松下电器的主人公。松下幸之助建立了提案奖金制度，公司不惜重金征求职工的建设性建议。吸取建议，可以改善产品质量、提高工作效率，又可以激励职工的士气，给人一种工人可以参加管理的印象，增强了公司的凝聚力，使公司受益匪浅。

在松下幸之助采取的这些措施和策略的引导下，公司争取了人心，职工对公司产生了亲切感，形成了一种与公司“荣辱与共”的思想，积极投身于公司的生产和经营，松下公司迅速崛起，并且长盛不衰。

松下运用的“精神凝聚力”使得员工与公司同呼吸共命运，紧紧团结在一起。这种

“荣辱与共”的思想是调动人的主动性与积极性的关键。

其实，松下的“对外攻心”也同样有效。打开电视，清纯可爱、乖巧美丽的松下小姐展现着轻快的歌声与迷人的笑脸，即使没对产品作任何评价，每一个人都会记得她们清脆的声音“松下电器”。商之道，攻心为上。

第16智　上下同欲——提升团队战斗力的法宝

“上下同欲者胜”这句话出自《孙子兵法·谋攻篇》，是在谈到“知彼知己”前，孙子指出将领应该在五个方面做到“知胜”时说的。所谓“知胜”，就是在分析己方情况时，五个关系到能不能取得胜利的重要因素。其中第三条就是要做到“上下同欲者胜”。国君、统帅与广大民众、士卒上下一心，同仇敌忾，就一定能战胜敌人。张预注：“百将一心，三军同力，人人欲战，则所向无前矣。”（《十一家注孙子》）

在血与火的战争中将领要想取得战争胜利，必须要做到“上下同欲”，全军要同将领保持一致，互相团结，将领和士卒之间要做到思想统一。下面一起来分析一下“上下同欲者胜”这句话的含义。

首先，“上下”所涉及的关系，不能仅局限于军队内部的上下级关系，而应从广义上去理解。在理解“上下”时还应该考虑到：将帅和君主的关系，要忠实、有效地贯彻上级的政治和战略意图；军队和友邻单位的关系，战争是一架庞大复杂的“机器”，靠单打独斗是不行的，需要很多友邻部队的配合，需要多军兵种的联合，需要地方部门和社会各界的支援；军队和老百姓的关系同样也很重要，正如毛泽东所言，“战争的伟力之最深厚的根源，存在于民众之中”，如果没有民众的支持，战争是很难最终取胜的。

其次，“上下同欲”的关键在于“上”即上级。为什么说关键在于“上”呢？一是上级是战争的发起者，对战争的缘由、目标最为清楚；二是上级代表着组织，具有天然的权威；三是上级掌握着沟通、宣传的主动权、管道及工具；四是上级掌握着赏罚乃至生杀大权，是强势的一方。要真正做到“上下同欲”，上级就要做好这几点：一是做好充分的宣传动员；二是以身作则、以上率下；三是充分考虑、尊重下级的利益和诉求。

如何来理解“欲”？有人会问，军队是执行武装任务的集团，有铁一般的纪律，为什么还要强调“同欲”呢？那是因为，组织纪律可以管住一个人，但是光凭外在的强制手段是凝聚不了人心的。而夺取战争的胜利，不光要人多，还要每个人都齐心协力，每个人都发挥出主动性、创造力。所以，这里的“欲”应包括以下几个方面的意思：

（1）上上下下要对战争的性质、意义保持高度认同。可能由于保密的需要，战争的真正目的不宜大规模扩散，但一定要高举一个旗帜，让大家都真心信服。

（2）作战的目标要清晰一致，具体行动细节可以保密，但一定要让大家明确敌人是谁，目标是谁，行动的风险有多大。当然，由于军事行动的特殊性，怎么说，说多少，说到什么程度，最后还是要根据具体作战行动而定。

（3）上级要与下面的人同喜好、共爱欲，对将领来说，当然不可能、也没必要完全做到与部属不分彼此、打成一片，但是，一定要了解部众，知道他们的所思所想，比如喜欢什么，讨厌什么，有什么困难、什么烦恼。

（4）将领要关心爱护部属，让他们有归属感、成就感，尤其是要关切、维护他们的切身利益，万万不能侵夺他们的利益。

（5）与部众共渡难关、生死与共，“时穷节乃现”，在关键时刻与部下共同经历生死考验的将领，一定会赢得部众的衷心钦佩和拥戴。

（6）最重要的，将领不要有什么特权，当“战士军前半死生，美人帐下犹歌舞”时，战士与将领还能同什么“欲”？在这样的情况下打败仗也是必然的。

齐宣王问孟子：“周文王的园林方圆达七十里，是否太大了点？”孟子说：“老百姓还觉得太小了呢！”齐宣王弄不明白，他的园林四十里见方，为什么老百姓还嫌太大？孟子认为，文王的园林割草打柴的人可以去，抓野鸡打兔子的人也可以去，是与老百姓共同享用的，老百姓觉得它太小很正常。而齐宣王的园林是禁苑，杀里面的麋鹿要按杀人罪论处，老百姓当然会觉得它太大了。可见，只有“上下同欲”才能得人心。得人心者得天下，这难道不是“上下同欲者胜”吗？

孟子把这个道理说得很通俗：“谁能因百姓欢乐而高兴，则百姓也以他的幸福为满足；谁能把百姓的忧愁当成自己的忧愁，则百姓也为他的痛苦而担忧。如果国王能与天下百姓同忧愁、共欢乐，然后还不能称王于天下，是不可能的。”

随着《孙子兵法》的广泛流传，“上下同欲者胜”这句话的影响力早就超越了军事领域，对一个团队、一个企业、一个国家来说，“上下同欲”也是取胜的重要条件。商场如战场，竞争如战争。企业要想在市场竞争的大潮中立于不败之地，很大程度上就依赖于这种“上下同欲”的精神。然而，令人遗憾的是目前有相当一部分企业的厂长（经理）仍然整天沉湎于计划、调度、供销、预算、检查之中，为对付各种应酬和生产经营疲于奔命，而对来自职工的心理和精神方面的阻力束手无策。企业上热下凉，令不行、禁不止，缺乏凝聚力。

企业要做到“上下同欲”，要做好以下两点：

（1）明确一致的目标。管理者与团队成员共同建立目标，融团队目标与个人目标于一体，使个人目标与团队目标高度一致，这样就可以大大提高团队的生产效率。

（2）良好的团队内部管理，是实现“上下同欲”的关键。

一是科学决策。要增强团队凝聚力，应较多地采取民主型领导方式，在团队决策上应共商共议，力求最大限度反映民意，切忌独断专行，这样可以使成员之间更友爱，成员相互之间情感更积极，思想更活跃，凝聚力更强。

二是要保持良好沟通。团队成员间的沟通与交流既可增强人际凝聚力，也可增强任务凝聚力，所以在团队内部应有保证足够的沟通时间、适宜的空间或渠道、良好的沟通氛围。

三是确定有效的团队规范。团队规范，是团队成员认可的并普遍接受的规章和行为模式，它可以具体化为团队成员对某种特定行为的认同或反对，区分出某种行为是有益的或是有害的，以此来规范团队成员的行为，鼓励有益的行为，纠正有害的行为，帮助成员了解什么是被期望的行为，提高团队的自我管理、自我控制的能力，促进团队的凝聚力。

【经典案例及分析】

上下同欲：任正非自罚100万

“上下同欲者胜”，这是孙子兵法《谋攻篇》中“知胜有五”的重要一条，说的是官兵上下都有共同的欲望和目标就容易取胜。这个道理放到企业内部，同样在理。不论员工还是老总都有自己的欲望、目标和追求。当个人的欲和企业（老总）的欲统一起来，大家的利益和力量才能形成最大公约数，才能最大程度做到同心协力。为什么是“同欲”，而不是“同心”呢？不是说“兄弟同心，其利断金”吗？“同心”除了“同欲”以外，还包括同样的想法，这个要求太高了，不现实，也不一定是好事，因为实现同样的目标有很多条路径可以选择。企业或者组织团队里这么多人，不可能大家都一个脑袋、一个思想、一种观念。真的实现“上下同心”，把单位变成“铁板一块”既不现实，也未必可取。但“上下同欲”是可以实现的，而且有很多形式的“上下同欲”，比如同仇敌忾，比如同甘共苦，比如同心协力。

要做到“上下同欲”并不容易。可能出现的情况，企业表面上有一个愿景（甚至表面上都没有），但老总或者各级干部都有各自不同的欲望和诉求，同床异梦、争权夺利；各个部门不但没有协同配合，还各行其是、互为羁绊；员工又是得过且过；最后大家都是在混日子。看起来好像是一个企业，其实内部已经分崩离析了。

要坚持“上下同欲”更难。企业创业初期，条件还不好，这个时候共苦很容易，因为只有苦。但有所成就之后，同甘就不一定了，由于分利不匀而分道扬镳的比比皆是。企业壮大之后，同甘相对容易，因为条件好了，有成绩大家共享，皆大欢喜；但共苦就难了，“由俭入奢易，由奢入俭难”。不论是决策失误、工作失误还是企业遇到危机陷入困境，需要有人承担责任，或者需要大家分担艰辛的时候，总要问为什么是我？

华为的成功经验为人瞩目，其中重要的一条经验就是“上下同欲”。任正非是知行合一的杰出代表，不仅说到而且做到。他本身不是电信网络的专家，但华为能从小企业成长为世界冠军，三十年坚持“上下同欲”是任正非对华为的一大功劳，如任正非自罚100万的事情。

据新加坡《联合早报》2018年1月19日报道：华为近日内部进行了自我批判和反省。总裁任正非还做了“烧不死的鸟是凤凰，在自我批判中成长”的讲话。根据华为内部处罚通知显示，任正非被处罚100万元人民币。这份华为公司《对经营管理不善领导责任人的问责通报》显示，因部分经营单位发生了经营质量事故和业务造假行为，华为公司对主要责任领导作出问责：“任正非罚款100万；郭平罚款50万；徐直军罚款50万；胡厚崑罚款50万；李杰罚款50万。”这份通报经过董事会常务委员会讨论决定，并通报了全体员工。据了解，这与此次进行的“自我批评”活动是一体的，目的是强化自我批判的价值观。华为曾经在1999年、2000年和2013年进行过几次大规模的自我反省。

任正非表示：“伟大的事业是我们建立，伟大的错误是我们所犯，渺小的缺点人人都有。改正它，丢掉它，朝着方向大致正确，英勇前进，我们一定能到达珠穆朗玛。”同时他强调，缺点与错误就是身上的渣子，去掉它，我们就能变成伟大的战士。任正非希望华为“上下同欲”，所以他“率先垂范”，甘愿自罚100万。

第17智　分数治众——如何应对团队规模扩张

《孙子兵法·势篇》中曰：“凡治众如治寡，分数是也。斗众如斗寡，形名是也。”意思是，统率大部队如同带领小分队一样，关键是军队的组织编制要合理。指挥大部队作战如同指挥小分队作战，关键是通信联络要顺畅。

首先，我们来看“治众如治寡，分数是也”。古代军队是如何“分数”（编制）的呢，五人是一个最小战斗单位，叫一“伍”。我们现在说“队伍”，说当兵叫“入伍”，就是从这儿来的。二十伍，一百人，叫一“卒”，跟现在一个连人数差不多。五个卒，五百人，叫一“旅”。二十五个旅为一“军”，人数是一万二千五百人。古代军队编制、分数，都是五的倍数。

接着，我们来看“斗众如斗寡，形名是也”。“斗众”，就是开打了，指挥一支人数众多的军队作战，跟指挥一个小分队一样，靠什么呢？靠“形名”。曹操注解说：“旌旗曰形，金鼓曰名。”形名就是号令。“形”，顾名思义，是视觉号令，旗帜、狼烟都是“形”；“名”，是听觉号令。名字是喊来听的，《说文解字》里，“名”来自于“冥”，指晚上。晚上看不见，不知道对面来的是谁，就问“谁呀？”对方答应自己的名字。所以名字是用来喊的，不是写纸上看的，是听觉号令。部队晚上用的口令、暗号，就属于“名”。

号令有眼睛看的，狼烟、信号旗之类，也有耳朵听的，冲锋号、集结号、击鼓前进、鸣金收兵之类都是。现在讲现代军队要信息化，其实军队从诞生的第一天开始，就是依靠“信息”在作战。各国名帅都是信息专家，如拿破仑就是旗语大师；武田信玄规划设计了当时日本最密集、最先进的“智慧的烽火台”系统，从他的甲斐国辐射出去，任何风吹草动，他放几种不同颜色的狼烟就能传递信息，调动军队。

企业作为一个特定的社会经济组织，有一个完善的并且根据实际情况变化而不断调整更新的目标体系，是其存在和发展的前提。只有根据实际情况的变化不断调整更新目标体系，才能把更多的人吸引和稳定在这个特定的社会组织之中。但是，企业作为一个特定的社会经济组织，首先就必须有特定的架构，为其资源、信息的流动提供方向和程序约束。这不仅是因为形成企业目标体系的决策制定，也必须在企业组织的一定层次上由特定的岗位角色来完成。根据其内容所涉及问题的多少、影响面的大小，把形成企业目标体系的决策活动，分散到企业组织的不同层次、不同方面，让不同的岗位角色去完成。这本身就是一种资源、信息流动的程序约定。企业组织不能把大大小小的决策工作，都压在企业老板一个人身上，由企业老板——企业最高领导人一个人闭着眼、捋着须完成。企业决策的贯彻实施，更是需要有一个事先达成的、组织成员之间相互关系清楚、工作责任明确、活动步调协调的约定。不可能什么事都让企业老板一个人来承担，让他通过自己一个人的努力，把决策所确立的目标变成现实。相对于企业这样的社会经济组织，做什么事、谁去做，也不能事先连一个约定和安排都没有。否则一盘散沙、叽叽喳喳、闹闹哄哄，企业组织的目标也就根本无法实现，至少不可能有效实现。正是从这个意义上讲，企业组织架构直接是企业组织的骨骼，是让企业立起来、有效运行的基础和保障。

做企业的人，都会自觉不自觉地谈到企业组织的执行力问题。企业组织的执行力，不仅是企业组织的成员素质高低的问题，更是企业组织架构的设计构建问题。所谓执行力，也就是企业组织下属员工，把企业组织高层决策形成的目标分析、分解转换成具体、可操作的办法措施计划后，付诸实践、贯彻落实、变成现实的能力。企业组织的高层决策能不能及时有效地贯彻落实，不仅仅是一个有没有能人的问题，更重要的是有没有机会让能人发挥作用，并使下属员工的行为活动实现协调的问题。而这些都需要通过企业组织架构的作用来保障。好的决策，必须有强有力的组织架构予以支持，才能贯彻实施。否则，再好的决策，也只能是空中楼阁或纸上谈兵，没有丝毫意义。

【经典案例及分析】

海尔集团的“人单合一”管理模式

张瑞敏认为，企业的最佳状态是引领时代发展。“物联网时代的引领模式各种各样，但内在原则是一致的，就是符合物联网时代的三个特征：社群经济、体验经济、共享经济。”社群经济意味着过去售出产品就是销售的终结，现在售出产品只是销售的开始，企业要通过交互了解用户需求，提供更好的服务。体验经济意味着场景变得无比重要，某种意义上，5G 就等于场景，为用户提供最好的体验，光靠一个产品不行，必须集中很多的产品和服务为用户提供最好场景体验，但体验不可能一次性满足，必须不断地迭代。一家企业无法为用户提供最好的体验，必须让很多企业结成生态。而结成生态的基础就是共享经济：所有企业共创、共享，共同创造用户体验，共同分享增值。为此，早在 2005 年，海尔就首次提出“人单合一”管理模式，并不断进行完善和创新。

海尔集团的“人单合一”模式中，“人”即具有“两创”（创业和创新）精神的员工，“单”即用户价值。“人单合一”就是每个员工都直接面对用户需求，为用户创造价值，从而实现自身价值、企业价值和股东价值。这顺应了互联网时代“零距离”和“去中心化”“去中介化”的特征。在“人单合一”模式下，海尔实现了“企业平台化、员工创客化、用户个性化”，激发了员工的创造力，成为物联网时代的成功探索，并引起国际著名商学院的关注。

在一般人看来，企业要有员工，自然也有管理者，也就有了管理与被管理的关系。而对海尔“人单合一”模式下的小微自成体系，许多传统人力资源管理概念已经不再适用。小微有“决策权”“用人权”“分配权”，这就具备了一个组织的所有权利。如果小微主能力不行，不能带领大家创造更多的增值分享，小微成员可以把小微主选下去，也就意味着上下之间的界限被打破了。目前，海尔创业平台上已经有 4000 多个小微、3 家上市公司、两家独角兽企业、12 家瞪羚企业（高成长型企业，具有类似“瞪羚”的特征：个头不大、跑得快、跳得高）。小微作为去中心化的自治组织，可以整合各种社会资源。人力资源社会化以后，“世界就是我的人力资源部”；资本社会化以后，风投机构可以投资平台上的创业项目，员工也可以跟投。

经过长时间探索，海尔的“人单合一”模式形成了整套管理体系，取得很大成功。2016 年，海尔收购美国通用电气家电业务后，没有进行大规模人员调整，而是采用“人单合一”模式对其进行改造，并取得明显成效。2017 年，海尔集团实现全球营业额 2419 亿元，同比增长 20%，海尔大型白色家电第九次蝉联全球第一，利税总额突破 300 亿元，经营利润同比增长 41%。

第 18 智　君令不御——如何克服“上级”的困扰

孙武在《谋攻篇》的“知胜有五”中提到：“将能而君不御者胜。”在《九变》篇中指出：“途有所不由，军有所不击，城有所不攻，地有所不争，君命有所不受”。在《地形篇》中又指出："战道必胜，主曰无战，必战可也；战道不胜，主曰必战，无战可也。故进不求名，退不避罪，唯人是保，而利合于主，国之宝也。"这些论述，一方面要求将领要能够精通军事，成为能征善战的贤将，另一方面要求君主不要在不了解战场实时情况时乱发意见，瞎指挥。如果遇到这样的情况，将帅不能唯命是从，可以不执行君主的命令。君主同时也不要认为将帅这是犯上，要有胸怀，要遵从"战道"，这就是我们大家经常听到的一句话——"将在外君令有所不受"。

"将能而君不御者胜"。此法旨在要求最高统治者对于拼杀战场上的将帅，施之以权，不盲目牵制，使将帅能够自由地发挥才智。这条预知胜利法也是治军术，且是放之四海而皆准的领导管理艺术。在我们的日常工作生活中，主管、一把手等可谓"君"，副职、经营者等可谓"将"。解读孙子说的"将能而君不御者胜"，"将"要有才能这是前提；而"君"则应当是名副其实的"明君"，故而孙子要求"君不御"。

其实，历史上的御将之君不乏其人。宋文帝、梁武帝就是"御"将的典型和代表，就连同与敌军作战的日期、时间都需由其一一规定，结果非但没能取胜，反而打了败仗。

今天，我们应当把孙子说的"将能而君不御"视为一条"为君之道""为官之道""为父之道""为人之道"。就领导层面而言，主管、一把手应当树立"不御"副职的意识。譬如，一个任务、项目、业务的完成，主管、一把手通常应当召集分管的副职和具体实施的经营者下达任务、交代意图、阐明目的和实施意见。然后，放手让副职和经营者去计划、组织、实施，这样的"不御"，能给副职和经营者以信任感，能调动他们的工作热情，也有利于任务的完成。但是，现实中的情形却往往不是这个样子。有的主管、一把手明明交代由具体负责人承办，却每每在运作中出面干涉，甚至染指细枝末节。干涉的实质是"御"，而结果是副职和经营者仍然没有权限。当然，"君不御"并非撒手不管，主管、一把手应当适时过问、检查，对宏观范畴、战略层面、大政方针进行把关。

"将能而君不御者胜"这句话的核心思想是要求管理者充分放权，不要对被管理者不放心，要敢于放手。授权是领导的精髓，在社会分工日益精细的今天，企业的管理也变得越来越复杂，它不仅需要管理者自身全面的知识和能力，同时要想真正实现领导的优质高效，一个不容忽视的要点就是授权。

授权是管理者给予组织内的个体以主动行动的权力，这种行动必须能代表整个企业的利益。授权，能够将企业的公共事务细分到每一个成员身上，这样做的好处就是使特定的人与特定的任务相对应，将为企业工作的观念转化成为自己工作和为完成自己的任务而工作的观念，使每一位员工都能自主地做好自己的工作。

授权所授予的不仅仅是权力，同时也是责任。权力和责任的下放和分解，意味着原来没有决定权和主动权的企业员工在接受权力后就可以根据实际情况作出判断和决定，而不需要等领导指示。通过授权可以建立起一个更加灵活、更有适应力的组织结构，同时也可以节省开支、创造新的工作方法，甚至开拓新的市场。

“将能而君不御者胜”同样也富于生活哲理，在家庭管理中可以灵活借鉴。家庭的主角位置应该是夫妻并列，然而现实生活中却见一些夫妻争“权”，争“谁来当家”、争“遇事谁说了算”，常常导致家庭战火纷飞。有的家庭，你一进门便知其主：盛气凌夫的“女当家”颐指气使着唯唯诺诺的“懦夫”；或斩钉截铁的“大丈夫”扒拉着无所适从的“小媳妇”。如此阴阳失衡的家庭，只会使人失去个性、理性、情感、爱情。家庭中多一些“不御”，就能其乐融融，夫妻应该明确各自的职责范围。虽然常言男人当家，但是现代生活也可换换位置，只要扬长避短、各司其职就行。譬如，女人喜欢当管家，在掌管财务、安排家庭开支方面，女人似乎有一种天生的能力。那么，丈夫对家庭财务的“不御”，不仅满足了妻子的愿望，更能展示出男子汉的大度和宽容。而受到信任的妻子也会把家治理得有条不紊、秩序井然，夫妻情感自然得到增进。同样，妻子对丈夫处理某类问题乃至个人爱好方面的“不御”，也会达到事半功倍的效果。总之，“不御”给对方送去的是信任，升华的是夫妻双方的感情。

此外，子女在家庭中处于从属位置，“不御”乃失职，“养不教，父之过”。而“御”过了，教养出唯命是从的子女，则于家无利、于国无益，实是害而不是爱。因此，父母对子女应当时刻放在心上，而不是放在嘴上，有时默默关注子女的成长，用身教代替言教，反而会取得意想不到的效果。所以，作为监护人的父母对子女应该“御而不御”，即“御中有不御，不御之中又有御”。“御”和“不御”皆须因子女的年龄、因事情的道理、因家庭的情况而异。

【经典案例及分析】

福特因“不御”放权而成大业

把权力授予员工让其拥有一定的自主性并不会削弱管理者的权力。授权是管理者最明智的行为，管理者最主要的职责就是进行重大决策，而不是插手所有的具体事务，把时间和精力浪费在可以交予别人来完成的小事上。在这一点上，亨利·福特给我们做了榜样，他十分善于识别员工的才能，同时也十分注意招揽人才，并根据他们的特点提供让他们施展才能的机会。

在零配件设计方面，埃姆及他领导的设计团队发挥了至关重要的作用。埃姆不仅专业技艺精湛，而且善于管理，在他的身边聚集了许多精兵强将：摩根那号称公司的“千里眼”，他负责的是采购工作，因为他有一种鉴赏机器设备的超常能力，只要到竞争对手的供应场上看一下，就可以弄懂新设备的制作工艺，然后将结果报告给埃姆，不久以后仿造或是被改进的机器设备就出现在福特的汽车厂里了；芬德雷特则是一名出色的“侦察兵”，他经常跑到公司以外的部件供应厂，估算对方的生产成本，一旦判断出哪种产品要涨价，他就建议福特厂马上中断同那家部件供应厂的订货，再根据自己的描述自行生产制造这一设备；“检验员”韦德罗则是一位精明强干的机器设备检验专家，他的职责是向埃姆汇报自动机床试车情况。正是在这群有才干助手们的帮助下，埃姆领导的设计团队为福特汽车的发展做出了巨大贡献。他们发明的新式自动专用机床，其中的自动多维钢钻可以从四个方向同时工作，只需几分钟就可以在汽缸缸体上钻出 45 个孔，这是当时世界上公认的最先进的设备，而埃姆也被认为是在汽车工业革命方面的杰出人物。

在企业经营管理方面的优秀人才，库兹恩斯则是一个代表。库兹恩斯对汽车业的经营有着丰富的经验，他聪明能干、善于交际、处事果断，而且精力充沛，工作富有热忱，且雄心勃勃。福特正是在他的帮助下在各地建立起了营销点，形成了完善的营销网络。

此外，推动福特汽车公司登上巅峰的 T 型车是在威利斯和哈夫的帮助下设计完成的，广告设计师佩尔蒂埃的天才创意进一步促进了 T 型汽车的市场销售。福特汽车公司拥有的世界一流汽车流水装配线，是在索伦森、马丁和努套的努力下建成的，他们还改进了福特汽车公司陈旧的装配技术和工序，提高了生产效率，进一步降低了成本。

在这些人才的共同努力下，福特汽车的面貌焕然一新，全美几乎千人以上的小镇都至少有一家福特汽车的代销点，汽车的销售情况十分喜人。虽然福特汽车制造厂不断刷新自己保持的汽车制造记录，但仍然有大批的订单供不应求。

人才都是渴望获得较大表现空间的，充分授权而不加干预可以营造出一种信任，使人才相信，他们正处在企业的中心而不是外围，他们所做的一切都是有意义、有价值的。由此，他们的潜能就会被激发，表现出决断力，勇于承担责任，并在一种积极向上的氛围中工作。这种工作氛围将会使他们对公司产生信赖和归属感，从而表现出极高的忠诚度。

每个员工的能力、性格是不同的，他们对不同工作的适应能力也各不相同。因此，管理者应该根据自己的标准识别那些有能力的员工，找到最适合某个工作职位的人并赋予他恰当的权力，让他们尽情施展才干，为企业发展贡献力量。只有这样，才能有效提高企业的生产效率，增强竞争力。

第19智　胜于易胜——不断壮大自己以谋求决定性优势地位

《孙子兵法·形篇》曰："见胜不过众人之所知，非善之善者也；战胜而天下曰善，非善之善者也。故举秋毫不为多力，见日月不为明目，闻雷霆不为聪耳。古之所谓善战者，胜于易胜者也。故善战者之胜也，无智名，无勇功。故其战胜不忒，不忒者，其所措必胜，胜已败者也。"意思是，预见胜利不超过一般人的见识，不算是高明中最高明的。激战而后取胜，即便普天下人都说好，也不算是高明中最高明的。这就像能举起秋毫称不上力大，能看见日月算不得眼明，能听到雷霆谈不上耳聪一样。古时候所说的善于打仗的人，总是战胜那些容易战胜的敌人。因此，善于打仗的人打了胜仗，没有智慧的名声，也没有勇武的战功。所以他们取得胜利，不会有差错。其所以不会有差错，是由于他们的作战措施建立在必胜的基础之上，是战胜那些已处于失败地位的敌人。

孙子打破世俗之见，提出"百战百胜，非善之善者也""不战而屈人之兵，善之善者也"。接着，孙子超越世人眼光，提出"战胜而天下曰善，非善之善者也"，发人深省地指出"无智名，无勇功"的"胜于易胜"才是善之善者也。无形的胜利才是善中最善的境界。鲁迅曾说过一段话，大意是：没有世故、不懂世故的人固然不好，但是，那种懂世故却让人们看出是世故的人，还不是真懂世故；那种很懂世故却让人们感觉不到他世故的人，才是真懂世故。用鲁迅的见解理解孙子"无智名，无勇功"的善中之善的思想，有相通的道理。不能打胜仗，当然不能称为善；但是，"百战百胜""战胜而天下曰善"，仍然不是"善之善者也"；唯有打了胜仗人们还感觉不到，这才是"善之善者也"。在江湖上，总以为好勇斗狠的才是好汉；在武林中，每以为能打擅胜的才算角色。其实，能屈能伸，能代人受过，能行大事担大任而不动声色、不露形迹者，才是了不起的人物。

俗话说："名贯若虚。"有实力的经营者往往深藏不露，看不出气势凌人之处；有潜力的大赢家常常凡人俗相，看不见眉飞色舞之貌。"深藏不露""凡人俗相"看似"败"，其实是"无奇胜"的"胜形"。

一个人处处显得聪明，不见得是件好事；平时傻憨憨的人，反而有大聪大明。那些张扬的、炫耀的"胜利"，其实没有内涵和底蕴。一个真正的剑客不是常常把剑挂在肩上的天涯流浪客，一个没有练多少年剑的人才会那般忍不住地展示。真正的高手，出手的时候没有杀气。"没有杀气"看似"败"。而许多人以为杀气越大，武功越高。其实正好相反，真正的高手，杀人不带杀气。"杀人不带杀气"也是"无奇胜"的"胜形"。不带杀气而又不引人注目地杀了人，才是“无奇胜”。

扁鹊的故事大家耳熟能详，有一天魏文王问名医扁鹊说：“你们家兄弟三人，都精于医术，到底哪一位最好呢？”扁鹊答说：“长兄最好，中兄次之，我最差。”文王再问：“那么为什么你最出名呢？”扁鹊答说：“我长兄治病，是治病于病情发作之前。由于一般人不知道他事先能铲除病因，所以他的名气无法传出去，只有我们家的人才知道。我中兄治病，是治病于病情初起之时。一般人以为他只能治轻微的小病，所以他的名气只及于本乡里。而我扁鹊治病，是治病于病情严重之时。一般人都看到我在经脉上穿针管来放血、在皮肤上敷药等大手术，所以以为我的医术高明，名气因此响遍全国。”从这个故事中我们可以看出，大哥善于“防患于未然”，把病消灭在萌芽之前，结果病人老是怀疑自己没病，大哥的名字天下不闻；二哥善于把病消灭在萌芽状态，结果闻名乡里；扁鹊善于在病入膏肓时让人起死回生，结果闻名天下。所以，真正的高手“无智名，无勇功”。

有一位住在山中茅屋修行的禅师，一天散步归来，看见自己的茅屋遭到小偷光顾。找不到任何财物的小偷正想要离开时，却在门口遇见了禅师。原来，禅师怕惊动了小偷，一直站在门口等待，且早把自己的外衣脱掉拿在手中。小偷遇见禅师，惊愕不已。禅师却说：“你走老远的山路来探望我，总不能让你空手而归呀！夜深了，带上这件衣服走吧！”说着，就把衣服披在小偷的身上。小偷不知所措，低着头溜走了。禅师看着小偷的背影消失在山林之中，不禁感慨地自语道：“可怜的人！但愿我能送一轮明月给他，照亮他下山的路。”

第二天，禅师在温暖阳光的抚摸下睁开眼睛，看到他披在小偷身上的外衣叠得整整齐齐地放在门口，禅师高兴地说：“我终于送了他一轮明月！”这个故事中的禅师，以充满仁慈的博大宽容、充满爱心的博大胸怀叫浪子回头，令邪恶归正，可谓“善战者之胜也，无智名，无勇功”。

同样的道理，在商战中如果通过激战而取胜，付出的代价很大，这能不能算是高明的做法，而掌握“胜于易胜”的法则，才能以最小的代价，获得商战中的最大胜利。在经营中运用“胜于易胜”的思想，可以从以下两个方面考虑：

首先，要善于选择目标。在商战中，要善于选择易于达到的目标，千万不要贪大求快，铤而走险。

其次，在商战中，领导者要善于寻找突破口，充分发挥现有条件，采取“有限目标，突出重点”的方针，循序渐进，要从小处着眼，积小变大。在激烈的商场竞争中，那些财匮力单的中小企业，何不另辟蹊径，拾市场之遗，补消费者之缺，生产一些赚钱虽少却是大路货、常用货的商品呢？其实有时以小积大反而是一条捷径。

【经典案例及分析】

一个普通村民"胜于易胜"的故事

有两个青年一起开山，一个把石头砸成石块运到路边，卖给建房的人；一个却把石头运到码头，卖给杭州的花鸟商人。他认为卖重量不如卖造型，因为这儿奇形怪状的石头会让那些城里人赏心悦目。3 年后，卖造型者成为村里第一个盖起瓦房的人。后来这儿成了果园，漫山遍野种满鸭梨招来八方客商，因为这儿的鸭梨，汁浓肉脆，纯正无比，被成筐成筐地运往北京、上海，甚至销往韩国和日本。就在村里的人为鸭梨带来的财富而欢呼雀跃时，那位曾卖过石头造型的果农卖掉果树，开始种柳。他发现，客商们不愁挑不到好梨子，只愁买不到盛梨子的筐。5 年后，他成为村里第一个在城里买房的人。后来，这里修了一条贯穿南北的铁路。便利的交通，使果农走出单一卖果的思路，这时他已想着如何开发果品加工及市场了。

就在一些人集资办厂的时候，还是那个卖造型的村民，在他的地头建起了四米高百米长的大墙。墙上书写着四个大字：可口可乐。据说这是五百里山川中唯一的广告，那堵墙的主人凭这四个大字，第一个走出了小村，因为他每年有 4 万元的额外收入。

一次，日本丰田公司亚洲区代表山田信一来华考察，当他坐火车路过这个小村时，听到关于这个村民的故事，被他罕见的商业头脑所震撼，决定下车寻找这个人。可是当山田信一找到这个人的时候，他正在自己的店门口与对门的店主大声吵架，原因是他店里的一套西装标价 900 元，同样的西装在对门店里的标价仅 850 元；他标价 850 元时，对门又标价 800 元。两个月下来，他仅批发出 16 套西装，而对门店却批发出 1600 套。

山田信一看到这种情形非常失望，认为被讲故事的人欺骗了。可当他弄清真相之后，决定以百万元年薪聘请他，因为对门的那个店也是他的。这个村民的成功就在于，他对目标的选择，以及对这个目标的实现有相当的把握。

第 20 智　以镒称铢——集中使用力量是普遍的制胜原则

《孙子兵法·形篇》中有这样一段话："故胜兵若以镒称铢，败兵若以铢称镒。胜者之战民也，若决积水于千仞之溪者，形也。"这里的"镒"和"铢"都是古代的重量单位，1 镒合 24 两，1 两等于 24 铢，也就是说，1 镒等于 576 铢。所以，孙武用镒和铢进行形象化的比喻，强调用兵要造成决定性的优势，胜利之师就如同以镒称铢，就像决开千仞之高的山涧积水一样，一泻万丈，这就是强大军事实力啊！

战争是人类社会复杂的社会现象之一，几千年来，人们不停地探索战争制胜之道。

有人认为，强胜弱败是战争的普遍规律，实力强大的一方总会打败实力弱小的一方。但是，如果强胜弱败是战争规律，是不是只要在战前比较谁强谁弱，就能知道谁胜谁败？战争难道仅仅是计算谁强谁弱？无数人研究战争，力图认识战争的规律。那么强胜弱败究竟是不是战争规律？从孙子兵法中我们可以看出，影响战争胜负的因素主要是两个方面：一是实力，二是智慧。光有实力，不知道诡道之术、不知道利用地形、不知道分合之变，不可能打胜仗；同样，光有智慧，没有实力，也是不行的。那么在实力和智慧二者中，谁更重要呢？是不是实力强的一方就一定能战胜弱的一方呢？

强胜弱败是概率不是规律。所谓规律，是事物发展过程中必然发生的联系。硬币抛向天空，一定会掉落下来，这是规律。而硬币掉下来，是正面还是反面，这是概率。如果强胜弱败是规律，那么在战争中，强一定胜，弱一定败。果真如此吗？首先，回顾人类战争史，强胜弱败不完全成立。从几千年有记载的战争来看，强不一定胜弱，以弱胜强的例子数不胜数。世界范围内，希波战争是以弱胜强的经典战例；在中国古代，赤壁之战、淝水之战等也是以弱胜强的著名战例。有人认为，以弱胜强是在强弱转化后夺取胜利的，实际上还是证明了强胜弱败。从大量以弱胜强的战例来看，确实有不少战争是弱者经过长时间积累，综合实力超过强者，并最终战胜强者的，但也有一些战例双方实力没有经过转换，一些高明的将帅凭借弱小之旅一战而胜强者。其次，从发挥人的主观能动性上看，强不一定胜弱。神机妙算的指挥运筹、不怕牺牲的精神勇气等都可能导致以弱胜强。粟裕在孟良崮战役中就是抓住敌孤军深入的弱点，一举歼灭国民党军整编第七十四师，体现了高明的指挥艺术。克劳塞维茨认为，防御这种作战形式就其本身来说比进攻强。许多战争就是因为弱者采取积极防御的手段，有效地消耗对手的有生力量而最后夺取战争胜利的。狭路相逢勇者胜，勇敢也是夺取胜利的重要砝码，是以弱胜强的精神利剑。最后，盖然性和偶然性也可能导致以弱胜强。无论军事科技和武器装备发展到何种地步，指挥员也不可能对战争中的情况做到绝对一清二楚，不可能完全消除战争迷雾。指挥员即使对战场经过细致考察，对计划进行了反复推演，对行动进行了周密部署，也可能因为自然因素和人为因素的影响，导致战争中出现各种盖然性和偶然性。而战争中的盖然性和偶然性，会使得战争结果扑朔迷离，强不一定能胜弱。

以田忌赛马为例，如果齐威王的下等马比田忌的上等马跑得还快，那么孙膑再有才恐怕也无济于事。工业革命后的英国所向披靡，建立了“日不落帝国”，并非是他们所攻击的国家没有军事人才，而是因为英国实力强大到产生了“代差”。只是相对强，正如齐威王的上等马跑得过田忌的上等马，但中等马却跑不过田忌的上等马，才给孙膑施展才能留下了余地。在相对强中，如果强的一方主观指导水平更高，赢的可能性很大；如果两方的主观指导水平相当，强的一方赢的可能性大；如果弱的一方主观指导水平高，弱的一方也有赢的可能性。由此，可以推测出：在赛马中，绝对强或相对强的一方赢的可能性更大，概率更高。如果把强分为绝对强和相对强两种情况，在这两种情况下，又各自分为主观指导水平高、相当和低三种可能，不考虑盖然性和偶然性的影响，就可以粗略算出，强胜弱败的可能性为六分之五，即达到约 83%的得胜概率。所以，实力强大胜算也会增大。

以决定性优势制胜才是战争规律。田忌赛马不过是双方各三匹马、固定的赛场和规则而已。而战争拥有千军万马的作战双方甚至多方，要复杂得多。但是，我们依然可以据此得出一些基本结论：战争力量具有决定性优势的一方一定能够战胜具有决定性劣势的对手，因为决定性优势限制了主观能动性发挥的前提条件，让劣势转化失去了可能和条件。比如，十个壮汉要打一个孩子，即便这个孩子再聪明，结果也毫无悬念。这里，决定性优势的衡量标准，包括参战人员数量、作战技术水平、装备的数量及现代化程度等多个方面，是一种综合作战力量。随着技术的发展和进步，装备技术和人员的科技素质在军队作战力量构成中的权重大大增加，不同的武器装备之间难以对抗。所以，各国想要谋求在未来战争中的决定性优势，就要把重点放在装备的现代化建设和人员的适应性训练上。

在商战中，实力强的一方同样在竞争中处于优势地位，以镒称铢，往往是商业竞争中战胜对手的有效方法。那么，企业如何才能充分发挥自己的优势呢？

一是要有数量优势。从军事上讲，数量就是兵力；从经济上讲，数量就是 GDP；从企业经营上讲，数量就是资金投入。总之，数量是最基本的，没有数量，就不可能达到孙子所说的“以镒称铢”的势态。例如，这几年各大城市迅速兴起的“共享单车”，就是投资方预测到中国有近 100 亿“共享单车”的市场需求，在短期内大量投资的结果。

二是打造质量优势。保持优势状态不能只靠数量取胜。孙子讲“兵非多益”而在于“精”，讲的就是注重兵员的质量和组织结构的精简。企业在市场竞争中靠的是产品和服务，产品和服务的质量是市场口碑，因此市场口碑就是企业生存的基础，也是形成企业核心竞争力的基本条件。质量优势需要数量支撑，同时也需要管理打造。比如“共享单车”虽然在投入上采用了“以镒称铢”抢占市场的办法，但不到一年，就有数家“共享单车”企业倒闭，其中最快的是南京本土的町町和酷骑两家共享单车企业。2016 年底它们一瞬间潮水般覆盖了南京城区，不到半年就在南京崩盘。由于町町、酷骑两家的共享单车在街面占用盲道，影响交通，车辆乱停乱放情况严重，南京各区城管人员便清理街面上所有乱停乱放、无人管理的町町单车、酷骑单车。由此可见，没有质量管理的“以镒称铢”投入，带来的不是真正的效益，而是对社会的危害！

三是发挥综合优势。现代社会的科技发展日新月异，让人的认知观念、生活劳动及应用手段发生了翻天覆地的变化。全球化视野、资讯数据化、制造力升级、资本控制论等，给企业经营提出了革命性挑战！在新形势下，如何才能让企业经营实力保持优势状态？成立于 1991 年的格力电器，在多年的发展中，成为全球最大的集研发、生产、销售、服务于一体的空调企业。“格力”品牌空调成为中国空调业唯一的“世界名牌”产品，业务遍及全球 100 多个国家和地区。格力空调在资金投入和产品数量上，以科技创新、质量优能、全能服务三种理念高度融合，在全球空调行业一直保持“以镒称铢”的竞争势头，形成了格力企业的核心竞争力。一个企业有了全球化视野、制造创新、大数据运用，就会获得资本；一个企业有了自己的核心竞争力，就会获得资金和市场。格力电器用它的发展轨迹，对《孙子兵法》揭示的“胜兵若以镒称铢”的规律做了最好的实战注释。

【经典案例及分析】

美军入侵巴拿马：杀鸡也用宰牛刀

1989 年 12 月 20 日凌晨 1 时，2.7 万名美军趁着夜暗，向巴拿马军队的 27 个重要目标同时发动了猛烈的突然袭击。导弹、坦克炮弹和迫击炮弹，暴雨般地泻向目标。接着，伞兵从天而降。巴国防军司令、政府首脑诺列加指挥巴军及准军事部队“尊严营”奋起抵抗，战斗十分激烈。但终因寡不敌众，仅 8 个小时就失去了有组织的抵抗能力。仅 15 个小时美军就控制了巴军的大部分兵营，推翻了诺列加政府。1990 年 1 月 3 日晚 8 点 48 分，诺列加被迫向美军投降。

在这场战争中，美军投入了决定性的优势兵力，以镒称铢，最终达到了速战速决的目的。下面是参战兵力对比：

美国陆军驻巴部队为第 193 步兵旅第 3 营，第 7 特种（空降）作战大队；派遣部队为第 18 空降军指挥组，第 82 空降师第 1 旅，第 18 空降军第 1 支援司令部，第 16 宪兵旅，第 7 步兵师 1 个旅另 1 个营，第 5 步兵师第 4 营。空军驻巴部队为第 24 战术空中支援中队，第 24 混合联队；派遣部队为军事空运司令部所属 20 个联队和 2 个大队的运输机，战略空军司令部所属 14 个基地的 26 个空中加油机中队，第 919 特种作战大队的部分 Ac-130 特种作战飞机，尚未正式入编的 F-117A 隐形战斗轰炸机。海军陆战队派遣部队为第 2 轻装甲步兵营 D 连，陆战队 6 团 3 营 K 连，第 6 架桥勤务支援大队 G 分遣队，第 1 舰队反恐怖警卫小队，海军陆战队警卫连。

美侵巴部队共 27081 人，其中陆军 18587 人，空军 3133 人，海军 1211 人（其中海军陆战队 690 人），特种作战部队 4150 人（其中陆军 2850 人，海军 500 人，空军 800 人）。

而巴军力量有限：陆军警察、国民警卫队共 1.1 万人；1 个空降分队、8 个轻步兵连，共计 3500 人。海军 400 人，巡逻艇 2 艘，国民警卫队船艇 2 艘，其他船艇 13 艘。空军 500 人，武装侦察机 4 架，运输机 8 架，其他小型飞机 8 架。“尊严营”民兵 8000 人。

巴陆、海、空三军共 1.54 万人，但实际参战人数约 6000 人。在 8000 名民兵中，实际参战人数约 1800 人。因此，虽然美巴双方兵力总数相近，但实际参战兵力对比却是 3.5:1。若以装备和训练程度相较，差距更为悬殊。

美军在侵巴作战行动中，以较小的代价，顺利地达成了其侵巴作战目标，实现了美国国家战略目的。首先，美军在 10 多个小时内摧毁了巴国防军和诺列加政权，使美国可以随心所欲地行使巴拿马运河条约的“权利与义务”而不受任何威胁。然后，美国扶植了吉列尔莫•恩达拉新政权。1989 年 12 月 20 日凌晨美军侵巴行动开始后，恩达拉便宣誓就任巴拿马总统，里卡多•阿里亚斯和吉列尔莫•福特就任副总统。美国政府马上宣布承认恩达拉新政权，支持“自由选举的巴拿马政府进行统治”。最后，建立了支持恩达拉新政府的公共安全部队。1990 年 2 月 10 日晚，巴拿马政府颁布法令宣布正式组建一支 1.3 万人的公共安全部队，以取代由诺列加领导的巴拿马国防军，负责维护治安和保卫国防。

万科的发展之路：一个大公司的减法

每一个企业经营者都想领先于对手，因为如果不领先，顾客就不会买你的产品，就会去买对手的产品。企业之间的竞争，往往就是市场的竞争。那么怎样才能够赢得更大的市场呢？市场竞争如同战争，最简单、最重要的原则就是集中火力。企业怎样才能集中力量，抢占先机，并且领先对手，是每一个企业经营者都感兴趣的话题。

万科集团在它的发展过程中最重要的一个策略就是做“减法”。1993 年，万科还是一个业务遍及 13 个行业的多元化公司，希望到香港发行 B 股却颇遭讥讽。靠多元化起家致富的王石，正得意地向基金经理讲着自己有 13 个行业，个个能赚钱，但是下面的基金经理似乎心不在焉。一位基金经理突然起身尖锐地问道：“万科的主业是什么？”猝不及防的王石和万科人当场目瞪口呆，不知如何作答。“如果买康佳，买的是中国的彩电业；如果买飞亚达，买的是中国的钟表业。而万科，我要买你什么？”基金经理们继续发难。“多元化是我们基金搞的，不是你万科搞的。你这风险最大，因为哪个行业你都站不住脚。”多年之后，王石仍然记得当时这堂让万科羞赧不已的深刻教育课。

万科第一个做的就是行业减法，退出与房地产无关的行业，把所有与房地产无关的项目全部裁掉。然后就是减品种，把精力集中在中高档房地产项目上。最后是区域减法，把能够盈利的项目集中在北京、天津、上海和深圳等区域。通过减法策略，万科集中力量，迅速发展壮大。

可见，大凡成功的企业都是专注在一个项目、一个产品、一个领域和最优秀的人才上，然后集中火力，各个击破，从而做到最好。这样企业做得更加专注，或者在某个点上做得更加精细。所以，你运作的企业即便很优秀，如果不够集中，依然很难把它做得更好。如果运作的企业没有上述那些公司那么优秀，或者没有那么强的实力，再或者没有那么好的资源，那就更需要在“集中优势力量”这方面特别加强了。这就是孙子兵法中强调的“以镒称铢”的道理。

在现实商战中，人们容易采用遍地撒网、广种薄收的做法，希望通过这种方式寻找安全感，然而这种多线作战、平均用兵的做法看似周全、万无一失，实际上很难真正带来安全感。只有集优势兵力打歼灭战，在局部领域提供不可或缺的价值，获得较高的市场地位，赢得用户的广泛认可，才能真正获得安全感。

如果把公司整体业务策略比作在一个大战场上集中优势兵力打歼灭战，每个业务方向也需要选择恰当的、相对较少的方向，在各自的小战场上，采用同样的战术。一旦选定方向，就要像猎豹一样迅猛行动，组织尽可能多的资源，进行歼灭式的作战，尽一切可能，在产品、市场营销和项目交付等领域做到极致，在领域专业性、产品成熟度、客户口碑、营销竞争力和案例数量等方面，形成明显的竞争优势，给对手设立竞争壁垒，对竞争对手形成压倒性的竞争压力，迫使其退缩，甚至放弃，从而获得局部战役的胜利，进而扩大战果，取得更大范围的胜利。那么，如何选择理想的作战方向，集中优势兵力打歼灭战，以获得好的战果呢？

第一，选择有时效的普遍刚需作为方向。这类方向一般源于监管的刚性要求、市场竞争所迫、业务发展所需，能在较短时间内形成爆发性的需求，有利于产品化并在短时间内大规模复制，从而提升效率，形成高价值的市场。反之，如果需求没有时效性，或者不是普遍刚需，市场需求往往不温不火，较难产品化；即便产品化，也不容易大规模复制，失去产品化的意义。这类需求形成的市场价值较低，不是理想的方向。

第二，选择没有明显优势地位竞争对手的领域作为方向，从而避开强敌，避免激烈竞争，这类方向往往源于新产生的市场需求。如果进入一个成熟市场，作为后来者，要在一个竞争对手明显占优势地位的市场中实现逆转，是非常困难的；炒别人炒过的冷饭，以为做一点小变革就能形成竞争优势，是不现实的。而先从新的市场需求入手，代价会小得多，且往往能带动相关业务的横向拓展。

第三，选择有较大业务价值和影响力的方向。在这类目标中形成突破，有利于在同一客户中进行其他业务横向渗透，也容易在这些领域中寻找商业模式的转型与升级机会。

集中优势兵力打歼灭战，切忌以下几点。

（1）选择的方向过大。选择力所能及的方向，才可能组织优势兵力，对自身的能力和资源要有客观分析和认识，啃不动的硬骨头不要硬啃，搬不动的石头不能硬搬。很多时候，在小方向上取得胜利，有利于未来在更大方向上取得成功。

（2）行动迟缓，贻误战机。战略上，要坚持慢工出细活、十年磨一剑，有战略定力和耐心，避免急功近利、欲速不达，争取全局的、全面的胜利。但战术上，要打闪电战，坚持速战速决，一求全歼，二求速决。

（3）做事不够“锐”。做不到极致，做不到极致快和极致好，满足于做过、做到八九不离十。集中优势兵力打歼灭战，做事“锐”、做到极致是基本的要求。

（4）选择过多方向。平均用兵，什么都舍不得放下，过去一直在做的放不下，认为已经投入这么多了，放弃了可惜；未来可能要发展的方向放不下，想着如果方向太少，万一不成功怎么办。毫无疑问，这些都是错误的做法。真正要选择少数目标，把大部分甚至是全部资源投进去，不容易做到，除了需要细致的分析、敏锐的判断之外，更需要勇气和决心，但这是比平均用兵更容易成功的做法。

第 21 智　势险节短——力量使用的绝佳艺术

《孙子兵法·势篇》曰：“激水之疾，至于漂石者，势也；鸷鸟之疾，至于毁折者，节也。是故善战者，其势险，其节短。势如扩弩，节如发机。”意思是，激流汹涌澎湃，以至于把大石头冲走，是由于流速飞快的态势；鹰鸷之类的猛禽，行动迅猛，可以捕杀别的鸟兽，是由于短促急迫的节奏。所以，善于指挥作战的人，能够造成的态势是险峻的，发起冲击的节奏是短促的。险峻的态势就像张满弓弩，短促的节奏就像扣发弩机。古代大军事家孙子以精练生动的笔调，论述了战斗部署应该去谋取压倒敌人的迅猛之势，并要善于用其制胜的道理，这种势就像可以漂起石头的激流，如同能快速捕杀鸟鲁的凶鹰恶鸷，相当于一触即发的张弦弓弩，具有不可抵挡的力量；用这种力量打击敌人，就能够以一当十，迅速歼灭对方。

闪击战是由古德里安创建的战争模式，也叫闪电战。它是第二次世界大战期间德军率先使用的一种由航空部队与装甲部队进行密切协同的战术战役模式，是“势险节短”思想在机械化时代最成功的应用。闪电战的基础是机械化，前提是制空权，在于空军、坦克、步兵的协同配合，战术在于一点两面。找到突破点，由炮兵打开缺口，装甲集群进入缺口并发展战果，机动步兵跟进。找到突破口的两翼，空军打开缺口 5～10 分钟后，装甲集群随后攻击，后面紧随机动步兵，迅速破坏敌指挥中心、通信枢纽、交通枢纽，并配合正面部队迅速合围敌主力步兵集团。

在商战中“势险节短”中的势险，往往是指剑走偏锋，从而造成意想不到的效果。这样的例子很多。英国有位老人，膝下无儿无女，又体弱多病，他决定搬到养老院去。于是，老人宣布出售他的住宅（交通极为方便、建得又极为漂亮）。很多人闻讯蜂拥而至，谁也不愿意错过这个机会。住宅底价从 8 万英镑，很快炒到了 10 万英镑，且价格不断攀升。这时，一个衣着朴素的年轻来到老人跟前，他弯下腰去低声道：“先生，我也很想买到这栋住宅，可我手里却只有 1 英镑。”年轻人看到老人有些诧异的样子，又十分诚恳地说：“如果您能把房子卖给我，我保证会让您继续生活在这里，与我一起读报、喝茶、散步，每天都会过得很快乐。我会用整颗心来关爱您！请相信我吧。”

老人颔首微笑一下，然后慢慢地站起来向人们宣布：“尊敬的朋友们，这栋住宅的新主人就是……”老人拍着身边的那位年轻人的肩膀说，“就是这个小伙子！”

这个小伙子用“势”击败了所有的竞争者，只用 1 英镑就使自己拥有了一处豪华住宅。因为他知道，现在的老人需要的是情感，是关爱与呵护，金钱对于他来说已经没有太大的意义了。

日本有一种叫“雅马哈”的乐器，深受人们的喜爱。“雅马哈”这个名字能享誉日本，乃至风靡全球，究竟是何原因呢？这当然与日本乐器公司的成功经营有着必然的联系。日本乐器公司原本是以加工乐器外壳等木制部件为主的机械设备厂，为了提高生产效率，降低成本，使其产品以质胜人，公司对过程和工艺操作进行了一系列的技术革新，其中生产木制部件的机械设备改革最为成功，使整个生产过程达到了高度自动化。这一项技术改造起到一箭双雕的作用，不但提高了经济效益，而且使公司的“雅马哈”机械也名扬四海了。

日本乐器公司紧紧抓住“雅马哈”之势，乘风破浪，多方出击，很快把一家资本微薄、生意平平的小公司，发展成一家资本雄厚、业务兴盛的大企业，并推动了整个乐器公司各项业务的发展。日本乐器公司首先利用其生产的各种乐器，大肆宣传，提倡音乐普及活动。20 世纪 60 年代初期，日本乐器公司就以“雅马哈音乐振兴会”之名，在日本各地开办雅马哈音乐辅导班，使人们逐步对音乐产生兴趣。1986 年，他们在日本国内举办音乐辅导班达 9500 多个，学员有 60 万人之多。

与此同时，日本乐器公司以“音乐无国界”为口号，使其音乐普及活动成为“雅马哈”走向世界的跳板。20 世纪 80 年代，日本乐器公司在世界 30 多个国家的 250 多个城市设有 500 多个辅导班，拥有学员 300 多万人。此外，每年还主办以“雅马哈”为名义的歌咏演奏比赛、世界民谣节等。随着音乐普及活动的推广，“雅马哈”的知名度更高了，买“雅马哈”乐器的人也多了。

随着“雅马哈”的声势越来越大，日本乐器公司开始以乐器为主，充分利用雅马哈机械的先进技术、生产家具、室内设备以及体育运动器材等，进行多种经营。不久又扩大和改进设备，生产摩托车。这些延伸产品均使用“雅马哈”这个品牌，很快也畅销起来。

【经典案例及分析】

富贵鸟为何最终走向破产

1984年，富贵鸟创始人林和平拿着仅有的4万元钱，跟19个堂兄弟一起创立了石狮市旅游纪念品厂，也就是富贵鸟集团的前身。但是，这个纪念品厂的生意并不是太好，五年下来，最终持股的也只剩下林和平为首的4个兄弟。

后来，他们被迫改变了经营战略，致力鞋业，并注册了“富贵鸟”这个品牌。所谓“穿上富贵鸟，超越大富豪”的口号可能就诞生于那个开疆拓土的年代。

1990年，富贵鸟就接到第一笔一万多双鞋子的出口订单。当时工厂的车间是由一个破瓦窑改成的，一天最多生产一百双鞋。没想到在这样的生产条件下，林和平做到如期交货、保证质量，调整后的企业第一年就实现“开门红”，当年卖出了10万双休闲皮鞋，相当于年计划产销量的10倍。

1991年，“富贵鸟”正式创立，且在1995年开始生产男装皮鞋、1997年将生产线扩张至女鞋。1998年至2012年期间，公司的皮鞋产品多次荣获“中国真皮鞋王”“中国驰名商标”“最具市场竞争力品牌”等多项称号及奖项。这一时期，富贵鸟还请了知名人物作为品牌代言人，更加扩大了知名度。根据行业报告，以2012年的零售收入计算，富贵鸟是全中国第三大品牌商务休闲鞋产品制造商及第六大品牌鞋产品制造商。2013年12月，富贵鸟在香港主板挂牌上市。当年营业额近30亿元，净利润达5.19亿元，而同期的知名鞋业并没有几家实力可以于之相抗衡的。可以说，当年的富贵鸟是男鞋行业的龙头企业，只要好好经营，前途不可限量。

在2014年企业销售只是微增之时，企业并没有意识到市场的变化，反而放缓了研发的进度。自此，富贵鸟经营业绩逐步下滑。2014年，在铸就企业盈利峰值的同时，也成为营收增幅的拐点。电商行业兴起后，富贵鸟没有改变经营策略，而电商让整个行业的市场价格更加透明。种种原因让富贵鸟的营收和利润直线下跌。

2014年，消费升级要求企业在垂直领域做好深耕准备，而富贵鸟恰巧错过了这一重要时期。电商的迅速发展，也对富贵鸟相对传统的营销模式造成了冲击。

和其他盲目多元化扩张的企业一样，富贵鸟通过自己在男鞋行业的地位，不断借钱投资，从而带来巨额负债，也就是说，富贵鸟陷入了多元化经营的泥潭。从2015年到2017年，富贵鸟旗下迅速滋生10家投资类企业，其中包括矿业公司、小额贷款公司等。由于根本没有理财经验，投资数额又很大，最终资金链断裂。

富贵鸟还是走向破产，盲目多元化扩张，负债近30亿元。这也为其他企业家敲响了警钟，企业在竞争中，“势”要尽可能险，而“节”要尽可能短。不要盲目贪大，不要把战线拉得很长，不要为了多元化扩张而债台高筑，企业一定要控制好自己的负债率，即便是多元化扩张也要持谨慎态度。

第22智　避实击虚——打击点的选择很重要

《孙子兵法·虚实篇》曰："进而不可御者，冲其虚也；退而不可追者，速而不可及也。""夫兵形象水，水之形，避高而趋下；兵之形，避实而击虚。"意思是，前进时势不可挡，是因为我军攻击的是敌人的虚弱之处；后撤时敌人无法追击，是因为撤军速度快，敌人追赶不及。用兵的规律像水，水的流动，是避开高处而流向低处；战争的胜利，则是避开敌人牢固设防之处而攻击敌人兵力薄弱的地方。

"虚实"是一对对立的范畴。怯、弱、乱、饥、劳、寡、无备等都是"虚"，而勇、强、治、饱、逸、众、有备等都是"实"。总之，军队的坚实、有利是"实"，军队的虚弱、不利是"虚"。无论是战争还是经营，都必须掌握敌我双方的虚实情况，做到避实击虚，以实击虚。唐太宗对孙子兵法中"避实击虚"思想给予高度评价："用兵识虚实之势，则无不胜。"

庖丁解牛是大家都非常熟悉的故事。牛的结构是很复杂的，但是只要掌握了牛的肌理，知道牛的虚实，就可以一刀下去，刀刀到位，轻松简单地解牛了。这样"避实击虚"来解牛，不会伤了刀口，使牛刀常用常新。世上的事情也是一样的，不管它多么复杂，都是有规律可循的，充分认识和掌握事情的内在规律，处理起来就游刃有余了。

那么，怎样做到"避实击虚"呢？孙子揭示了以下原则。

首先，明察虚实。为此，孙子提出四项察敌的方法："策之而知得失之计，作之而知动静之理，形之而知死生之地，角之而知有余不足之处。"即通过比较，分析敌人作战计划的优劣；通过挑动敌军，了解敌人的活动规律；通过假象示敌，就可以试探敌人生死命脉的要害所在；通过小规模的火力侦察，就能了解敌人兵力的虚实强弱。

其次，避实击虚。要善于转化虚实，变我虚为实，变敌实为虚，造成我实敌虚的有利态势，然后战而胜之。孙子认为，作战双方在兵力部署上的虚实是相互联系的。"故备前则后寡，备后则前寡……无所不备，则无所不寡。"这就是说双方的兵力部署，有实有虚，有众必有寡，有备的地方必有相对的无备之隙，处处设防，无所不备，就必然无所不寡。作为敌我力量对比的虚实是相比较而言的，通过人的努力是可以转化的。"乱生于治，怯生于勇，弱生于强。""能使敌人自至者，利之也；能使敌人不得至者，害之也。故敌佚能劳之，饱能饥之，安能动之。"说明只要经过努力，就可以使敌由逸变劳，由饱变饥，由安变动，由主动变被动。总之，孙子认为，"兵无常势，水无常形"，也像"五行无常胜，四时无常位，日有短长，月有死生"一样，永远处于变化之中。

在商业竞争中，“实”与“虚”表现在饱和与急需、密集与稀疏、优质与平庸、先进与落后、昂贵与低廉、充足与短缺、知名与无名、灵活与呆板、新潮与落伍等方面。“避实击虚”要从市场调查入手，了解市场的消费结构、消费趋势、消费变化、消费心理以及竞争对手的商品信誉、销售手段、商品价格、市场覆盖面等。然后，以自己的质量优势击败对方的低劣质量，以自己的新潮款式击败对方的落后款式，以自己的品种、花色齐全击败对方的死板单一，以自己的充足供应击败对方的货源不足，以自己的价格便宜击败对方的价格高昂，以自己的优质服务击败对方的服务质量差，等等。总之，“避实击虚”就要尽量避开对方长处，而以自己的长处击败对方的短处。

法国是世界公认的时装王国。在那里，人才辈出、才华横溢的时装设计师比比皆是，要想崭露头角不是容易的事。享誉法国和世界的时装设计大师卡芬女士便是脱颖而出的幸运者，她成功的秘诀就在于“避实击虚”。

在一般人的印象中，时装总是为那些个头高挑的女性设计的，而个子不高的妇女常常被忽略和遗忘。当时，没有哪一个服装设计师是专为个子矮的人设计服装的。卡芬女士生活在领导世界时装潮流的法国，对此有切身的感受。她从小就对服装有着浓厚的兴趣，并得到名师的指点，一直想开家服装店专卖自己设计的服装。但巴黎是时装的天下，竞争激烈，要有所发展非常困难。“专卖矮个妇女的时装”这一灵感激发了她，她决心用自己创造性的劳动，填补时装设计的空白，在时装王国里独树一帜。

“我的身高只有 1.55 米，在妇女中身材是比较矮的。”卡芬女士坦率地说，“年轻时看着时装展示会上那些长腿细腰的模特儿，我总在想，女性都爱美，美并不是高个子妇女的专利，个子不高的妇女也希望穿得漂漂亮亮，为什么没有人替她们设计时装呢？所以我选择了这一方向。”

1941 年，经过精心筹备，卡芬在巴黎金字塔大街开设了自己的服装店。她在设计时根据矮个妇女的特点，注意扬长避短，例如从不过多地袒胸露肩，袖子也避免蓬松臃肿。整个时装的风格自然大方，线条明快，富于青春气息。她开店之时正是德国法西斯占领巴黎时期，耀武扬威的占领军对法国人做生意有许多限制，但卡芬服装店由于具有自己的特色，开业伊始便被许多身材不高的妇女光顾。1945 年，德国投降后，卡芬把服装店移至香榭丽舍大街，并首次挂出“卡芬公司”的牌子。

由于卡芬专为身材不高的女性设计时装，做工又十分考究，公司总是门庭若市。就连当时演艺界一些身材不高的女明星，如维拉·克卢佐、索菲·多米埃等人都纷纷要求卡芬女士为她们设计演出服装。

时至今日，卡芬女士回忆起往事，仍禁不住情绪激动，神采飞扬。她庆幸自己当时没有卷入同行的竞争，而选择了这个当时无人竞争的领域。这个正确的决策，为她带来了巨大的成功。

避锐击惰与避实击虚，这样的计谋往往更有利于势单力薄的一方，因为只有避开强大对手的优势，才有可能争得一定的生存空间。卡芬女士的成功，足以让每个想要以弱胜强的有志之士借鉴，选好市场，创出特色，自己也会有“神采飞扬”的一天。

众所周知，新加坡以其健康快速的经济发展成为世界瞩目的亚洲“四小龙”之一。在一年一度举世公认的全球竞争力排行榜上，新加坡多年来一直处于领先地位。

考察和研究新加坡发展历史的人无一例外地发现，这个在 1959 年才摆脱英国统治获得独立的小小岛国走了一条与众不同的发展之路——新加坡人靠植树、栽花、种草，铺就了自己的强国之路。

新加坡缺乏令人羡慕的丰富矿藏，缺少维系农业发展的宝贵耕地，甚至没有足够的饮用水……它唯一的自然资源就是深水港。60 年代的新加坡，观光者看到的是破旧的巴耶利机场、市中心一些破败的小屋。新加坡第一代领导人李光耀清醒地认识到，在 60 年代独立之初，对于一个既无自然资源又无技术优势、劳动力素质又很低下的岛国来说，只有吸引外国投资才是立国之本。新加坡只能避大工业之实，就国家形象之虚，彻底改变新加坡的城市形象，使潜在的投资者确信新加坡是一个高效率、有成功机遇的国家，这才是关键战略。

历来的世界名城，不论是历史之都还是新兴之市，都有自己的主导产业，都有各自的特色。蜂拥而上的模仿者很少有真正成功的。新加坡人正是走出了一条有自己特色的发展之路。当时，为了树立国家和城市形象，新加坡人苦心孤诣，上至领导人下至平民百姓，人人都投身于一场旨在把一个四处沼泽、蚊虫肆虐的岛国改造成花园国家的全民绿化运动。他们谨记一点：园圃的修剪需要每天付出劳动，如果新加坡人都能把它做好，那就说明这个国家无疑能胜任更加系统化且有严格时间要求的工作——国家的现代化建设。

今天到访新加坡的人会发现，新加坡人不厌其烦地每隔一天割一次杂草，天天修剪草坪，精心培植花草树木，每一处都是无比细心的规划。因为他们明白，“花园国家新加坡”是他们为之骄傲的国家形象，是新加坡雄厚经济实力的起点，由此托举起一个世界名城和富裕国家。这种独具特色的发展思路是“避实击虚”策略运用的杰出典范。

避开常规的发展道路，而采取具有自己特色的途径，选择绿化、美化而不是发展工业，吸引外国投资来发展本国经济，新加坡走出了一条与众不同的强国之路。正是这条绿化之路，使新加坡走向了世界。

【经典案例及分析】

电商平台拼多多是如何异军突起的?

拼多多成立于 2015 年 9 月，是一家专注于 C2B 拼团的第三方社交电商平台。用户通过发起和朋友、家人、邻居等的拼团，可以以更低的价格，拼团购买优质商品。

拼多多的购物逻辑主要围绕拼团模式设计，用户可以选择一件开团也可以单独购买，单独购买优惠力度肯定没有拼团大，价格上的对比鼓励用户选择拼团模式。下单成功以后可以将拼团信息发布到朋友圈、微博等社交圈子，也可以由 App 内有同样购买需求的陌生用户组团。一旦达到拼团人数的条件，就被认定为拼团成功，各个买家将获得优惠的拼团价格，且商品将分别发货。若无法满足拼团要求，则拼团失败，付款金额将返回给用户。

截至 2018 年 6 月，拼多多活跃用户达到了 3.44 亿，超过了美国人口总数（3.27 亿）。如果以 1000 亿元网站成交金额（Gross Merchandise Volume，GMV）作为里程碑的话，京东用了 10 年，淘宝用了 5 年，而拼多多只用了 2 年零 3 个月，这就是拼多多野火般的扩张速度。

拼多多究竟胜在了哪里？创始人厉害在哪里？

在淘宝上一件商品卖 29 元，在拼多多上可能卖 19 元；如果能找到五个朋友和你一起买，也许还能以 9.9 元的价格买下并且包邮。早期依靠这样大量 9.9 元包邮的产品，拼多多构建起了一个 GMV 过千亿、仅次于阿里巴巴和京东的中国第三大电商平台，而且只花了两年多时间。

在拼多多平台上交易的信任发生转变，从信任平台转变到信任亲友。有了亲友的背书，让用户变得更加放心购买。

拼多多解决了商家的什么问题？电商流量与销量问题。目前，淘宝、天猫、京东等平台的获客成本越来越高，订单开始逐步往头部集中，因而需要新的平台来满足新的商家的电商获客需求。

拼多多起于无声之中，一线城市的人可能根本还没有听过它，等它出现的时候，体量已经极其庞大，这个成长路径不难让人想起当年的快手和今日头条。“农村包围城市”这套战略在现在依然适用，当城市的人听说拼多多的时候，它已经成为一方霸主了。这就是避实击虚的功效！

第 23 智　速战速决——两军争战贵胜不贵久

《孙子兵法·作战篇》曾写道：“其用战也胜，久则钝兵挫锐，攻城则力屈，久暴师则国用不足。夫钝兵挫锐，屈力殚货，则诸侯乘其弊而起，虽有智者，不能善其后矣。故兵闻拙速，未睹巧之久也。夫兵久而国利者，未之有也。”这一段话的意思是，作战只求胜利，用兵久了会挫伤战士士气，进攻敌人的城池也会缺乏战力，国家的经济也会受到巨大的消耗，其他国家也会趁虚而入。所以为求用兵精巧而进军缓慢，最终获利的战例，从来没有听说过。在《九地篇》中，孙子又再次提出“兵之情主速”，强调战争要速战速决。

自然界有一个基本规律：大鱼吃小鱼，快鱼吃慢鱼，处于食物链上层的动物，一般而言，不是个头大，就是运动敏捷、速度很快的。比如，狮子、老虎体形很大，但是，狼和豹却因跑得很快而让狮子、老虎吃不了。在海洋生物中更是如此，鲸鱼无疑是最大个头的，但是，最可怕的却是鲨鱼，因为除了凶狠，它们捕食的速度实在太快。“天下武功，唯快不破”，速战速决是制胜的重要原则。

在军事上，“速战速决”这个用兵原则主要针对的是打一场决定性的进攻战役，而不是拖入到持久战中。持久战就意味着长时间的对峙消耗，这对很多国土资源小的国家来说是灾难性的，对峙的时间越长，很多不可控因素就会出现，出现不利局面的可能性就越大。霍去病破匈奴就是极好的例子。霍去病是名将卫青的外甥，善骑射，用兵灵活，注重方略，不拘古法，勇猛果断，善于长途奔袭、快速突袭和大迂回、大穿插作战。初次征战即率领800骁骑深入敌境数百里，把匈奴兵杀得四散逃窜。在两次河西之战中，霍去病大破匈奴，直取祁连山。霍去病是把“闪电战”发挥得淋漓尽致的一代名将。

第二次世界大战中，德国凭借闪电战所向披靡，横扫当时号称陆军第一强国的法国。在侵略苏联前期，也是进军神速。但是进入苏联腹地，却由于战线拉得过长而陷入持久战。长期的持久战消耗了德国巨大的经济实力和军事生产力（当时德国军工生产的武器近3/4用在了苏联战场，苏联战场的军队占总军队人数的2/3）并最终导致战事的逆转。

在商业竞争领域，时间也是制胜的重要因素之一。谁能根据形势变化、快速调整经营策略，谁就能率先占领市场，占据市场制高点，赢得竞争主动权。

【经典案例及分析】

东鹏特饮快速抢占饮品市场

成立于1987年的东鹏饮料集团，成立之初以生产凉茶和饮料为主，但业绩一直不甚理想，也很少为外人所熟知。直到1997年，功能饮料东鹏特饮的诞生，让东鹏饮料集团开始踏上新的转型发展之路。中国功能饮料市场竞争日渐激烈，想要快速扩大营收规模，东鹏特饮的紧张和压力不言而喻。东鹏特饮的成功，主要取决于对市场的快速分析、快速判断、快速决策，以及快速而强大的执行力。

当时，时任东鹏销售总经理的林木勤决定从控制成本着手，对产品的包装进行了差异化处理，2003年9月完成国有企业向民营股份制企业的改制，主营业务逐渐转移到东鹏特饮维生素功能饮料，其他业务占比较少。

为了对抗红牛，东鹏特饮迅速作出决策，在产品和市场上，故意与功能饮料“老大”红牛走迥然不同的路。例如，红牛使用罐装，东鹏特饮就使用瓶装；红牛走高端路线，东鹏特饮就选择下沉，在中低端市场和三四线城市深耕，目标消费人群是在广东打工的体力劳力者。

虽然立足于华南区域市场，但是东鹏特饮显然并不满足于此。据东鹏特饮官网显示，从 2013 年开始，东鹏饮料开始迅速进军全国市场。在业内看来，企业一旦想要扩大规模，就必须要全国出击，低端肯定不是长久之计。一组行业数据显示，2018 年东鹏特饮业绩呈两位数增长，在营销上，2018 年东鹏特饮更是斥资超过 2 亿元先后取代红牛成为中超联盟赞助商以及成为 CCTV 世界杯转播赞助商，成为功能饮料中红牛最强大的对手。

随着社会的发展，曾经还比较冷门的功能饮料行业，如今已变成饮料行业的必争之地，这对于东鹏特饮来说，无疑是一个大挑战。面对竞争激烈的战场，东鹏特饮又果断下定决心，不仅仅是要抢占一二线城市和北方市场，还不得不设法保住自己的份额，采取降价的策略。

从 2018 年开始，东鹏特饮就进行了大幅度的降价，比如原本售价 6 元/罐的东鹏特饮降至 3.5 元/罐。突然的降价，也引来了经销商们的反映，在北方市场，东鹏特饮的销量并不理想，虽然降价能够促进销量，但东鹏特饮制订了较高的全年销售任务，经销商很难拿到任务返点，经营压力并未因降价有所缓解。从目前的发展态势来看，降价策略确实符合东鹏特饮二三线市场的品牌定位，也能帮助其快速争得一部分市场，但在未来，东鹏特饮能否快速走向全国仍然是个难题。

第 24 智　践墨随敌——敌变我变方能稳操胜券

《孙子兵法·虚实篇》曰："水因地而制流，兵因敌而制胜。故兵无常势，水无常形；能因敌变化而取胜者，谓之神。"意思是，水受地形的制约而形成不同流向，用兵作战则是根据不同的敌情而决定不同的制胜之策。所以，用兵作战没有一成不变的态势，没有一成不变的模式。能根据敌情变化而取胜的，才可叫作用兵如神。在《九地篇》中又进一步指出："践墨随敌，以决战事。"意思是说，选择作战方向、制订作战方针、实施作战计划，都应遵循作战规律，都要随敌变化，随敌行止，千万不要墨守成规。

"践墨随敌"是用兵方略的又一条极为重要的原则。军事谋略要以唯物辩证法为指导，具体情况具体分析，一切以时间、地点、条件为转移。"兵无常势，水无常形。"必须着眼于战争的特点和发展，从实际出发，活用原则，切忌墨守成规和囿于经验，也不能因循守旧，故步自封。根据敌情发展，真正做到敌变我变，采取相应的对策，从而克敌制胜，只有这样的将领才堪称用兵如神。

公元 198 年，曹操假天子之命，兴兵讨伐南阳张绣。由于对方固守南阳城，两军激战，但久攻不下，曹操内心十分焦躁，一直在苦苦思索，试图找到一种能够达成"出其不意、攻其不备"的进攻方法。曹操亲自骑马围着南阳城巡视，无奈张绣处处守备森严，根本无可乘之机。直到第三天，他终于惊喜地发现张绣守城的一个破绽：东南角城墙的砖石，新旧不一，而且鹿角多遭毁坏。

足智多谋的曹操想起韩信"明修栈道，暗度陈仓"的妙计，他立刻传令在城西北堆积柴薪，召集诸将，摆出了集中攻西北方向的架势。实际上，却秘密命令军队准备攻城器具，试图从东南角突袭入城。

张绣早就见曹操骑马绕城观察了三天，如今又见曹军在西北角堆积了许多柴薪，心中大喜，准备下令军士们严守西北角。谋士贾诩说道：如果我们严守西北角，城必败，张绣惊异地问道：此话怎讲？

"曹操围着城墙看了三天，我也在城墙上看了他三天。曹操见东南城角砖石多有毁坏，打算从此薄弱环节进攻。可他明里却在城西北堆积柴草，想骗我军将主力放在西北方向守卫，好趁黑夜从东南角攻进城内。"贾诩回答。

张绣惊问："那我们怎么办？"贾诩想了一会儿，说："这个很容易，我们不妨将计就计，令精锐士兵饱食轻装，藏匿于东南房屋内，让百姓假扮士兵，摆出尽力防守西北的样子，到了晚上，等曹军在东南角爬城墙进城后，伏兵齐起，他们猝不及防，必败无疑。"

得知张绣集中兵力到西北角上呐喊鼓噪，拼力守城，而城东南防卫却十分空虚，曹操大笑道："张绣中了我的计！"便命令部分军队佯攻西北角，精锐主力则秘密在东南角做好爬城准备。晚上二更时分，曹操率领着精锐主力悄悄地爬上了城墙，砍开鹿角，只见城中没有任何动静，他们便一拥而入。忽然，听得张绣的伏兵四面冲杀出来！曹操突遇意外，顿时手忙脚乱，又经不住对方精兵勇猛掩杀，败退出城，溃散数十里，损兵折将五万余人。

现代商战中，如果随着环境的改变、物资需求的变化，而你又能想出新办法，等待某种时机的出现，那就可以说对商战技巧的运用已达到出神入化的境界了。精明的日本神户体育场管理者，就成功运用了这一变废为利的法则。

日本神户的体育场，曾在 2002 年进行过世界杯巴西队与比利时队的比赛。之后，草皮因场地翻修而剥离，体育场高管看出了这一商机，就打算将剥离的草皮分割出卖。因为体育场的高管认为，踏过这草坪的不仅是两个世界强队，更有被称为世界足坛第一人的罗纳尔多，众多球迷一定不会错过这个购买的机会。果然不出所料，推出的第一天，就有近千名球迷排成长队，竞相购买收藏。

一个很早就赶来排队的家庭主妇原山称，她将把这块买来的草皮命名为"罗纳尔多草坪"，种植到自家的院子里。

本来打算卖出 2000 块草皮，但因时间仓促，来不及多做，结果决定只出售 900 块。15 厘米见方的一小块草皮标价为 200 日元。十几分钟后，草皮售完。这时管理者看到不少人因买不到草皮而惋惜，便灵机一动，把看台上的 80 位坐席也出售了，每个售价 2000 日元，大概只用了 20 分钟就全部卖完了。

美国人莫尔顿也是一个在商战上善于应变的人物，他在纽约办了一个世界上最大的"以物易物"公司，每年的营业额数以亿计。多年来，从莫尔顿手上做交换贸易的货物数不胜数，货物类别亦十分广泛，大至汽车，小至体育和家庭用品，甚至包括蝙蝠。这样做的结果，不但使莫尔顿赢得巨利，而且还能帮商人解决积压货物的问题。

还有这样一个人，他巧妙地根据市场需求的变化而变化，以至达到变废为宝。这个人就是美国的斯塔克。美国的一座有百年以上历史的女神铜像翻新后，现场留下了 2000 吨废料。这些东西既不能就地焚化，也不能挖坑深埋，清理装运到相距很远的垃圾场，运费又十分昂贵。许多人眼睁睁地看着这一大堆废料，毫无办法。这时，斯塔克自告奋勇地承包了这件"苦差事"。他对废料进行了分类利用，如把废铜皮改铸成纪念币，把废铁做成纪念尺，把水泥碎块做成小石碑，甚至把朽木、泥土也装在透明的盒子里，制成女神铜像纪念品。这样一来，本来一文不值、难于处理的垃圾，顿时身价百倍，人们争相选购，2000 吨废料被抢购一空，斯塔克本人也因此发财。同样是经商，同样是贩卖货物，为什么有人拥有很好的商品而找不到买主，而莫尔顿和斯塔克却一个能"以物易物”，一个能“变废为宝”呢？这主要是他们善于抓住购买者的心理，随机应变，生产出合乎市场需求的产品。

【经典案例及分析】

奇虎360为什么屡“剿”不灭？

奇虎360是中国最大的互联网和移动安全产品及服务提供商，公司创立于2005年，是互联网免费安全的首倡者，先后推出360安全卫士、360手机卫士、360安全浏览器等国民级安全产品，“360”已成为国内家喻户晓的网络安全领导品牌。根据第三方艾瑞咨询的数据，截至2018年12月，公司PC安全产品的市场渗透率为96.98%，平均月活跃用户数平稳保持在5亿以上，安全市场持续排名第一；PC浏览器市场渗透率为82.11%，平均月活跃用户数超4.3亿；移动安全产品的平均月活跃用户数达4.63亿。

奇虎360独特的“免费”营销理念注定其会遭到各路对手的“围堵”，其发展不会一帆风顺：2006年8—10月，360安全卫士推动反流氓软件运动，引起媒体大范围集中报导，其中CCTV《新闻联播》《午间30分》《东方时报》《新闻调查》等国内知名媒体均对此进行了跟踪报道。此活动引发全民反流氓软件运动，并引起官方重视，中国互联网协会等相关协会与信息产业部纷纷介入。2007年2月，360安全卫士发起网民投票活动，公开征集网民对“360安全卫士”的意见和建议。活动期间有超过9万的网民参与了投票，其中九成网民表示支持360安全卫士反恶意软件的行动，更有近2万条网友留言力挺360安全卫士。2007年06月，360安全卫士推出木马程序查杀功能。这是国内首款免费、专业的木马查杀功能。同年10月，360安全卫士用户量超过瑞星、金山，成为国内用户量最大的安全软件。2010年11月，奇虎360与腾讯QQ对战（俗称3Q大战）。2010年11月9日，金山、百度、搜狗、傲游、可牛五家公司联合宣布，旗下客户端软件将不兼容360系列软件，这是中国互联网历史上最大规模的不兼容事件。2010年11月21日，在工信部与公安部门的介入下，奇虎360与腾讯QQ全线兼容。2013年9月，由于在旗下手机安全软件360手机安全卫士中推出了一个新功能，能够帮助用户识别并卸载手机里面的预装软件，奇虎360再一次陷入重重“围剿”：小米科技、联想集团在其制造的手机自带的应用商店中下架了360的产品，而百度、搜狗等互联网公司也宣布将发起对360的诉讼。

奇虎360践墨随敌，应变自如，一次次化解危机，越战越勇。360的“3+1”的发展战略稳步推进，其中“3”包括国家安全大脑、城市安全大脑、家庭安全大脑。“1”为互联网战略，包括360搜索、信息流、游戏、导航、短视频等业务。三级安全大脑致力于保障大安全时代的国家安全、城市安全、家庭安全，互联网的内容商业化，为安全技术创新提供强力支撑，助力360打造大安全时代的“新增长极”。

战法应用篇

第25智　兵以诈立——做好伪装才能隐蔽作战企图

《孙子》中有两大制胜之“道”：一是正道，二是诡道。孙子认为，战争的胜利既要用正道又要用诡道。在《计篇》中，孙子曰“兵者，诡道也”（用兵打仗应以诡诈为原则）。《军争篇》中又强调“兵以诈立”（用兵打仗要依靠诡诈多变才能成功）。“兵行诡道”的提出不仅在中国战争史上，而且在世界战争史上树起了一座伟大的丰碑，这是人类军事思想的一次解放和创新，是对军事斗争本质的最深刻认识和阐述。

戚继光在《止止堂集》中指出，《孙子》的诡道变诈之术，究其实质而言实际上是运用智慧的问题，其性质取决于用兵之人。君子用之即为权谋，小人用之则为权术。所以我们要从智慧运用的角度认识战争中的诡道：此“道”仅是战争取胜所使用的手段而已，好坏善恶全由使用者及其所从事战争的正义与非正义性质决定。

在《计篇》中，孙子曰：“兵者，诡道也。故能而示之不能，用而示之不用，近而示之远，远而示之近。利而诱之，乱而取之，实而备之，强而避之，怒而扰之，卑而骄之，佚而劳之，亲而离之，攻其无备，出其不意。此兵家之胜，不可先传也。”意思是说，用兵打仗应以诡诈为原则。因此要做到：能打，装作不能打；要打，装作不要打；要向近处用兵，装作要向远处用兵；要向远处用兵，装作要向近处用兵。敌人贪利，就用小利引诱他；敌人混乱，就乘机攻取它；敌人力量充实，就注意防备他；敌人兵强卒锐，就暂时避开它；敌人气势汹汹，就设法干扰它；敌人辞卑慎行，就要使之骄横；敌人休整良好，就要使之疲劳；敌人内部和睦，就要设法离间他。要在敌人没有设防的地方发动攻击，在敌人意料不到的时间采取行动。这是军事家指挥的奥妙，是不可预先讲明的。

《孙子·计篇》中的诡道，学界给了它一个文绉绉的说法——“诡道十二法”。有人也为此指责孙武开了兵行诡诈之先河。但是，战争就是战争，关系老百姓的生死、国家的存亡。孙武是先讲谋略制胜，后讲战胜攻取，这本无可厚非。

1. 能而示之不能

“能而示之不能”是其中的第一条诡道。这条诡道意为：能攻假装为不能攻，能守假装为不能守。也可以理解为“能打，装作不能打”。孙子列举了十二条诡道之后，耐人寻味地说“此兵家之胜，不可先传也”。孙武认为，这是军事家克敌制胜的奥秘，不可以事先讲明、泄露。其实，“能而示之不能”的诡道旨在挑明一切的“能”要示之以“不能”。因此，解读并运用“能而示之不能”应对“能”作广义的认识。

《六韬·发启》有一段论述可谓是对“能而示之不能”的妙解：“鸷鸟将击，卑飞敛翼；猛兽将搏，弭耳俯伏；圣人将动，必有愚色。”意为：雄鹰恶鹞准备向猎物发起袭击，先收缩着翅膀盘旋低飞；凶猛的野兽准备捕捉食物，先抿着耳朵把身子贴伏在地上不动；聪明的人准备进行大的举动，常常表现出一副愚笨的样子。由此可见，“能而示之不能”属于隐蔽、伪装用兵企图的计策之一，它是大的军事行动前主将所采取的一种欺敌手段，目的在于让对手不疑于己，无备于己，以待时机成熟，向敌发起突然袭击。

春秋时期吴国名将伍子胥的朋友要离，是一个身材瘦小的人。他每次和别人比剑时总是先取守势，等到对方发起进攻，眼看那剑锋快挨着他的身子时，才灵巧地一闪，避开了对方的剑锋，然后突然进攻，刺中对手。因此，他成了无敌的击剑能手。伍子胥向他请教取胜诀窍，要离说：“我临敌先示之以不能，以骄其志；再示之以可乘之利，以贪其心。待其急切出击而空其守，我则乘虚而突然进击。”后来，要离在伍子胥的引荐下，替吴王去刺杀庆忌，也是依靠了“能而示之不能”的诡道。可见，以“不能”的假象掩盖“能”的实质，往往最终取得了“胜”的结果。

孙膑和庞涓都是鬼谷子的学生。庞涓忌孙膑才华，设计陷害孙膑。孙膑识破后，为了脱身便开始装疯。史书上说，他一会儿大哭，一会儿大笑，一会儿又做出各种傻相：不是手足狂舞就是说话颠三倒四。庞涓怀疑他装疯卖傻，叫人把他扔进厕所的粪坑里，孙膑就抓厕所里的粪便吃。庞涓又让人献上酒肉，孙膑就把这些食物打翻在地，并骂不绝口：你们想毒死我啊！孙膑深谙“能而示之不能”之道，就连老谋深算的庞涓也相信他是真疯了。

装疯脱身，不是孙膑的独创，历史上行此诡道者比比皆是。明朝开国皇帝朱元璋曾是和尚出身，故而忌言“光亮”。一次，他一位妃子的父亲无意失言漏出“光”，于是也装疯避祸。朱元璋不信，直到派人侦察，得知“老丈人”吃狗屎才作罢。不过这位“老丈人”吃的狗屎却是用面粉做的。

魏晋时期的大名士阮籍，面对天下纷乱、士人多有丧生的情况，决心不出仕做官，不谈论政治。于是，每天以饮酒酣醉为事。司马昭想要为儿子司马炎向阮家求亲，阮籍却一醉六十天。司马昭始终得不到说话的机会，只好罢休。钟会几次访问阮籍，向他询问时事，想要抓住阮籍的把柄陷害他。可是，阮籍却总是一副烂醉之态，没有给钟会一句口实，以此保住了性命。

东汉末年，刘备被困在曹营，整天在后院里种菜，曹操煮酒论英雄，窥测刘备的志向，刘备则“巧借闻雷来掩饰”，蒙混过关。

现实生活中，有的人在单位才干出众，受领导赏识，为了平衡同事心态，故意显露出自己的不足，让人嘲笑；有的人在装修房子时，深入调查市场，货比三家，所购之建材物美价廉，却故意把价格说得很高，以此平衡邻居的心态……凡此种种，都是“能而示之不能”。

“能而示之不能”的诡道，可以反用为“不能而示之能”。汉武帝时，令匈奴闻风丧胆的“飞将军”李广，可谓是大智大勇。有一次，李广率百余骑兵追杀三个匈奴射手，不料与一大队匈奴骑兵遭遇，对方足有几千人，黑压压一片。李广的士兵被这突如其来的情况吓呆了。李广却镇定地说：“我们已经离开大营几十里，如果往回跑，敌人一定会追上来，我们这一百来人就会被消灭。现在大家只有保持镇静，迎上前去，匈奴兵准以为我们是来引诱他们的，一定不敢攻击我们。”士兵们一向佩服李广的胆略和智慧，很快镇定下来。

李广带领大家缓慢地迎向敌人，到了离敌人只有两里远的地方，发出命令：“一齐下马，卸掉马鞍！”士兵们急问：“敌人离我们这么近，万一打过来怎么办？”李广说：“不用担心，这样做敌人就更加相信我们是来引诱他们的了。”果然不出所料，匈奴的大队兵马遇到李广时，其将领就感到很奇怪，怀疑这百余名汉兵另有所图，于是命令全军摆开阵势，仔细观察汉兵动静。看到汉兵不仅没有被吓跑，反而迎上前来，匈奴将领便怀疑汉军使用诱敌之计，命令守住阵脚，不准贸然出击。为了进一步证明自己的判断，匈奴将领命令一骑白马的将军率领一支小分队前去挑战。李广见状，纵身跃上马鞍，只带十几人迎战，只一箭就射死了那个白马将军，匈奴兵吓得抱头鼠窜。李广也不追赶，从容不迫地返回原地，下了马，卸了鞍，很随便地与士兵们躺在一起。匈奴将领把这一切看得真切，更相信自己的猜测是正确的。天色渐黑，夜幕笼罩了整个大草原，匈奴将领心虚了，他联想以前误中汉兵埋伏的可怕情形，生怕眼前的汉兵再玩花招，于是传令全军连夜撤退。就这样，李广凭借智慧胆略，“不能”而示之“能”，最后安全返回营地。

在现代战争中，也不乏使用“不能”而示之“能”的案例。1982 年 4 月发生的英阿马岛战争，英军远离本土 13000 公里，阿根廷军队在武器装备和人员数量上都占有优势。但是，英国人制造了“不能而示之能”的现代“神话”。

首先，英国有意夸大其作战飞机的数量。通过新闻媒体对外传播“非官方人士”消息，说有 60 架“鹞”式战机将参加马岛上空作战，而实际数不超过 20 架。在“大西洋运送者”号集装箱货船驶进南大西洋时，报道上说上面载有 20 架“鹞”式战机，而实际才 5 架。英国国防部也曾宣称，有一批“鹞”式战机在空中加油后，至大西洋中部阿森松岛稍作停留后将飞往马岛，新闻报道将加油的“鹞”式战机说成 20 多架，实际上那只是补充失事的 2 架“鹞”式战机。

其次，英国还试图加剧阿根廷新兵害怕被训练有素的英国军队所杀死的恐惧感。赴马岛的英军中有骁勇善战的尼泊尔廓尔喀人。当被征用的“伊利莎白二世女王”号豪华客轮从索斯安普敦启程时，广为报道的消息说，船上运载的部队包括英国第5步兵旅所属的廓尔喀步兵营。报纸上还登载了这些为英帝国服役悠久的尼泊尔战士们手持锋利的廓尔喀弯刀的照片。这种虚张声势的“不能而示之能”，使阿军士气大挫。在古斯格林，450名英国伞兵俘虏了1300名阿军士兵；在斯坦利港，4000名英军迫使上万名阿军不战而降。

2. 用而示之不用

“用而示之不用”是《孙子·计篇》提出的十二条诡道中的第二条。这条诡道意为：实际要打而显示为不打。说得更直白些，就是“要打，装作不要打”。其要旨是实际要“用”而显示为“不用”。因此，解读“用而示之不用”应对“用”作宽泛的认识。

北宋皇祐四年（1052），宋代名将狄青率军讨伐盘踞在昆仑关的反宋敌军。宋军到达战地时正临近元宵节，狄青宣布全军放假十天，休息待命。自元宵节起，又安排三天节庆宴会。第一天，狄青亲自主持了筵席，诸将开怀畅饮，通宵达旦，一醉方休。第二天，狄青又亲自主持筵席，饮酒行令至二更时分，突然乌云遮月，风雨交加。就在这时，狄青忽然双手捂住腹部，口称身体不爽，退到后面休息。没多久，派人传话道：“元帅请孙沔将军代为劝酒，吃了药再来陪宴。”谁知直到五更时仍不见元帅回席，众人正纳闷，却见军使跑来呼道：“狄帅已在三更时攻下昆仑关了！”这个出人意料的捷报让众人目瞪口呆，不敢相信。原来，狄青早已意识到夺取昆仑关不能单靠强攻，故而，以十天休息三天饮宴的“不用”麻痹了敌人，诱使敌军在宋军畅饮时也聚众畅饮。狄青却早已暗中部署侦察敌情和袭击计划，所以能突然袭击，破关败敌。

公安战线上的侦察、破案、治安、审讯等过程中，也经常会采取“用而示之不用”的诡道。飞车贼杨某落网了。在侦察员对其的审讯过程中，杨某敷衍了事，避重就轻，极力抗审。经过多次交锋，侦察员无功而返。于是，杨某被送进了看守所。管教民警谢某仔细分析了杨某的个案之后，决定采用欲擒故纵之计，用不理不睬的办法对付杨某。他只是按常规对杨某进行入所教育，完了说：“你可以回监室去了。”

一个星期过去了，一点动静都没有。杨某暗暗高兴，扳着手指算：“37天一过，就可以放人了，我就可以出去了。”又是一个星期过去了，还是没有承办警察前来提审，谢管教也只是轻描淡写地找他询问一下监室的情况，对案情只字不提。杨某坐不住了，主动打探案情。谢管教还是不提案子的事情，但警告了他一句：“只要你做了违反法律的事情，我们公安民警一定会查到的，在铁证如山的证据前，没有口供，法律也能认定。”啊？杨某愣了！——欲擒故纵之计有了效果。

春节临近了，杨某看着同监室的人一个个被释放，一个个来和他道别，就是没有民警搭理他。于是心慌意乱起来，多次向同监的人打听：“承办我案子的民警不来提审我，谢管教明明知道我没有坦白的犯罪事实，难道他们已经掌握我的犯罪事实，难道他们放弃我了？”这些话都及时“传”到了谢管教耳朵里。杨某彻夜难眠了，翻来覆去，担心、焦虑，思家、想亲人，他曾问同监室的人：“我大概没什么事了吧？”同监室的人帮他分析：“哪有这么好的事，好不容易把你抓住，会释放你吗？他们是在考验你的诚心，考验你的认罪态度，说不定谢管教已经掌握了全部事实，大年三十来宣布逮捕你呢！我看你还是早点坦白吧，坦白从宽嘛……”

这一下，谢管教不搭理杨某，杨某非要找谢管教谈话了。谢管教知晓杨某已经到不吐不快的时刻了，于是说：“春节就要到了，你难道不想你的家人？你就不想早点回去？你飞车抢劫时用的车我们已经找到了，你对自己的违法犯罪事实还想隐瞒多久？”杨某大惊失色，连声说：“我交代，我交代。”他交代了从 2003 年到 2004 年期间，骑着车在普陀等区飞车抢夺 14 起案件的经过，总案值达到好几万元。这个案例中，谢管教运用的就是孙子兵法的“用而示之不用”的诡道。

3. 近而示之远，远而示之近

“近而示之远，远而示之近”是十二条诡道中的第三条，这里的远和近可以从时间和空间两个角度来理解。从时间的角度，意即本来计划马上发起攻击，却装作条件不成熟，准备将来攻击。从空间概念上讲，这两个计策都属于隐蔽进攻路线、主攻方向和攻击点的谋略。我欲从此地攻，佯装从彼处攻；我计划在这里袭击，佯装从那里袭击。声东击西，明修栈道、暗度陈仓等，都是对这一战策的具体化。

1944 年春，美英盟军正在准备规模庞大的诺曼底登陆作战。为了迷惑德军，出奇制胜，盟军在一系列的“示形”活动中，设计了一个冒名顶替的欺骗战术，即故意让德国人拿到一些“证据”，证明英国指挥登陆作战的司令官——能征善战的蒙哥马利元帅当时离开了英国本土，到直布罗陀和阿尔及尔视察，以便造成不会马上进行登陆作战的假象。为此，英国情报部门精心物色了一位蒙哥马利元帅的替身——陆军中尉杰姆士来假扮蒙哥马利元帅。

杰姆士中尉长得很像蒙哥马利元帅，他在第二次世界大战前，曾是一个有 25 年演艺生涯的职业演员，擅长表演艺术。英国情报部门在非常保密的情况下，利用较短的时间对杰姆士进行训练，使他很快熟悉了蒙哥马利的生活习惯，言谈举止，甚至对用餐时麦片粥中要不要放牛奶和糖等细节都了如指掌。然后，又安排杰姆士和蒙哥马利生活在一起，进行模仿和体会，直到使人无法辨别真伪。

一切准备好了，在诺曼底登陆作战即将开始的前十天（5 月 15 日），这位假蒙哥马利元帅在高级将领的簇拥和欢送下，登上首相专机飞往直布罗陀。与此同时，英国情报部门又放风说，蒙哥马利元帅到直布罗陀和阿尔及尔的重要使命是编组英美联军，准备向法国南部海岸登陆。纳粹德国获悉这些情报后半信半疑。为了证实情报，特派两名极受希特勒赏识的间谍，前往直布罗陀进行侦察。由于杰姆士中尉表演逼真，有时还故意在容易泄密的场合谈论一些有关英美联军登陆作战的问题，并在确知有德国间谍混入的群众集会上露面，德国间谍便确信蒙哥马利元帅到了直布罗陀。甚至连直布罗陀总督、蒙哥马利的密友沙拉尔将军也以假当真，以为蒙哥马利这次突然前来视察是临时改变了登陆作战计划。这一“近而示之远”的战术，积极配合了盟军其他方面的战役伪装，使德军统帅部错误地判断盟军登陆作战时间。当诺曼底登陆作战的炮声打响时，德军的许多高级将领还在安然休假！

在日常生活中，我们也可以运用“近而示之远，远而示之近”的智慧。有一个小伙子，恋爱时千方百计讨好女朋友，想她所想，予其所需，姑娘终日处于甜言蜜语中却对他保持冷淡，小伙子对自己始终未获姑娘好感的原因百思不得其解。失望之下，他埋头工作远离了她，不料姑娘反而主动与他亲近了。此后，他对姑娘时冷时热时远时近，姑娘被这若即若离弄得朝思暮想，最后两人终成眷属。夫妻间表达感情虽因共同生活自然“近而示之近”，但不时琢磨点“近而示之远”，譬如在广义的范围里保持一点距离，制造一点困惑，婚后感情反而会愈发浓郁。从心理学的角度讲，拒绝就是诱惑。拒绝是“远”，诱惑是“近”。

再如，日常生活中，一个有智慧的人遇到别人有求于己，一定把困难之处说得严重一些，把不利之处说得夸大一些，将对方的期望值尽可能降低。这样，事情没有办成，对方也会理解；一旦事情办成，对方感激不尽，顿时与你“近”矣！这时的“近”，其实是因为开始的“远”，这就是为人处世中的“近而示之远”。

4. 利而诱之

“利而诱之”是《孙子·计篇》提出的十二条诡道中的第四条。意思是：敌人贪利，就用小利引诱他。

从作战上讲，“利而诱之”的目的是引诱敌人出动，然后再反击。既然目的是打击敌人，“利”的范畴可以很广，可以是让敌人拿到一定的财物，也可以是让敌人得到一片土地，或是令敌人获得某种名誉等。

“诱”，是以假象来诱惑。当敌人龟缩不出时，可用敌人贪图的利益引诱其出动。“利”是鱼饵，“诱”是钓鱼的过程。就像钓不同的鱼需要用不同的“饵”一样，战争中也要针对不同敌人的不同喜好，以其最喜好的利益去引诱他上当。这个过程中失去的“鱼饵”是小利，得到的却是大利，所以“利而诱之”是以小利换取大利的诡道。“天下熙熙，皆为利来；天下攘攘，皆为利往。”逐“利”是人的本性，以“利”引诱，常常会收到意想不到的效果。

从前有个叫张知凿的人。这天，他搭船去汕头，在船上碰到一个身穿长衫，头戴毡帽，嘴上两撇八字胡修剪得分外引人注目的人。张知凿一眼就看出此人是个老骗子。果然，老骗子一双贼眼东溜西转，一会就溜到张知凿身上来了。张知凿见了，故意拿顶竹帽遮着身子，从小皮箧里取出银毫数起来。他的举动马上被老骗子注意上了，老骗子决心要在这个人身上“做笔生意”。

很快到了汕头，张知凿在找旅店，一瞅老骗子也尾随而来。他不动声色，来到“韩江客栈”，向掌柜的要了一个单房。他办好手续后对掌柜说：“我这皮箧里装有银毫，请你替我保管一下，我去船上接我父亲。我曾经告诉过我父亲，说我到了汕头就住在宝号，万一他不等我去接，自己跑来了，就请你把这皮箧交给他，带他到房间里去。”掌柜说：“我不认识你父亲啊！”张知凿笑道：“这不难，我叫张龙，我父亲叫张奇，奇就奇在他的胡子。人家都是两边有胡子的，我父亲却只在左边有胡子，右边因为生过唇癣，胡子都脱光了。你看，这样的奇人，一眼就看得出来，还会认错吗？”掌柜觉得有理，便替他把小皮箧收了起来。

张知凿和掌柜说的话，全被老骗子听得一清二楚。张知凿一走，他赶紧跑到附近的理发店里，也不管人家同意不同意，拿起剃刀，对着镜子，三刨两刮，把右边的胡子剃个精光，留下左边一撇。理发师傅们以为他是个疯子，不由得哈哈大笑。

老骗子顾不得人家讥笑，急急忙忙跑回“韩江客栈”，劈头盖脸就对掌柜的说：“我叫张奇，我儿子叫张龙，在宝号开了一个房间，请你把那个小皮箧交给我，带我到房间里去。”掌柜望了他一眼，便把小皮箧拿出来。老骗子连忙伸手去接，不料，掌柜忽然若有所思，盯了他一眼，又把小皮箧放回里面去了。他说：“不对，你不是张龙的父亲！”老骗子笑道：“我是张龙的父亲，不会错，你看，我右边没有胡子呢！这是我独有的记号。”掌柜认真地说：“不错，张龙最初是说他父亲的右边没有胡子，但后来又跑回来更正，说他的父亲是左边没有胡子。还说他村子里有个骗子，正是右边没有胡子！哎呀！莫非你是那个……”老骗子知道上当了，一面连声分辩，一面灰溜溜地退出了旅店。他出了店门，摸摸自己心爱的胡子，心里又痛又气又恼，钱没骗到手，胡子却丢了一边，怎么见人？没办法，只好又跑到理发店，把左边的胡子也剃了。

“利而诱之”的例子还有很多。北魏时，扬州刺史李崇曾经审理过这样一件案子。定州有解姓兄弟俩，因犯法被流放到扬州。弟解思安为了逃避劳役潜逃了，兄解庆宾惧怕以后在摊派劳役时让他承担弟弟的一份，于是图谋将弟弟的名字从名册上除掉，便冒认城外一具尸体，诈称其弟被人杀害，将尸首迎回来埋葬了。尸首很像解思安，人们都看不出真假。再加上又有一个巫婆自称见到了鬼，说解思安被害时如何痛苦。人们都信以为真。与此同时，解庆宾又诬陷弟弟同军的士兵苏显甫、李盖是杀人犯，一纸诉状告到州府。苏、李二人经受不住严刑拷打，各自承认他们杀害了解思安。

就在要结案的时候，李崇觉得疑点甚多，就把案子停了下来。他秘密地派遣了两个人伪装成从外地来到这里，去告诉解庆宾说：“我们住在本州，离这里有三百里路。不久前，有一个人路过借宿，夜晚从他谈话之中，发现他有可疑之处，便立即追问他。他说自己是被判处流刑逃避劳役的人。姓解，名思安。当时，我们要扭送他到官府，他苦苦哀求，并说：'我有一兄长庆宾，现住扬州相国城内，嫂嫂姓徐。如果您有怜悯之心，前往报告，把我的遭遇一一告诉家兄，他将不惜家产重谢你们。现在你们把我留下作为人质，如果去了得不到酬谢，那时再把我送往官府也不晚。因此我们来拜访你。你打算出多少钱酬谢我们，好放走你弟弟呢？若是不信，可一同前往观看。'"解庆宾听说之后大惊失色，央求报信的人稍等即备礼物相谢。此二人随即将此事报告给李崇。李崇迅速逮捕解庆宾审问："你的弟弟逃跑了，为什么妄认他人尸体？"解庆宾只得认罪招供，再问苏、李二人，他们承认经受不住严刑拷打而招了假供。数日之后，解思安也被拘捕归案。

故事中的李崇是有智慧的人，他推测解思安还活着，如果直接指控而没有证据，这不符合孙子"胜兵先胜而后求战"（首先有了取胜的把握再寻求同对手交战）的思想；如果提出疑问等于打草惊蛇，这不符合孙子"形人而我无形"（叫对手暴露原形而我不露真形）的思想。于是，李崇选择了"无形"的方式，采取了诡诈的方法，以"放走你弟弟"为诱饵，"利而诱之"，诈出破绽，取得证据，明断错案。

这个故事给我们以什么启发呢？从兵法运用的角度讲，"利而诱之"要奏效，关键是选择、定位好"利"。这个"利"不是蝇头小利，而是生死攸关之大利。技巧是"诱"，要绕着弯子地"诱"，要不动声色地"诱"。

5. 乱而取之

"乱而取之"是《孙子兵法·计篇》提出的十二条诡道中的第五条。通常的理解是：敌人混乱，就乘机攻取它。还有另一种解释是：采取措施，造成或迫使敌人混乱，然后攻而取之。运用孙子"乱而取之"策略时，有两种观点都应当采纳：当敌人混乱的时候，要乘机攻取；当敌人不混乱的时候，要想方设法使敌人混乱，然后攻而取之。

1945年5月8日，第二次世界大战的罪魁祸首德国法西斯宣布无条件投降。7月26日，美国、英国和中国三国发表"波茨坦宣言"，敦促日本迅速无条件投降，但日本政府置之不理。当时的形势是，虽然美军在太平洋战争中节节胜利，但他们每攻占一个岛屿，都会受到岛上日军的誓死抵抗，美军因此损失惨重，代价极大。如果日本坚守本土，誓不投降，那么，美军必须登陆日本进行攻坚战。而日军和平民将依靠武士道精神，以"宁为玉碎，不为瓦全"的姿态进行垂死抵抗。

虽然胜利最终将属于美军，但其要付出的代价是无法想象的。所以，如何扰乱日本的本土防线并使之崩溃，然后"乱而取之"，成为美军的首要任务。终于，美国下决心对日本本土实施核打击。1945年8月6日8时15分，美军一架B-29轰炸机飞临日本广岛市区上空，投下一颗代号为"小男孩"的原子弹。"小男孩"是一颗铀弹，长3

米，直径 0.7 米，内装 60 千克高浓缩铀，重约 4 吨，TNT 当量为 1.5 万吨。炸弹在距地面 580 米的空中爆炸，在巨大冲击波的作用下，广岛市的建筑全部倒塌，全市 24.5 万人口中有 7.815 万人当日死亡，死伤总人数有 20 余万。两天之后，即 8 月 8 日，美军又出动 B-29 轰炸机将代号为“胖子”的原子弹投到日本长崎市。长崎市约 60%的建筑物被毁，伤亡 8.6 万人，约占全市总人口的 37%。在本土受到如此重大的打击后，日本政府终于崩溃，8 月 15 日，日本宣布无条件投降，9 月 2 日签署投降书，第二次世界大战至此结束。

6. 实而备之

“实而备之”是《孙子兵法 • 计篇》提出的十二条诡道中的第六条。意思是：敌人力量充实，就注意防备他。“实而备之”的内涵可从攻防两方面理解，作为防御的策略，是当发现敌国国富兵强，对外奉行扩张政策时，那我方则应当居安思危，有备无患；作为进攻的策略，当对手的力量还很充实时，则我方应当养精蓄锐，伺机而动。

2016 年 7 月，围绕着所谓的南海仲裁案，中美在南海展开军事博弈。从开始的隔空叫阵，到面对面的剑拔弩张，经历了数十个日日夜夜。这场比意志、比毅力、比决心、比部署的军事大博弈，过程险象环生，时至今日依旧给我们以启示。说起南海仲裁案，还要从菲律宾说起。2013 年 3 月 26 日，菲律宾单方面将南海争端提交国际法庭。6 月，菲方不顾中方反对，成立了由 5 名人员组成的中菲南海争议仲裁庭。7 月，菲方以人力和资源有限为由，把秘书服务“外包”给常设仲裁法院。南海仲裁案的费用要由当事双方承担，在中方坚决反对的情况下，“菲律宾出了双份钱”。裁决结果于 2016 年 7 月 12 日公布。谁都知道菲律宾这么做，背后一定有美国撑腰。而美国下决心要把这次事情搞大。

首先是舆论战，6 月 23 号，美国《外交》周刊率先开炮，说中国对南海的领土占有，“只会煽动民族情绪，缺乏历史依据”。两天后，中国针锋相对、马上回击，中国国际电视台播放了英文纪录片，把能支持中国南海立场的各种历史文献一件件摆了出来。很快，美国又找了一家瑞典公司发表报告说，“中国在南海的行为违背联合国原则”。但巴西国际法专家马上出来证明，中国的做法完全符合国际法，证据充分，不容置疑。

媒体上你来我往，美军的军事调动也在加紧部署。2016 年 3 月，菲律宾直接给美军开放了 5 个靠近南海的军事基地；7 月初，美军两个航母编队大摇大摆地靠近南海。双航母战斗群的到来，让南海变得风起云涌。事关核心利益，对中国来说，这一步绝对不能让！7 月 5 日，前国务委员戴秉国在华盛顿表示“不怕美国把 10 艘航母都开进南海”；次日，《人民日报》发表评论警告美国不要突破“底线”，以免“付出代价”；7 日，时任国防部发言人杨宇军公开表示“中国军人不是吓大的”，“朋友来了有好酒，豺狼来了有猎枪”。中方紧锣密鼓的立场表态，表明坚守底线的决心，也显示南海危机已十分紧迫。

仲裁时间还没到，南海就硝烟弥漫。在美军逼近南海、不断试探的时候，中国发了一条简短的消息：“7月5日至11日，解放军将在海南岛以南西沙群岛水域进行军事演练”。这次军演，中国海军三大舰队精锐尽出，解放军史无前例地派出4位上将，直接坐镇一线指挥。海上，各类舰艇100多艘，几乎囊括了当时三大舰队的主力。空中，轰一6、歼轰一7、歼一11B等数十架战机悉数驾临。水底，094A战略核潜艇部署到位。号称航母杀手的东风—21D导弹，罕见地在电视上露面。

此时，美国航母已在南海附近摆出战斗阵型。“里根”号核动力航母是美国进入21世纪后第一艘成军的航空母舰，配有美国海军第11舰载机联队的五个中队，满载各式战斗机85架。“斯坦尼斯”号则号称是当时世界上最大和生命力最强的水面舰艇，参加过阿富汗战争，久经沙场。美军“里根”号和“斯坦尼斯”号两个航母战斗群，包括护卫舰、导弹驱逐舰等战舰共10艘，各类战机150架，1.2万余名士兵，云集南海附近海域。美国海军的指挥官是海军4星上将哈里斯。哈里斯是日裔美国人，在中东参加过多次行动，是实战打出来的上将。他是一个强硬的鹰派，曾和军方一起给奥巴马政府施压，要求总统“为美军军舰在南海采取‘自由航行’行动开绿灯”。在对峙期间，哈里斯甚至一度要求美军“做好今夜就开战的准备!”

7月12日，持续三年的由菲律宾单方面提起、单方面应诉、且有美国背后主导的南海仲裁案以闹剧收场。仲裁庭成“提线木偶”，仲裁结果颠倒黑白，令人发指。中国外交部强势回应：不接受、不参与、不承认、不执行！这时，事前唇枪舌剑吵得不可开交的媒体，一下子噤声了。山雨欲来风满楼，中美双方就像两个互相瞪着眼睛的绝顶高手，就看谁先出招。这种静默持续了很久。

也许是中国摆出的强硬状态让美军无计可施，也许是觉得替小弟出头挑起战端得不偿失，也许是双方暗处的试探已分出高下。总之，双方紧绷着的弦一瞬间松了。美军航母一声不吭地撤回菲律宾海域。这场形势凶险的军事对峙就此结束。中国官方没有直接宣传此事，只是在当年年底一个介绍火箭军的节目里，央视说了这么一段话：“2016年7月，南海方向战云密布，火箭军与海军展开联合行动。我海军舰艇编队不畏强敌、迎难而上。千里之外，火箭军某基地接到联合作战指令，数十枚新型导弹引弓待发。”

这之后，原来唯美国马首是瞻的菲律宾来了个180°大转弯。2016年7月14日，在“仲裁”结果对他们有利的情况下，新任总统杜特尔特却主动提出，要派亲华的菲律宾前总统拉莫斯作为特使访华。7月15日，菲律宾想要美国帮自己报销仲裁的费用，理由是“仲裁给了美国干预其没有分毫主权的南海事务的借口”。紧接着，7月25日，中国和东盟国家外交部长在老挝万象举行会晤，就全面有效落实《南海各方行为宣言》发表联合声明，十几天前还闹得沸沸扬扬的南海仲裁案只字未提。

这一次中美博弈的过程告诫我们，美国虽然是当今世界上军事实力最强大的国家，但是当我国领土主权遭到侵犯的时候，中国必须要“实而备之”，敢于和头号敌人叫板，坚定地维护国家的核心利益。

7. 强而避之

“强而避之”是十二条诡道中的第七条。意思是：敌人兵强卒锐，就暂时避开它。因为，随着时间的推移，敌人的作战力量是会发生变化的。“强而避之”的本意不是避开敌人，它的要旨是避强击弱、避石击卵，就像“柿子专拣软的捏”一样地专拣弱敌打。因此，“强而避之”常常表现为以退为进、以屈求伸的辩证形式。或诱敌深入，伺机破敌；或避其锐气，击其惰归；或剪枝弱干，削敌肱股。总之，要因情活用。

第二次世界大战期间的乌克兰战役中，有一辆苏军的HE式重型坦克，勇猛作战，冲锋陷阵，打得德军狼逃鼠窜，但是由于“一马当先”，这辆苏军重型坦克却脱离了大部队，冲入了德军的腹地。更不巧的是，这辆苏军坦克陷入了德军阵地的防坦克壕沟，顿时熄了火，动弹不得。

被追得走投无路的德军立刻把这辆苏军重型坦克团团围了起来，他们用枪托敲着坦克的钢甲，大声喊道：“投降吧！”刚才还咆哮如雷的苏军重型坦克，现在陷入坐以待毙的绝境。然而，苏军坦克手誓死不愿做俘虏，他们在坦克内高呼道：苏联红军决不投降！说罢，只听得“砰砰砰”几声枪响，接下来是死一般的沉寂。

“哈！苏军坦克手在绝境中自杀了！”本想活捉苏军坦克手的德军满怀喜悦：“将这辆重型坦克拉回去也是一个大功劳啊！”德军都是步兵，邀功之心驱使他们就近去弄了辆坦克来拉苏军的坦克，可是弄来的这辆坦克吨位太小，拉不动苏军的庞然大物，于是德军又弄来一辆坦克来，两辆德军的坦克拉着苏军的坦克出了壕沟。突然，苏军的坦克响起了轰隆隆的声音——它启动了！苏军的重型坦克动力大，不仅没有被德军的坦克拉着走，反而拉着德军的坦克往回跑。

德军惊慌失措，纷纷向苏军坦克开枪射击。可是，子弹打在钢甲上，只打出一个个浅浅的洼坑，奈何它不得。而那两辆被拖的德军坦克，因为目标近在咫尺，无从发挥火力，只得像被驯服的羔羊那样乖乖地被拖到了苏军的阵地。原来，苏军坦克里的坦克手并没有自杀，他们在绝境之中运用了诡道，以静制动，后发制人，让德军坦克将他们拖出壕沟，然后凭着自身强大的威力，俘获了两辆德军坦克。

8. 怒而挠之

“怒而挠之”是《孙子兵法·计篇》提出的十二条诡道中的第八条。意思是：敌人怒气冲冲，就设法干扰它，使他失去理智，继而做出错误的判断或决策。这里的“怒”可作两种理解，一是敌人因某种原因而愤怒，二是我方激敌使他发怒。敌人不管是自怒还是被激怒，都一样地急于求战，而我方却避而不战，使敌人怒，并扰乱他。

“怒”，是人的“七情”之一。人在“怒”时会有“迁怒之举”，一生气易发脾气，一愤怒易乱心绪。战场上的将帅也是人，也会有不能抑制的愤怒，一旦怒上心头，就会打乱原有的策略，铤而走险。“怒而挠之”，就是要想方设法“挠”得敌人发怒，“挠”得敌人怒不可遏，后人常用的激将法即源于此。

在小说《三国演义》里，诸葛亮非常熟悉周瑜的性格，三气周公瑾，周瑜气得在马上大叫一声，箭疮复裂，坠于马下，死前仰天长叹“既生瑜，何生亮！”

9. 卑而骄之

“卑而骄之”是《孙子兵法·计篇》提出的十二条诡道中的第九条。其意有三种解释：第一，敌人卑怯，应当设计谋使敌人骄傲；第二，对于鄙视我方的敌人，要设计谋使他骄傲；第三，我方故意用卑词示弱，使敌人骄傲。

朝鲜战争美军在仁川登陆后，使朝鲜北方本已延长的补给线彻底崩溃，几天后朝鲜军被击退，以美国为首的“联合国”军迅速收复汉城，麦克阿瑟不顾中国政府的严正警告，悍然越过三八线，攻克平壤，势如破竹，迅速向鸭绿江推进，此时的麦克阿瑟趾高气扬，根本就不把新生的中华人民共和国放在眼里，认为无论中国政府是否出兵，都不可能改变朝鲜的战局，可谓狂妄至极，他扬言圣诞节前结束朝鲜战争。1950 年 10 月 19 日志愿军秘密入朝，给予美国为首的“联合国”军迎头痛击，经过三次战役后又成功地收复汉城，稳定住了整个战局。这是卑而骄之最成功的运用。

10. 佚而劳之

“佚而劳之”是十二条诡道中的第十条。意思是：敌人休整良好，就要使之疲劳。如果宽泛地理解，“佚而劳之”的含义是：敌人休整得充分，我方则应当设法使他疲劳被动。特别提示，“佚而劳之”的目的并不只是停留在“劳”字上，而是通过变“佚”为“劳”，改变敌我主动和被动的态势，进而战胜敌人。

清代著名画家郑板桥有一个好友，叫张文涓，有一天郑板桥得知张文涓家因欠盐商二两银子，而被盐商雇人抬走了祖传的大龙缸，于是决定惩治盐商。只见郑板桥追上那两个抬缸的人，拦下押运龙缸的盐商，探身问道：“请问这龙缸可卖否？”盐商心想：我本来是向那女人要钱的，只因为她没有钱而抬走了龙缸。这龙缸虽然好，可我抬回去也没大用场，于是爽快地说：“卖呀。”“请问卖多少钱一斤？”郑板桥一副认真的样子。盐商皱着眉头想了想，买缸只有论口，哪有论斤的？他不禁上上下下打量了一番郑板桥，寻思着：今天只怕是碰上个书呆子了，他不懂卖缸的规矩，我何不跟他开个玩笑，耍耍他？想到这里，盐商脱口便说：“五钱银子一斤！”郑板桥说：“啊，这么便宜，我要，我要，你快快抬到我家里去！”盐商一盘算：五钱银子一斤，这缸少说也有两百多斤，能卖个百把两银子，这不是跌跟头捡个大元宝吗？他喜出望外地赶紧说：“一言为定。”郑板桥直着脖子说：“一言为定，决不反悔！”

盐商乐得合不上嘴，连忙问道：“府上在哪里？”郑板桥指着他们刚才来的方向说：

“不远，东门外里把路。”于是，盐商招呼那两个人调转头来，抬着缸朝东门走。郑板桥有意放慢脚步，落后一大截。盐商一个劲儿地催郑板桥快点走，郑板桥却怪声怪气地说：“我脚上长了两只鸡眼，跑不快，慢慢走吧！”盐商贪财心切，就叫郑板桥坐到缸里，抬着他走。

郑板桥看着快要抬到张文涓家了，就叫盐商在一个庙门口停下。那两个抬缸的人正好累得气喘吁吁，而盐商也已汗流浃背。于是，大家都停下歇息。郑板桥径直走进庙里借了一把小秤出来，指着缸底对盐商说：“老板，就在这缸底上敲一块称三斤给我。”

盐商一听，火冒三丈，破口大骂：“你这个混账东西！世上哪有把缸敲碎了论斤卖的？”“嗳，我和你谈的是论斤嘛！你怎么出尔反尔，说话不算数？”郑板桥不急不忙地反问。盐商气急败坏地说：“我当你是买一口缸，一共多少斤重的！”“啊呀，你真傻，我要是买一口缸，又何必同你论斤？”郑板桥的话里露出了锋芒。

盐商被郑板桥问得无话可说，只得垂头丧气，自认倒霉。这时候，郑板桥故作同情地问：“这口缸如果论口卖，值几个钱？”“这缸是人家抵债的，抵了二两银子。”盐商被郑板桥弄得实话实说。“我看你也很辛苦啊！”郑板桥显出一副通情达理的样子，说：“这样吧，二两银子卖给我，不过，要放到我朋友家。”盐商心想，要再抬回去，那两个人也实在抬不动了，卖掉算了。于是，他们随着郑板桥又回到张文涓家。郑板桥取出二两银子给盐商。盐商气得吹胡子瞪眼，费了那么大的功夫，竟然没有捞到半点好处。

郑板桥是一个文人。文人劳心，虽然不能与人斗力，却往往擅长斗心智。“劳心者治人，劳力者治于人”，这句话在谋略斗争中体现得尤为充分。谋略斗争的过程就是劳心、斗心智的过程。

“佚而劳之”的本意是，敌人休息得好，就设法使他疲劳。如果在敌人休息得不好时，再使他疲劳，那不就更能获得主动权进而取胜了吗？1944 年，法西斯德国败局已定，美、苏、英各国军队在多条战线上取得了重大战果。为了研究如何处理战后一系列的遗留问题，特别是如何处理战败国德国，苏、美、英三国首脑决定再次举行会晤。

最高首脑会晤时间、地点和会议程序的选择与决定，历来是一个重要的问题。当时，美国总统罗斯福身体状况欠佳，因此他提出会晤是否可以定在 1945 年春天，这时天气已暖，他的身体可以支撑。

斯大林早已了解到罗斯福的病情，他知道，一个疲惫不堪、精力不支的首脑在谈判中是不会保持坚强的意志和耐力的，更无法与一个体魄强健的对手较量。罗斯福若以这样的身体状态进行谈判，很容易感到厌倦、焦躁和虚弱，从而会轻易地向对手让步。于是斯大林电告罗斯福：由于形势发展急剧，一系列问题迫切需要解决，因此，最高首脑会晤不能拖延，最迟应该在 1945 年的 2 月举行。

罗斯福无奈，只得同意了这个日期。但他提出，由于健康原因，他只能坐船去会晤。而坐船要花很长的时间，所以他希望会晤地点不要选得太远，最好选在气候温暖的地方。

斯大林则拒绝去任何苏联控制以外的地方，而坚持会晤必须在黑海地区举行，并且提出在黑海边上克里米亚半岛的雅尔塔小城镇举行。这样，斯大林可以以逸待劳，并且随时与莫斯科保持联系。

罗斯福再没办法讨价还价，他只好拖着病躯，硬着头皮，前往冰天雪地的雅尔塔。当罗斯福经过几十天艰辛跋涉到达雅尔塔的时候，人们发现这位总统面色憔悴，几乎精疲力竭。

斯大林、罗斯福、丘吉尔到达雅尔塔后，无休无止的会晤、谈判开始了。日程安排得极为紧张，首脑会议多达20次，每次罗斯福都得参加，另外还有大量的宴会、酒会、晚会，这一切使罗斯福疲惫不堪。在谈判中，罗斯福强打精神，与斯大林讨价还价，但终因体力不支，注意力分散，争辩不过斯大林，最后不得不草草结束会议，按苏联的意愿签订了协议。

罗斯福回到美国后几周就去世了。美国人强烈批评罗斯福与斯大林签订的《雅尔塔协定》，认为它对苏联作了大幅度的妥协，是对美国与西方利益的“背叛”。

一位著名的政治家说过，政治的较量到了最后就是身体、意志的较量。一个优秀的政治家善于“佚而劳之”，充分利用和强化对手在身体、意志上的劣势，就能在较量中轻易地击败对手。

11. 亲而离之

“亲而离之”是十二条诡道中的第十一条。“亲”，亲密，指君臣之间、邻国之间、敌方内部之间关系亲密。“离”，离间。意思是：敌人内部和睦，就离间他。消灭敌人的最佳方法，是让他们自己消灭自己。让敌人自相残杀的方法，首先便是要让他们互相猜忌，因为人们一旦互相猜忌，便不能合作无间；只要不合作无间，便有机可乘。那么，用什么方法让敌人互相猜忌呢？“亲而离之”的诡道便是良策。

一个国家君臣团结，这样的国家就会强大；一支军队上下一心，这样的军队就难以战胜。因此，面对上下相亲的敌军，必须想办法“亲而离之”，先从内部分化、瓦解，促使其丧失原有的战斗能力，然后相机反击。张预解析为“或间其君臣，或间其交援，使相离二，然后图之”，李筌解析为“破其行约，间其君臣，而后攻也”。

“亲而离之”，这一作为后世“反间计”蓝本的军事原则，在军事斗争中应用成功的范例不胜枚举。如战国时齐将田单，面对燕军统帅名将乐毅，自知取胜难度较大。为了除去这一隐患，于是派人到燕国行使反间计，散布乐毅名为攻齐，实则欲称王齐国，因此故意缓攻即墨和莒，燕国若另派主将伐齐，即墨便可攻下。燕惠王本来怀疑乐毅久攻即墨不克，是养敌自重，闻此消息，更是深信不疑，遂命骑劫取代乐毅。乐毅惧诛奔赵。田单“亲而离之”的计谋获得成果，为之后破燕复国扫除了最大的障碍。

据《史记·项羽本纪》载，楚汉战争时，楚军数次切断汉军粮道，将汉王刘邦围困在荥阳。刘邦出于无奈，派人向项羽请和。但项羽的谋臣范增坚决不同意，怂恿项羽率军急攻荥阳。情急之下，刘邦采纳手下谋士陈平的意见，对项羽和范增实施离间计，终于令项羽疑心范增勾结汉军而削其兵权，范增一怒之下而告老回乡，半途背疽发作死在路上。刘邦用“亲而离之”的策略，除去了项羽的得力助手，使胜负的天平发生了倾斜。

应用“亲而离之”的谋略，多数情况下需要利用金钱财帛相辅佐。杜牧所言：“敌若上下相亲，则当以厚利啗而离间之用。”用金钱、地位这个“糖衣炮弹”来直接收买对方举足轻重的人物，促其投降叛变，或发生内乱、分化瓦解，最好不过；其次，可收买对方重要或有影响力的人士，让他帮助造谣传谣，亦能达到快捷、便利地应用“反间”之奇效。战国时，秦国用“亲而离之”诛杀赵国大将李牧，就是对赵王近臣郭开重金收买，让郭开在赵国都城四处散布李牧勾结秦军、正准备叛国投敌的流言，从而让昏聩的赵王迁很快轻信这些谣言，赐李牧自裁。虽然疏不间亲，但以亲间亲，却常常极易收到出奇的效果，因此，在不能对敌方主将策反的情况下，重金收买对方国君身边的重要人员，也是行使“亲而离之”时的必备手段。

要全面掌握“亲而离之”的军事原则，还须从两个对立的方面来考察。在对敌使用“亲而离之”手段的同时，亦应警惕和防范敌人对我方所施行的“亲而离之”，只有这样，才能知己知彼，真正彻悟孙子兵法“亲而离之”的辩证之妙。

12. 攻其无备，出其不意

“攻其无备，出其不意”是十二条诡道中的最后一条，也是“诡道”的精髓，是“诡道十二法”灵魂的概括。“攻其无备”是就空间而言，“出其不意”是就时间而言。在古代战争中，由于军队的武器装备比较原始，机动力和打击力很低，“攻其无备”一般适用于战术范围，譬如，短距离的奇袭、偷袭、奔袭，只有在特殊的政治、军事、外交伪装的配合下，才有可能在战略范围内实现“攻其无备”。飞机和坦克出现后，高速突击兵器迅速发展，以“闪击战”为样式的突然袭击应运而生，“攻其无备”才真正开始向战役、战略层次转化。战略上的“攻其无备”，在于迫使敌人实行错误的计划和措施，采取错误的战略行动，以保证首次打击的效果。其做法多是通过政治、军事欺骗，包括歪曲事实真相，蒙蔽、迷惑敌人的情报，以及蛊惑人心的宣传，使敌方在思想上完全陷入混乱而无法统一作战行动。战术上的攻其无备，常指战场上采取大胆而坚决的机动，巧妙地利用天时、地利和空间，以创新的战术使用现有的兵力、兵器，抓住战机，乘敌之隙。在这里，战术手段的创新是最重要的。

1940年5月10日，法西斯德国奇袭埃本·埃马耳要塞，是一个在战术上攻其无备的范例。埃本·埃马耳要塞是比利时艾伯特运河防线的南部支撑点。这个欧洲的现代化军事设防，与当时法国的马奇诺防线齐名。德军要突破艾伯特运河防线，征服荷兰、比利时，进而绕道入侵法国，首先需要打开这把"锁"。为了达成"攻其无备"的目的，德军一反传统的突袭方式，在没有实施炮兵和航空兵火力准备的情况下，用一支仅有百余人的德国伞兵小分队于夜间乘坐滑翔机孤军深入，直接降落在要塞顶部。这个"雪花盖顶"的奇袭战术，突破了传统的旧框架，一千多名比利时守军，虽有充分抗击德军的准备，却没想到夜色朦胧之中，祸从天降。

"攻其无备，出其不意"要奏效，行动必须抢在对方思维的前头。第三次中东战争中，埃及空军遭受最初打击后，急忙将幸存的轰炸机转移到距以色列900公里之外的卢克索和巴纳斯机场。这个距离超过了以色列飞机的作战半径，埃及因而疏于戒备。然后，以色列空军选用作战半径最大的"秃鹰"飞机，选择最有利的速度和高度，先关闭一台发动机保持单发飞行，等到接近埃及机场时再采用两台发动机全速突防，出其不意地袭击了位于埃及腹地的两处机场。

运用"攻其无备，出其不意"诡道的核心问题是创造性的思维。无论是军事斗争，还是政治、经济、外交、文化等领域的斗争，"攻其无备，出其不意"，都是取胜绝技。斯大林逝世后，苏共中央主席团的几位委员立即来到莫斯科近郊的孔策沃别墅，默默地在斯大林的遗体旁守候了一段时间，随后陆续离去。最先离开别墅的是马林科夫和贝利亚，然后是莫洛托夫和卡冈诺维奇，最后是米高扬和赫鲁晓夫等人。这些人是斯大林去世后，苏联党和国家的最高领导者，其中，马林科夫是部长会议主席，而贝利亚则不过是克格勃的首脑。但是，贝利亚能将这些人中的任何一位置于死地。

老资格的米高扬对赫鲁晓夫说："贝利亚回莫斯科肯定要搞夺权！到那个时候……""只要有他在，谁也不得安宁！"赫鲁晓夫当然知道米高扬的潜台词，他的回答是："我们要研究一下……"回到莫斯科后，赫鲁晓夫开始了紧张的活动。他逐个找主席团的委员谈话，争取他们的支持。找马林科夫谈话是最危险的，因为他是贝利亚的朋友，私交不错。但马林科夫不但是部长会议主席，还主持党中央主席团的工作，没有马林科夫的支持，赫鲁晓夫将一事无成。也许是马林科夫对贝利亚手中的权力感到惴惴不安，在这个生死关头，他同意了赫鲁晓夫搞掉贝利亚的计划。赫鲁晓夫决定在主席团会议上逮捕贝利亚。他撤换了主席团会议室入口处的警卫，换上了最可靠的军官。然后找到朱可夫元帅，对他说："朱可夫同志，今天要逮捕贝利亚，你现在什么也不要问，以后我再跟你说。"朱可夫仍然问了一句："需要我做什么？""你带上几位将军从西门进来，在主席团会议室的接待室等我的电铃……"事情就这样决定了。

就在赫鲁晓夫大肆活动的时候，贝利亚依旧我行我素，他太相信"克格勃"了，以致对赫鲁晓夫的行动一无所知；他又太飞扬跋扈了，以致连多年的老朋友马林科夫也抛弃了他。一切都按照赫鲁晓夫的意愿进行着。

贝利亚进入了会议室，懒洋洋地在靠背椅上坐下来，问："今天的议程是什么？"马林科夫脸色惨白，紧张得嘴都张不开。赫鲁晓夫急忙站了起来，坚决地说："今天的议程只有一个问题，关于帝国主义代理人贝利亚的反党分裂活动。我建议撤消贝利亚的主席团委员和中央委员的职务，把他开除出党，送交军事法庭，谁赞成？"赫鲁晓夫说完，立即举起一只手，随后，马林科夫、伏罗希洛夫、米高扬、卡冈诺维奇等人也都举手表示赞同。贝利亚目瞪口呆。

赫鲁晓夫迅速按响电铃。朱可夫与莫斯卡连科（时任莫斯科军区司令）举着手枪冲进来。赫鲁晓夫喊道："他是祖国的叛徒，把他押下去！"贝利亚脸色铁青，喊道："朱可夫同志，怎么回事？"朱可夫吼了一声："不许说话！"贝利亚被押出会议室，从此永远地退出了历史舞台。

【经典案例及分析】

小米迅速扩张背后的"兵行诡道"

小米公司（全称小米科技有限责任公司），由前 Google、微软、金山等公司的顶尖高手组建，是一家专注于 iPhone、Android 等新一代智能手机软件开发与热点移动互联网业务运营的公司。2010 年 4 月，小米公司推出手机操作系统 MIUI。2016 年 6 月底，MIUI 社区活跃用户达 2 亿。小米公司自创办以来，保持了令世界惊讶的增长速度，小米公司在 2012 年全年售出手机 719 万台，2013 年售出 1870 万台，2014 年售出 6112 万台，2015 年售出超过 7000 万台，2016 年售出手机 5800 万台；而在 2017 年第二季度就售出 2316 万台，创下小米创办 7 年以来的单季出货量历史。创业之初，米聊、MIUI、小米手机是小米科技的三大核心产品，如今，小米几乎扩展到互联网智能领域的方方面面。那么，小米迅速扩张的秘籍到底是什么？

一是采取差异化理念。"为发烧而生"是小米手机的设计理念，高配置、低价格也是小米手机特点。小米公司首创了用互联网开发手机操作系统，发烧友参与开发改进的模式。其外观非常大方简约，大屏幕是小米手机的一大特色，半透半反射的结构让其在太阳下也可以看得清楚。当然小米手机最让人瞩目、最让人折服的地方在于它的高性价比。

二是采用渗透定价策略。2011 年 8 月小米科技推出价格为 1999 元的小米手机 1，小米手机的低价吸引了很多顾客，而且很快地被市场接受，让其在国内手机市场中获得了长期稳定的地位。小米手机微薄的利益也让其他的竞争者效仿不了，从而增强了小米手机自身的市场竞争力。2000元不到的手机价格让一般的上班族都能够接受。小米手机第一次在网上销售被一抢而空的状况就更说明了小米手机的高性价比对消费者的诱惑力，这也为小米手机提高市场占有率创造了很大的优势。心理定价策略在超市或商场从生活用品家电到汽车我们经常会看到，很多以“9”结尾的标价商品采用的这种策略叫尾数定价。根据消费人群的心理特点，小米手机在一定程度上运用了心理定价策略，通过细致的市场调研并合理地运用了新产品定价策略，最终将小米手机 1 定价为1999元。实践证明，这个价格发挥了很好的作用。定价为699元的红米也体现了心理定价策略。

三是实行“饥饿”营销。小米手机的正式版尚未发布时就采用了秒杀的形式出售。秒杀的消息一出，如何购买小米手机的新闻瞬间传遍网络，当然并不是每个人都有资格抢购，只有在规定的时间段内，且在小米论坛上有100积分以上的人才有资格参与秒杀抢购活动。这一规则的限制让很多人没有如愿抢到小米手机，也让大众对小米手机有越来越多的好奇。正是利用了这种心理，小米手机吸引了更多的狂热者和购买者。

四是不断制造话题，吸引消费者的持续关注。小米手机的消息总是半遮半露，炒作的话题不断。小米手机的营销策略可以说与苹果手机采用了相同的模式，在新产品上市之前煞费苦心造势，消息总是遮一半露一半，让媒体跟着跑，让粉丝跟着追，然后在万众瞩目下发布新产品。而且在新产品发布之后总会出现货源不足的情况，总有部分消费者买不到。

《孙子兵法》在《计篇》中旗帜鲜明地提出：兵者，诡道也。小米横空出世时没有在传统营销层面和苹果、三星等国际性品牌正面竞争，而是借助互联网这个大平台“兵行诡道”，将粉丝营销、饥饿营销、新媒体营销做到了极致。绝大多数的品牌会先针对市场需求有针对性地开发产品，而小米是先有粉丝后有产品。小米最开始并没有进行大规模的传播而是建立了小米社区。小米社区的第一步就是根据产品特点锁定一个小圈子，吸引人群。小米手机把用户定位于发烧友、极客的圈子，而这部分人在电子产品的领域恰恰是自己生活小圈子的意见领袖。这部分发烧友和极客成为小米第一批忠实用户，同时也成为品牌最强大的免费营销推广人员。

第26智　以迂为直——间接路线更容易达成目标

孙子在《孙子兵法·军争篇》中曰：“凡用兵之法，将受命于军，合军聚众，交和而舍，莫难于军争。军争之难者，以迂为直，以患为利。故迂其途而诱之以利，后人发，先人至，此知迂直之计者也。”曹操注解说：“迂其途者，示之远也。后人发，先人至者，明于度数，先知远近之计也。”远远地迂回，是让对方感觉我很远，放松警惕。能后发先至，是因为我早已度量好地形，知道哪儿远哪儿近，从哪儿穿插过去。

大家学习数学时有一个基本的常识，两点之间的直线距离是最近的，所以在日常生活中，有很多人喜欢走近道，原来没有路的地方也走出了路。但是，在战场上军队要行军，往往不是走直线最容易到达或最快到达目的地，因为在直线的路上可能布满荆棘，可能会有很多意外。然而，表面上迂回的弯路，实际上可能是最便利的直路。足球场上也是一样，没有人能从己方后场一路直线攻进对方大门，每一次带球传球，都是以迂为直。就算球王贝利，一路直攻，自己可以把球带进对方大门去，但他的每一脚盘带，还是以迂为直。

《孙子兵法》认为，在两军对抗中，最困难的事情是与敌方争夺有利的制胜条件，而与敌方争夺有利的制胜条件最困难的地方在于“以迂为直，以患为利”。所谓“以迂为直，以患为利”就是指在与敌方争夺有利的制胜条件时，应通过迂远曲折的途径达到近乎直的目的，化不利因素为有利因素，以取得战役或战斗的胜利。“以迂为直，以患为利”的提出，表明《孙子兵法》看到了“迂”与“直”“患”与“利”既相互对立，又相互依存、相互转化的关系。换言之，它看到了矛盾双方的对立统一，体现了其辩证思维。

在与敌军争夺有利的制胜条件时，为什么要“以迂为直，以患为利”？《孙子兵法》运用反证法回答了这一问题。因为：“举军而争利则不及，委军而争利则辎重捐。是故卷甲而趋，日夜不处，倍道兼行，百里而争利，则擒三将军。劲者先，疲者后，其法十一而至；五十里而争利，则蹶上将军，其法半至；三十里而争利，则三分之二至。是故军无辎重则亡，无粮食则亡，无委积则亡。”正因为由近直路线与有戒备的敌方争夺有利的制胜条件有如此严重的危害性，才应采取“以迂为直，以患为利”的策略。

怎样才能实现“以迂为直，以患为利”呢？《孙子兵法》认为，其方法就是“迂其途而诱之以利，后人发，先人至”。换言之，我方应故意迂回绕道，避开敌方正面的重点防御，由敌军料想不到的路线进军；同时，要以小利引诱调动敌人，使敌人集中兵力防御正面地区，从而放松对非正面地区的防御。这样，我方就能乘隙而进，由于未受敌方牵制，出发的时间虽然在敌人之后，且迂回绕道，却可以先期占领有利的阵地，取得控制战争的主动权。

《孙子兵法》认为，在两军对抗中，“先知迂直之计者胜”，也就是说，懂得并实施“以迂为直”的一方必然能够取得胜利。最能说明这一观点正确的战例莫过于三国末年魏国将领邓艾、钟会率军伐蜀之战。邓艾认为通过剑门关这条近直路线伐蜀势必遇到蜀军守关将士顽强抗击，从而难以顺利通过，于是，采用远程迂回偷袭的策略，率精兵一万人绕远路，走山险绝地，行无人之地七百里，历尽艰辛，从阴平山谷小道直入江油关，随即攻占绵竹，接着向成都逼进。蜀军因事先在这一带毫无防范，仓促之间无以应战，刘禅被迫投降，蜀国灭亡。而几乎同时出发伐蜀的钟会率军朝剑门关进军，结果被智勇双全的守关蜀将姜维率军牢牢钉死在剑门关下，不能前进。这一战例说明，“迂”可以转化为“直”，要达到近直的目的，往往要通过迂远曲折的途径。

清顺治元年（1644），清朝迁都北京以后，摄政王多尔衮便着手进行武力统一全国的战略部署。当时的军事形势是：农民军李自成部和张献忠部共有兵力 40 余万人；刚建立起来的南明弘光政权，汇集江淮以南各镇兵力，不下 50 万人，并雄踞长江天险；而清军不过 20 万人。如果在辽阔的中原腹地同诸多对手作战，清军兵力明显不足。况且迁都之初，人心不稳，弄不好会形成顾此失彼的局面。多尔衮审时度势，采取以迂为直的策略，先怀柔南明政权，集中力量攻打农民军。南明当局果然放松了对清军的警惕，不但不再抵抗清兵，反而派使臣携带大量金银财物到北京与清朝谈判，向清求和。这样一来，多尔衮在政治、军事上都取得了主动权。顺治元年七月，多尔衮对农民军的进攻取得了很大进展，后方也日趋稳固。此时，多尔衮认为消灭明朝的时机已经到来，于是，发起了对南明的进攻。顺治五年，多尔衮以他的谋略和气魄，基本上完成了清朝在全国的统一。

运用以迂为直的策略，十分讲究迂回的手段。特别是在与强劲的对手交锋时，迂回的手段高明与否，往往是能否在较短的时间内由被动转为主动的关键。美国当代著名企业家李·艾柯卡在担任克莱斯勒汽车公司总裁时，为了争取到 10 亿美元的国家贷款以解公司之困，在正面努力的同时，也采用了迂回的办法。一方面，他向政府提出了一个现实的问题，即如果克莱斯勒公司破产，将有 60 万左右的人失业，第一年政府就要为这些人支出 27 亿美元的失业保险金和社会福利费用。政府到底是愿意支付这 27 亿美元，还是愿意借出 10 亿美元极有可能收回的贷款？另一方面，对那些可能投反对票的国会议员们，艾柯卡吩咐手下为每个议员开列一份清单，列出该议员所在选区所有同克莱斯勒有经济往来的代销商、供应商的名字，并附有一份万一克莱斯勒公司倒闭，将在其选区产生的经济后果的分析报告，以此暗示议员，若他们投反对票，因克莱斯勒公司倒闭而失业的选民将怨恨他们，由此也将危及他们的议员席位。

这一招果然很灵，一些原先激烈反对向克莱斯勒公司贷款的议员闭了口。最后，国会通过了由政府支持克莱斯勒公司 15 亿美元的提案，比原来要求的还多了 5 亿美元。

日常生活中，有些话不能直言，便得拐弯抹角地去讲；有些人不易接近，就少不了逢山开道、遇水搭桥；搞不清对方葫芦里卖的什么药，就要投石问路、摸清底细；有时候为了让对方减轻敌意，放松警惕，便要绕弯子、兜圈子，甚至采用“顾左右而言他”的迂回战术。

生活中不少人是“直肠子”，为人处世“不碰南墙不回头”，这样的人最该学点迂回术。总之，学会迂回的方法能保证你得到最大的实惠。

1. 曲调未成，先应有情

明代嘉庆年间，“给事官”李乐清正廉洁。有一次他发现科考舞弊，立即写奏章给皇帝，皇帝对此事不予理睬。他又面奏，结果把皇帝惹火了，以故意揭短罪，传旨把李乐的嘴巴上贴上封条，并规定谁也不准去揭。封了嘴巴，不能进食，就等于给他定了死罪。这时，旁边站出一个官员，走到李乐面前，不分青红皂白，大声责骂：“君前多言，罪有应得！”一边大骂，一边打了李乐两记耳光，当即把封条打破了。由于他是帮助皇帝责骂李乐，皇帝当然不好怪罪。其实，此人是李乐的学生，在这关键时刻，他“曲”意逢迎，巧妙地救下了自己的老师。如果他不顾情势，犯颜“直”谏，非但救不了老师，自己怕也难脱连累。这个方法的使用得真是巧妙至极。李乐不懂得人与人之间“润滑当先”的道理，比自己的学生还差了一大截。

2. “学会迂回”的三个技巧

意大利知名女记者奥里亚娜·法拉奇深谙此道。她以其对采访对象挑战性的提问和尖锐、泼辣的言辞而著称于新闻界，有人将她这种风格独特、富有进攻性的采访方式称为“海盗式”的采访。迂回曲折的提问方式，是她取胜的法宝之一。

技巧一：先抛出“套子”的一部分。

在采访南越总统阮文绍时，她想获取阮文绍对于外界评论“他是南越最腐败的人”的意见。若直接提问，阮文绍肯定会矢口否认。法拉奇将这个问题分解为两个有内在联系的小问题，曲折地达到了采访目的。她先问：“您出身十分贫穷，对吗？”阮文绍听后，动情地描述小时候他家庭的艰难处境。得到关于上面问题的肯定回答后，法拉奇接着问：“今天，您富裕至极，在瑞士、伦敦、巴黎和澳大利亚有银行存款和住房，对吗？”阮文绍虽然否认了，但为了洗清这一“传言”，他不得不详细地道出他的“少许家产”。阮文绍是如人所言那般富裕、腐败，还是如他所言并不奢华，读者自然会从他所罗列的财产“清单”中得出判断。

技巧二：给“套子”换个说法。

阿里·布托于 1971－1973 年任巴基斯坦总统，西方评论界认为他专横、残暴。法拉奇在采访中，将这个问题转化为：“总统先生，据说您是有关墨索里尼、希特勒和拿破仑的书籍的忠实读者。”从实质上讲，这个问题同“您是个法西斯分子”所包含的意思是一样的，但转化了角度和说法的提问，往往会使采访对象放松警惕，说出心中真实的想法。它看上去无足轻重，但却尖锐、深刻。

技巧三：给“套子”涂上感情色彩。

访问邓小平，她是从祝贺邓小平的生日开始的。她从邓小平传记中知道他的生日是 8 月 22 日，而邓小平自己却忘记了。

邓：“明天是我的生日？我从来不关心什么时候是我的生日。”

法："我是从您的传记中知道的。"

邓："就算是吧，也别祝贺我。我已经 76 岁了，到了衰退的年龄啦！"

法："我父亲也是 76 岁，我要这么对他说，他肯定会打我两巴掌的。"

邓："是呀，当然不能对你父亲这么说。"

访问气氛就这样十分融洽而轻松地形成了。

看来当记者的人，最擅迂回，最会委婉。遇到"记者"型人物，我们得对他们兜的圈子、下的"套子"有一定的警惕，考虑一下，再去回答问题。

【经典案例及分析】

一带一路：助力中华民族伟大复兴

中国国力的迅速崛起，引起了美国及西方的担忧和恐慌，美国不愿意看到一个强大的中国，尤其是不能容忍中国的崛起挑战美国的霸主地位。2011 年奥巴马政府提出了"重返亚太"战略，后调整为"亚太再平衡"战略，按照这个战略，未来美国海军和空军 60% 以上的战力会转移到亚洲太平洋地区，目的就是为了"平衡"中国在该地区日益增长的影响力。在这样的情况下，中美迎头相撞很显然不是一个最佳的战略选择，以迂为直，用空间换时间，正是中国的高明之处。

2013 年 9 月 7 日，习近平主席在哈萨克斯坦访问时提出，为了使欧亚各国经济联系更加紧密、相互合作更加深入、发展空间更加广阔，我们可以用创新的合作模式，共同建设"丝绸之路经济带"，以点带面，从线到片，逐步形成区域大合作。2013 年 10 月，在出访东盟国家时又提出，中国愿同东盟国家加强海上合作，发展海洋合作伙伴关系，共同建设 21 世纪"海上丝绸之路"。2014 年两会期间，李克强总理在《政府工作报告》中把"抓紧规划建设丝绸之路经济带、21 世纪海上丝绸之路"作为重点工作，11 月，中国政府宣布发起建立亚洲基础设施投资银行，出资 400 亿美元成立丝路基金，为"一带一路"沿线国家的互联互通项目提供投融资支持。

"一带一路"倡议的提出，是历史选择的回归。两千多年前，各国人民就通过海陆两条丝绸之路开展商贸往来。从 2100 多年前张骞出使西域到 600 多年前郑和下西洋，海陆两条丝绸之路把中国的丝绸、茶叶、瓷器等等输往沿途各国，带去了文明和友好，赢得了各国人民的赞誉和喜爱。如今，随着中国经济的崛起和腾飞，中国在更多方面有能力帮助别国，特别是作为制造业大国，中国不仅可以输出丰富多彩、价廉物美的日常用品，而且能够向世界提供更多的技术和设备。作为全球主要外汇储备国，中国能够携手各国共同应对金融风险，中国有实力投资海外，与急需资金的国家共同把握发展机遇。千百年来，不同的文化在古丝绸之路上交相辉映、相互激荡，积淀形成了世人共知和推崇的和平、开放、包容、互信、互利的丝绸之路精神，而且不断注入时代内涵。作为多元文明碰撞与交流的遗产，丝路精神并非中国独享，它一直是全人类的共同财富。而如今，这样一个“一带一路”的战略构想覆盖了40多个国家，总人口44亿，约占全球的63%，近2/3；经济总量超过20万亿美元，约占全球的29%，不到1/3，是全球最主要的能源和战略资源供应基地。从“一带一路”途经路线和辐射范围看，向北与俄罗斯的交通线及管道连接，向东连接东亚另外两个主要经济体日本和韩国，向西通过中亚连接西欧，向南通过印度洋连接到北非，把东亚、东南亚、南亚、中亚、欧洲南部、非洲东部的广大地区联系在一起。

“一带一路”主要依靠中国与有关国家已有的双多边机制，不另起炉灶，不涉及政治、安全等敏感领域，具有开放性的特点，一旦形成示范效应和聚集规模效应，还可能吸引更多的国家和地区参加。“一带一路”合作倡议立意高远、内容丰富，对我国的经济社会发展而言，至少包含经济、安全、人文三方面的内涵，这一战略构想的实施必将对我国经济可持续发展、社会稳定、对外科技人文交流产生重大而积极的影响。

首先，“一带一路”有利于形成中国全方位对外开放的新格局，建设一个包容性很强的互利互惠平台；其次，“一带一路”倡议将加快中国利用巨额外汇储备走出去的步伐，沿线国家将从中国投资中受益；第三，打造“一带一路”，有助于促进欧亚非大陆腹地不发达地区的经济增长，改变全球经济政治的空间布局和活动方式及其流向，为世界范围内的均衡发展做出新的贡献。

“一带一路”进一步巩固、扩大我国与中亚、东南亚以及更广大发展中国家和地区的互利合作，有利于全方位开放新格局的形成。从经济转型升级角度看，“一带一路”为我国东部地区产业转移和过剩产能化解提供了广阔的战略迂回空间。“一带一路”有利于实现我国资源、能源进口渠道的多元化，同时也为保障海上资源能源运输线的安全奠定了坚实基础。从维护社会稳定的角度看，“一带一路”建设对三股势力的预防、打击标本兼治，为维护社会安定、民族团结奠定了坚实基础。同时“一带一路”合作倡议将“丝绸之路”延续千年的经济、文化、商贸友好交流传统继承下来并赋予新的时代含义，为各国间的人文交流提供了一个广阔的舞台。“一带一路”建设通过扩大各国科技合作、密切人员往来，为中国及沿途国家的经济发展提供了有力的技术和智力支持。“一带一路”为加强不同国家、民族、宗教间的人文交流和相互理解、消除彼此的隔阂与误解、增强尊重互信、共创人类文明繁荣局面创造了有利条件。

第27智　攻其必救——击敌要害之处以实现主动

在战场上，能够成功地调动敌人而不被敌人调动，是很有学问的，而攻其必救是调动敌人的最常用方法。《孙子兵法·虚实篇》曰："放我欲战，敌虽高垒深沟，不得不与我战者，攻其所必救也。"攻其必救，歼其救者，变攻坚战为运动战，使敌人失去坚固的阵地依托。

战国时期，魏国大将庞涓率八万大军进攻赵国，赵国抵御不了魏国的进攻，就向齐国求救。齐大将田忌打算把军队直接开到赵国去，与魏作战。齐军师孙膑则不同意，提出了"围魏救赵"的谋略。田忌采纳了孙膑的谋略，以一部分兵力直趋魏国，把魏国的国都大梁（今开封）包围起来，以此调动魏军回援。魏军果然回援，在途中中了孙膑的埋伏。魏军大败，赵国得救。

在商战场上运用"攻其必救"的目的在于有计划地调动对方，其妙处集中在"必救"二字上。因此，"必救"之处往往是对方的要害和敏感点，又是对方力量虚弱之处，我方恰时攻之或利用之，就等于找到制胜的突破口。

1981 年 2 月，中国哈尔滨电缆厂代表与美国一家公司的代表洽谈购买无氧铜主机组合炉，美商报价 218 万美元，后来压到 128 万美元，中方代表仍不同意，谈判出现裂痕。"你们没有诚意"，美方代表不满地把合同书扔给中方，愤愤地说，"我们明天回国，买卖不做了。""买卖不做了，你们可以走了。"中方代表以硬对硬，以使美国代表变软，又把价格降到 118 万美元，并以最后通牒的口气声称："这回说啥也不能再降了，不然我们就赔了。"中方代表还是不同意，谈判破裂，美方代表于第二天回国。

综观洽谈双方的表现，似乎只有美方"一头热"。其实正好相反，中方是外冷内热，急需这种设备。那么，中方代表为啥还要"冷处理"呢？因为"心里有数"，坚信美方不会因此而"黄"了，其"必救"之处的价格还没有到极限。果不出所料，没过几天，美方代表又回来继续谈判，当中方代表出示美国在两年前给匈牙利的交价（一台组合炉的卖价 98 万美元）时，美方代表尴尬地说道："现在物价上涨了。""物价上涨的指数每年是 6%，怎么也涨不到这个数呀？"经过一番舌战，这笔交易最终以 108 万美元成交。

【经典案例及分析】

柯达公司的攻其必救策略

多年来，美国和日本在经济领域里的竞争非常激烈。正当日本的资本大规模侵入美国时，美国柯达胶卷公司却悄悄打进了日本，争夺实力雄厚的日本富士公司的市场。

远在 1899 年，具有 100 多年历史的柯达公司已开始垄断日本市场。但在第二次世界大战后，为了使满目疮痍的日本能极早恢复经济和重振民族工业，柯达公司和许多外国企业一样被迫迁出日本。此后 40 年中，富士胶卷公司取得很大进展，占据了日本 70%的市场，并积极向海外拓展。同时，富士公司还在包括美国在内的世界各地处处显示出咄咄逼人之势。

1985 年，柯达公司总部开始意识到富士的猛烈攻势已威胁到自己生存，决定予以反击。日本是世界最大的胶卷市场。柯达公司决定“以其人之道还治其人之身”，打入日本本土。于是，柯达公司急忙赴东京开办分公司，并进行大规模投资，共达 500 万美元。在销售方面，柯达公司借助日本人的力量，把销售业务包给大阪一家大商业公司，结果推销工作极为顺利；柯达公司还进行多方投资，柯达日本分公司向与自己业务有关的企业进行投资，或合并、或吞并，充分利用日本的人力和财力，扩大自己的实力；柯达公司还广泛地进行了促销宣传，正当富士公司致力于海外扩张时，柯达公司花了相当于它们 2 倍的广告费，在日本各地大做广告。特别是在 1988 年汉城（今首尔）奥运会时，它资助了日本体育代表团，赢得了日本人的好感。

经过 5 年多的努力，柯达产品在日本的销量上升了 6 倍；1990 年营业额高达 13 亿美元。这样的成绩来之不易，因为它是在富士公司的排挤下取得的。富士公司只好从海外把部分人员调回日本，准备与柯达进行更为激烈的争夺战，这样就减轻了日本富士公司对柯达的美国市场及其他世界市场的压力，柯达的“攻其必救”策略获得空前成功。

第 28 智　守正出奇——胜利的秘诀在于奇正变化

《孙子兵法·势篇》曰：“凡战者，以正合，以奇胜。故善出奇者，无穷如天地，不竭如江河。终而复始，日月是也。死而复生，四时是也。声不过五，五声之变，不可胜听也。色不过五，五色之变，不可胜观也。味不过五，五味之变，不可胜尝也。战势不过奇正，奇正之变，不可胜穷也。奇正相生，如循环之无端，孰能穷之？”意思是，大凡指挥作战，一般都要以正面的部队和敌人相对抗，而根据具体情况运用奇兵取胜。所以，善于运用奇兵的将帅，其战术的变化就像天地那样无边无际，像江河那样奔流不息。太阳、月亮的运转，周而复始；春、夏、秋、冬四季的更替，循环无穷。基本音阶不过五种，可这五种音阶的配合变化，令人听不胜听；基本颜色不过五种，可这五种颜色的配合变化，令人看不胜看；基本味道不过五种，可这五种味道的配合变化，令人尝不胜尝。基本战术不过奇、正两种，奇正的配合变化，却是无穷无尽的。奇可以生正，正可以生奇，奇正的互相转化，就像循环转动，无始无终，谁能穷尽它呢？

用兵打仗要讲战略战术，“守正出奇”是孙子的重要思想。战略，是宏观指导战争全局的方略。战术，是具体指导战斗行动的方法。可见，没有战略战术作为指导，打仗就是瞎打，哪有胜利可言？同样，军事以外的领域也要讲战略战术，没有战略战术的人生征途以及所有的竞技对抗，难以取胜。

古往今来的战略战术五花八门，你有你的计谋，我有我的策略，他有他的招数，究竟要用怎样的战略战术呢？《孙子兵法》作为揭示战争规律的兵学圣典，高屋建瓴地总结概括了军事领域最基本的战略战术——“奇正”。孙子说：“战势不过奇正。”那么，什么是“奇”？什么是“正”呢？

综合中外众家的论述：按出兵先后分，先发制人为正，后发制人为奇；按当敌位置分，正面强攻为正，侧翼迂回为奇；按动静分，静为正，动为奇；按作战时间分，白天交战为正，夜晚作战为奇；按进退分，进为正，退为奇；按战法分，常规战法为正，特殊战法为奇；按明暗分，明战为正，暗袭为奇。防备得使敌不能胜我为正，乘敌之败形袭击为奇。“正”是正兵，用于阻止敌人的攻击；“奇”是奇兵，用于克敌制胜的突袭。日本有学者说：“正是战斗的常则，如正攻等；奇是战斗的变则，如迂回等。”尼克松说：“‘正’即平常的、直接的力量；‘奇’乃异常的、间接的力量。”

我国战争史上，韩信的“明修栈道，暗度陈仓”是一出好戏。首先用“明修栈道”迷惑敌人，是“正兵”；然后用“暗度陈仓”的“奇兵”出其不意地平定了三秦。第二次世界大战中，德军以七个师的兵力配置在法军马奇诺防线的正面，迷惑了法军统帅的视线，牵制了法军的主力，这是“正兵”。德军的主攻部队神不知鬼不觉地绕道阿登山脉，顺利地向法国实施了“闪击”进攻，这就是“奇兵”。由此可见，“正兵”“奇兵”相辅相成，“以正合，以奇胜”，缺一不可。

中国古代军事思想代表作《武经七书》之一《唐太宗李卫公问对》指出：“凡将，正而无奇，则守将也；奇而无正，则斗将也；奇正皆得，国之辅也。”意思是：大凡将领，仅会运用“正”法而不会运用“奇”法的，只是善于防御的守将；仅会运用“奇”法而不会运用“正”法的，只是善于进攻的斗将；只有奇正之法都会运用的，才是辅佐国家的良将。《阵纪·奇正虚实》指出：“法云：有正无奇，虽整不烈，无以致胜也；有奇无正，虽锐无恃，难以控御也。”意思是：兵法说，作战只有正兵而没有奇兵，即使阵容严整却没有威力，无法取得胜利；只有奇兵而没有正兵，即使锐猛却没有依托力量，难以控制战局。强调的还是“以正合，以奇胜”缺一不可。

1943 年 10 月 14 日，美国空军出动 291 架 B-17 轰炸机，在 P-47 战斗机的掩护下出航轰炸德国重地施魏因福特。这次作战，担负掩护的 P-47 战斗机是“正兵”，执行轰炸任务的 B-17 轰炸机群是“奇兵”。一般情况下，这次轰炸是可以达到目的，但由于 P-47 战斗机油量少，掩护到德国边境便不得不返航，结果这场缺了“正兵”的空袭行动，遭到德军 400 架战斗机的一波接一波的截击，总共被击落 62 架，被击伤 138 架，飞行人员伤亡 639 名。美军这次空袭失败的原因，就在于“正兵”和“奇兵”没有相得益彰，有奇无正。

1915 年，巴拿马万国博览会上人潮如涌，中国展室却冷冷清清。中国商人们都在暗暗叫苦，特别是来自贵州的那位身穿长马褂、头戴瓜皮帽的商人，更是焦灼无比，因为他来万国博览会展销茅台酒，然而，几天来，那些外国人连看也不愿看“茅台”一眼。

是它的包装过于古朴？还是外国人对它一无所知？抑或是外国人对它有成见？贵

州商人苦苦思索。又一群外国人从邻近展室走出，这时贵州商人突然灵机一动，捧起一瓶酒，故作失手，“哎呀”一声惊叫，“茅台”坠落在地，陶瓷酒瓶摔碎了。霎时，一股酒香悠悠飘起，沁向四周……“好香!”“妙极了！什么酒？”在一片惊异的赞叹声中，外国酒商纷纷拥来。尽管破碎的陶瓷酒瓶很快被收拾，地面很快就被擦干，但是，几天过去了，中国展室内外依然留香不绝，沁人心脾。茅台酒一鸣惊人，从此走向世界。

梅派京剧艺术的创始人梅兰芳在北京唱戏红透了京城，上海丹桂大戏院的老板要把他请到上海，可是上海人对梅兰芳几乎一无所知，怎样才能引起轰动效应呢？老板想出了计策。几天后，上海一家大报头版的整个广告版面登出了三个赫然大字——梅兰芳，一连三天，如法炮制。一石激起千层浪，上海人被这三个字吸引住了，大街小巷、茶馆酒楼，到处都听到有人在询问，在议论。

登广告的那家报馆更是忙得不亦乐乎，询问电话、登门造访者接踵而来，报馆神秘兮兮地答复“无可奉告”。于是，人们把目光再一次聚焦在报纸上。第四天，还是那家报纸，还是头版版面，在人们已熟悉的“梅兰芳”三个大字下面出现了几行清晰的小字——“京剧名旦，假坐丹桂大戏院演出《彩楼配》《玉堂春》《武家坡》。”三天来的疑团虽然解开，新的疑问又上心头：梅兰芳到底是个什么样的人？于是，上海人争先恐后地涌至丹桂大戏院。首场演出爆满，梅兰芳的高超演技令上海人称绝！此后，大戏院场场爆满，梅兰芳名扬上海，戏院老板乐得合不拢嘴。

“奇正”的通常运用，就这么简单！可是，要真正理解“奇正”的战略战术，还得掌握“奇正”的变化运用。孙子说：“奇正相生，如循环之无端，孰能穷之？”这句话是说“奇”“正”相互转化，就像圆环旋绕，无始无终，谁能穷尽它呢？深入理解，“奇正相生”是说“奇”和“正”是相互转化的，奇兵和正兵的运用要随时随地、因情因势灵活变化。这就是“奇正”的变化运用。

一个16岁的少年去拜访年长的智者，少年问：“我怎样才能变成一个自己愉快，也能带给别人快乐的人呢？”智者笑着说：“孩子，在你这个年龄有这样的愿望，已经是很难得了。很多比你年长的人，从他们问的问题本身就可以看出，不管怎样跟他们解释，都不可能让他们明白真正重要的道理。我送给你四句话。第一句是，把自己当成别人。你能说说这句话的含义吗？”少年回答：“是不是说，在我感到痛苦忧伤的时候，就把自己当成是别人，这样痛苦自然就减轻了；当我欣喜若狂时，把自己当成别人，那些狂喜也会变得平和一些？”智者微微点头，接着说：“第二句话，把别人当成自己。”少年沉思一会儿，说：“这样就可以真正同情别人的不幸，理解别人的需要，而且在别人需要帮助的时候给予恰当的帮助？”智者两眼发光，继续说道：“第三句话，把别人当成别人。”少年默默思索着，回答道：“这句话的意思是不是说，要充分尊重每个人的独立性，在任何情形下都不能侵犯他人的核心领地？”智者哈哈大笑：“很好，很好，孺子可教！第四句话是，把自己当自己。这句话理解起来太难了，你留着以后慢慢品味吧！”少年说：“这句话的含义，我一时体会不出。但这四句话之间有许多自相矛盾之处，我怎样才能把它们统一起来呢？”智者说：“很简单，用一生的时间和经历。”少年沉默了很久，然后叩首告别。后来，少年变成了中年人，又变成了老人。在他离开这个世界很久以后，人们还时时提到他的名字。人们都说他是一位智者，因为他是一个愉快的人，而且也给每一个见过他的人带来了快乐。

【经典案例及分析】

江小白究竟是怎么“火”起来的?

近几年，我国白酒市场普遍不景气，除了领军的茅台、五粮液不断刷新交易记录外，二三线的品牌普遍低迷。但是作为传统酒品，一款单品售价只有20元的白酒品牌——江小白，却以黑马之势席卷而来，公司年销售保持100%的增长，做到了一年3亿的销售额。江小白，是重庆江小白酒业有限公司旗下江记酒庄酿造生产的一种自然发酵并蒸馏的高粱酒品牌。很多人将江小白这一新兴品牌的异军突起，归结为文案成功，以至于像二线品牌内的大佬——红星二锅头也学着江小白，做起了营销。那么，江小白究竟是怎么“火”起来的呢？

第一，打磨产品品质，迭代产品核心。孙子兵法中强调，以正合，以奇胜。一个企业的产品质量必须要得到消费者的认可，否则再好的文案，再有智慧的营销策略也不能保证企业获得长期成功，这就是“守正”的作用。江小白白酒的核心是瓶子里的酒，任何成长和进步都基于酒的质量。

白酒的酿造与当地的自然地理环境密不可分。为追根溯源，江小白将酿酒基地“江记酒庄”选址于小曲清香型白酒发源地——重庆市江津区白沙古镇。白沙古镇历史悠久，早在东汉就有人聚居，元代设建制镇；这里土壤富含有助于人体健康的微量元素，硒元素尤为丰富。独特的地理环境与气候特征，滋养了重庆悠久的酿酒文化。公元前300多年，“巴乡清”就曾被进贡给秦昭襄王。传承巴渝地区传统精酿高粱酒工艺，“江边酿造，小曲白酒”，江小白以此得名。在反复的研发过后，酒的质量打磨到可以上市，足以推动产品成长的核心就基本具备了。

第二，开展个性化营销，出奇制胜。传统的白酒太烈太呛口，现在的年轻人不是很喜欢喝，所以2012年江小白白酒品牌初创时的产品定位就是做一款口味较清爽的年轻人会喜爱的白酒。在包装上，如果沿用传统高粱酒的包装，那么对年轻人不会有吸引力。包装不仅仅是一个设计，更是一个理念，一个如何快速俘获目标用户的手段。为此，江小白在包装上大胆创新，抓取应用场景这个概念。1.0版本（语录版）江小白完全摆脱了以往白酒的包装套路，小小的瓶身，精致时尚的青春卡通形象，经典的语录，快速吸引目标用户。2.0 版本（表达瓶）江小白增强消费者参与感，使消费者变成生产者，数千万消费者在相聚、失恋等场景下都能有不同的情绪发泄。有了这些铺垫，江小白继续在包装上加以优化，每一种包装都遵循一个原则：一种包装配一句标语，帮助用户点明应用场景。

第三，价值链延伸，扩张战果。迅速壮大后，江小白面向小众客户（一般是企业用户）开放了更多的定制功能。江小白的白酒不错，品牌也不错，也会接受一些定制化的需求，满足用户或企业的私人场景。例如，公司年会的定制酒——不仅仅可定制包装，还可以定制口味；婚礼白酒定制化；生日白酒定制化等。而除了定制，江小白也在打造自己的平台能力，从单一产品向生态化发展。

第 29 智　置之死地——无退路的用兵方法

战争具有很强的杀伤性和破坏性，战场是一个充满“死亡”的地方，然而，是人都会爱惜自己的性命，面对死亡，参战官兵无不深陷恐惧之中。古今中外，所有的军队，无论是实力强大还是弱小，武器装备先进还是落后，面对随时可能付出生命的战争而产生的心理恐慌是一样的。据有关资料介绍，美国被派往伊拉克的老兵中，有高达 17%的人员患有创伤后紧应激障碍（Post Traumatic Stress Disorder，PTSD），出现情绪低落或者心情焦虑等症状。那么，如何用兵，才能让士兵不得不死战到底呢？《孙子兵法·九地篇》曰：“投之无所往，死且不北。死焉不得，士人尽力。”意思是将士兵投放到无路可走的境地，虽死也不会败退。既然处于危险境地，士卒死都不怕了，岂会不竭尽全力死战？一般来说，越是走投无路，应当越恐惧，为什么反而不怕了呢？孙子分析其中的原因说：“兵士甚陷则不惧，无所往则固。”士卒陷于绝地，清楚地看到横竖是个死，与其贪生怕死，不如拼命战死，所以反而无所畏惧了。士卒没有退路，也就没有任何别的选择，只能更加抱团，依靠集体的力量，所以军心更加稳固。孙子得出结论说：“深入则拘，不得已则斗。”这里的“拘”是束缚、凝成一团的意思，深入敌国境内，士卒远离本国，已无退路可言，所以会被迫选择死战，死战则必胜。这种情况下部队可能呈现出什么样的状态，孙子连用四个“不”来形容：“是故其兵不修而戒，不求而得，不约而亲，不令而信”。部队一旦处于死地，那么无须整饬就能注意戒备，无须强求就能完成任务，无须许诺重赏就能拥戴，无须三令五申就能遵守纪律。不言而喻，这种状态的部队特别能打、能拼。这就是“置之死地而后生”的原因。

孙子“置之死地”的用兵方法，曹操注曰：“必殊死战，在亡地无败者。孙膑曰：兵恐不投之死地也。未险难地，则士卒心不专。既陷难地，然后胜败在人为之耳。”不到生死存亡的时候，士兵不能置生死于度外，殊死作战，因为还有别的选择。历史上应用这一思想最为成功的当属韩信的背水一战。

秦朝灭亡后，项羽和刘邦展开了一场战争，这就是历史上的楚汉相争。刘邦手下有一员大将，名叫韩信。韩信本来是淮阴人，项梁起兵以后，路过淮阴，韩信去投奔他，在楚营里当个小兵。项梁死后，韩信又跟了项羽，项羽见他比一般兵士强，就让他做个小军官。韩信有好几次向项羽献计策，项羽都没有采用。韩信感到十分失望，等到汉王刘邦到南郑去的时候，韩信就投奔了汉王，被刘邦拜为大将。

为了打败项羽，夺取天下，韩信向汉王仔细分析了楚（项羽）汉双方的条件，认为汉王发兵东征，一定能战胜项羽。汉王越听越高兴，发现韩信是个人才。打那以后，韩信就指挥将士，操练兵马，东征项羽的条件渐渐成熟了。

公元前 205 年，韩信偷袭魏王豹，灭掉魏国。10 月，刘邦又派他与张耳率几万军队向东继续挺进，攻击赵国。韩信的部队要通过一道极狭的山口，叫井陉口。赵王赵歇和赵军统帅陈余立刻在井陉口聚集二十万重兵，严密防守。赵王手下的谋士李左车对大将陈余说："韩信这次出兵，一路上打了很多胜仗，可谓是一路威风，现在他又乘胜远征，企图攻下赵国，其势锐不可当。不过，他们运送粮食需经过千里之遥，长途跋涉。现在我们井陉山路狭窄，车马不能并进，汉军的粮草队必定落在后面。这样你暂时给我三万人，从小道出击，拦截他们的武器粮草，断绝他们的供给，汉军不战死也会饿得半死。你在这里坚守要塞，不与他们交战，他们前不能战、后不能退，用不了几天我们就可活捉韩信。"但大将陈余不听，仗着兵力优势，坚持要与汉军正面作战。

韩信了解到这一情况，非常高兴。他命令部队在离井陉三十里的地方安营，到了半夜，让将士们吃些点心，告诉他们打了胜仗再吃饱饭。随后，他派出两千轻骑从小路隐蔽前进，要他们在赵军离开营地后迅速冲入赵军营地，换上汉军旗号；然后韩信又派出一万人沿着河岸背水摆开阵势。背水历来是兵家绝地，一旦背水，非死不可。陈余得知消息，大笑韩信不懂兵法，不留退路，自取灭亡。

到了天明，韩信率军发动进攻，双方展开激战。不一会，韩信、张耳假装败退，向河岸阵地靠拢。陈余则指挥赵军拼命追击。这时，韩信命令主力部队出击，背水结阵的士兵因为没有退路，也回身猛扑敌军。这时韩信埋伏的两千轻骑兵，见赵军倾巢出击，立即飞奔驰入赵营，拔掉赵国的全部军旗，换上汉军的红旗。

赵军无法取胜，正要回营，忽见营中已插遍了汉军旗帜，于是四散奔逃。这时汉军两面夹击，赵军大败。士兵们杀死了陈余，抓获了赵王，在庆祝胜利的时候，将领们问韩信："兵法上说，列阵可以背靠山，前面可以临水泽，现在您让我们背靠水排阵，还说打败赵军再饱饱地吃一顿，我们当时不相信，然而竟然取胜了，这是一种什么策略呢？"

韩信笑着说："这也是兵法上有的，只是你们没有注意到罢了。兵法上不是说'陷之死地而后生，置之亡地而后存’吗？如果是有退路的地方，士兵都逃散了，怎么能让他们拼命呢！”

有这样一个智慧故事，大家也许能从中得到一些启发：有一天，某个农夫的一头驴子不小心掉进一口枯井，农夫绞尽脑汁想救出驴子，但几个小时过去了，驴子还在井里痛苦地哀嚎着。最后，这位农夫决定放弃，他想这头驴子年纪大了，不值得大费周章去把它救出来，不过无论如何，这口井还是得填起来。于是农夫便请来左邻右舍帮忙一起将井中的驴子埋了，以免除它的痛苦。农夫的邻居们人手一把铲子，开始将泥土铲进枯井中。当这头驴子了解到自己的处境时，刚开始哭得很凄惨。但出人意料的是，一会儿之后这头驴子就安静下来了。农夫好奇地探头往井底一看，出现在眼前的景象令他大吃一惊：当铲进井里的泥土落在驴子的背部时，驴子的反应令人称奇——它将泥土抖落在一旁，然后站到铲进的泥土堆上面。就这样，驴子将大家铲倒在它身上的泥土全数抖落在井底，然后再站上去。很快，这只驴子便上升到井口，然后在众人惊讶的表情中快步地跑开了。

人们在追求理想、事业、成功的道路上，总会遇到许多困难、挫折。这些困难、挫折是试金石，谁继续坚持自己的追求去战胜它们，谁就有可能到达理想的目的地；反之，理想、事业、成功等都将成为希望的肥皂泡，好看却经不住风吹雨打。试想，假如爱迪生在失败面前放弃自己的试验，人类会在黑暗中摸索到何时才能享受电的光明？假如司马迁在屈辱面前败下阵来，后人怎能读到“史家之绝唱，无韵之离骚”？

没有选择，往往能义无反顾，勇往直前。而现实中，选择太多，因而人生的岔路也太多。而在选择中，如果说最初仅仅是凭着自己的直觉来选择的话，那么到了后来，影响着选择的外在因素就越来越多，我们为着社会而选择，为着亲友而选择，却往往迷失了自我，失去了最初的纯真和梦想。我们选最热门的专业，但却不是自己最喜欢的；我们毕业后选最挣钱的工作，但却不是为了实现自我价值。我们就这样一步一步任由别人牵着来选择，就这样一步一步变得圆滑老道，就这样羡慕地望着那些走在自己梦想中的人而感叹。所以，人生中有时需要背水一战，堵截自己的退路，这样会激发个人的最大潜能，奋勇向前，走向成功。

【经典案例及分析】

谭旭光用20年缔造潍柴成长传奇

1998年6月28日，谭旭光临危受命，履新潍柴。面对几近破产的万人国企，谭旭光剖析了企业存在的四大问题——思想保守，观念落后；机制僵化，缺乏活力；治厂不严，管理滑坡；人浮于事，作风漂浮。之后，提出改革是历史发展的必然，必须深化企业内部改革。1998年10月，潍柴正式拉开为期三年的机构、人事、用工、分配制度改革帷幕，在企业内部建立干部能上能下、职工能进能出、工资能升能降的市场化机制，此被称为“三项制度改革”。三年后，潍柴的“三项制度改革”完美收官。潍柴在岗职工总数由14360人减至8000人，减幅达36%，并建立了与企业发展相适应的人事分配机制。

2002年，潍柴进行了彻底的体制改革，成立潍柴动力，引入境内外战略投资者，公司核心人员持股，实施管理层激励。2004年，潍柴动力在香港上市，成为内燃机行业首家在港上市公司，打通了国际化道路。2005年8月，潍柴动力力挫各路资本将湘火炬集团收入囊中，并于2006年9月通过战略吸收合并湘火炬，实现了潍柴动力A股上市发行，开创了内地、香港两地上市公司合并的先例，被誉为中国资本市场全流通条件下最富创新价值的第一并购案例。2008年的全球金融危机给中国企业带来了国际并购抄底的机遇，经过斗智斗勇的较量，2009年，潍柴并购法国博杜安动力公司，弥补了潍柴16升以上高速发动机的空白，获得26个国家市场渠道资源，并积累了海外并购与整合经验。

接着，潍柴战略重组世界最大的豪华游艇制造企业——意大利法拉帝集团、德国凯傲集团和林德液压公司，上演了欧洲并购“三部曲”。

2016年，潍柴通过凯傲集团收购美国德马泰克，搭建起了“凯傲物料搬运设备+德马泰克自动化物流”智能物流产业链，逐步从技术领先的装备制造企业向整体解决方案服务商转型。

2017年4月，潍柴动力战略控股可替代动力提供商美国PSI公司，正式进入北美动力系统市场，完成北美“二重奏”。

2008年，潍柴的研发团队只有250人，目前全集团有国内企业研发人员4300多人；2008年，潍柴只有300项科技专利，目前已达到3150项。如今，潍柴已搭建覆盖中、美、法、德、意、日等国的全球协同研发平台，正汇聚全球前沿科技资源，搭建起辐射全球的前沿创新体系。

从濒临倒闭的地方柴油机厂跨越发展成营收超过2200亿元的跨国集团，潍柴只用了短短20年时间。没有谭旭光“置之死地而后生”的决心，就不会有潍柴涅槃再生的今天。

第30智　战胜不复——战法应用切忌千篇一律

“战胜不复，而应形于无穷”，是孙子在《孙子兵法・虚实篇》中提出的一个非常重要的用兵思想。意思是战胜敌人的战法每次都应该有所区别，应当根据敌情变化而灵活运用。因为失败的一方也一定在总结失败的教训，其教训当然是直接针对胜利者的经验。如果胜利者照搬取胜的经验指导下一次作战，必然会违背“攻其无备，出其不意”的原则。

战争是一个充满不确定性的领域，真真假假，虚虚实实，强调敌变我变，灵活用兵。作为指挥员，切忌墨守成规，生搬硬套。赵括自恃饱读兵书，长平之战中简单照搬兵法作战，导致 40 万将士被活埋；马谡以精通兵法自居，奉命防守街亭时，不顾战场实际情况放弃关隘，坚持按兵法将部队部署在“高坡向阳”的山坡上，结果丢失街亭。类似案例历代皆有，不胜枚举。饱读兵书，应当百战百胜，缘何败军辱将？用《孙子兵法》分析，其关键原因就在于不善于变化。一般情况下人们必须按照常规打仗，但是墨守成规又往往打败仗。孙子深谙其中的奥妙，因而在揭示战争常规的同时，非常强调变化，其经典表述是“兵无常势，水无常形；能因敌变化而取胜者，谓之神”。可以说，这是整部《孙子兵法》的灵魂。因此，“战胜不复”本应是“因敌制胜”思想的体现。

然而，在实际作战中，真正领悟了《孙子》制胜核心思想者，又可以颠覆这“不复”的原则，即为了出其不意，也可以破禁犯忌，故意重复用兵。这既可以看作“战胜不复”的扩展，又展现了“因敌而制胜”的核心和灵魂。例如，1937 年 10 月，日军沿正太路西犯，我八路军一二九师师长刘伯承指挥我军一部在山西省平定县七亘村一带设伏，首战毙敌 300 余人，缴获大批军用物资，我军仅伤亡十余人。第三天，刘伯承再一次指挥部队在同一地点设伏，毙敌一百余人，缴获骡马数十匹。刘伯承为什么在三天之内于同一地点两次设伏都能获胜呢？这其中的原因就在于敌军指挥官判断我军不可能重复用兵，而我军则偏偏破禁用兵，出敌不意。所以，战胜不复亦有复，有复堪称真不复。

社会生活的任何竞争领域都是残酷的，只有独特、独创的东西才有生命力。从这个意义上说，《孙子兵法》的“战胜不复”是一种智慧，这种智慧可以运用到所有领域。马云最早进行电子商务，宣布上淘宝网的卖家免费开店，而其竞争对手 eBay 是要收开店费的。最后，淘宝网通过免费汇聚了大量的卖家。有了卖家，就会有买家。为避免商家流失，马云原计划三年免费，之后不得不继续免费，后来干脆永久免费。虽然有些无奈，但客观上做到了“因敌而变”。这是马云的第一个创新点。

当中国几乎所有的商家都到淘宝网上开店的时候，问题又来了，页面堆挤，搜索一种面巾纸，会出上千个结果。面对新情况，马云又想到了应对之策。那就是在淘宝网上可免费开店，但要想在搜索结果里排在前面，就要交增值服务费。淘宝今天成为中国知名的互联网公司之一，实际上就是通过免费模式创造了一种新的收入模式。如果淘宝网在开始的时候不免费，那它就无法战胜 eBay，也不可能有今天这么大的规模。这是马云的第二创新点。

在 eBay 网上交易是要收交易费的，而且为避免买家和卖家共谋，eBay 网严格规定卖家不许留自己的手机，不许留信箱地址。然而，中国人的购物习惯是不直接交流就没有安全感。针对 eBay 的困境和消费者的习惯心理，马云干脆把交易费也免了，买家与卖家联系越多越好，还做了一个“淘宝旺旺”的聊天工具来撮合交易。这样，淘宝网又有了一个即时通信工具。既然全都免费了，淘宝网干脆提供了一个方便交易的支付手段——支付宝。为了解决信用的问题，支付宝又创造性地设计了一种让买家拿到货再通知付款的流程，反过来促进了淘宝网的交易。这是马云的第三创新点。

从淘宝网的发展来看，马云的经营竞争战略，虽然当时有一定的无奈，但他抓住了一点：灵活变化，反常规操作，根据竞争对手的情况，避免思路重复、流程重复，创新经营模式，创新服务方式，达到“战胜不复”的境地。

【经典案例分析】

茅台冰淇淋的跨界经营策略

“跨界”是指两种不相干的行业，通过企业共同合作，使两种元素相互渗透、相互融合，目的是让品牌变得更有立体感，从而给客户带来一种不同于以往的体验。目前跨界已渗透到各个行业应用。每个行业，大到全球大企业，小到个人，都在通过自己的方式，演绎不同的跨界故事。

2019 年 9 月 18 日，一款茅台冰淇淋亮相在杭州举办的 2019 淘宝造物节上。有不少平时不饮白酒的消费者表示“想尝尝白酒冰淇淋”。据工作人员介绍，茅台冰淇淋和大家猜想得差不多，是将普通的冰淇淋和贵州茅台酒按照一定比例混合而成，酒精浓度约 3%（体积比），入口后还能感受到一丝丝酒的辣意。其实不只是茅台，泸州老窖也和网红“钟薛高”合作，把 52 度的泸州老窖注进雪糕里，取名为“白酒断片雪糕”。“白酒断片雪糕”广泛吸引了不同圈层的消费者，无论是会喝酒的还是不喝酒的消费者都加入了话题讨论，当时微博相关话题阅读量超过 1 亿。

目前，在国内消费升级的长期过程中，蕴藏着很多商业机遇和创新机会。跨界商品的出现，是探索新商业机遇的积极尝试。随着各个行业的发展，跨界玩法也越来越多，看似没有交集的两个行业也可以通过某种合作方式碰撞出火花。一个企业，必须不断运用灵活的营销手法，力求突破单一的营销模式，才能避免思路重复，才能做到“战胜不复”。

危机管理篇

第 31 智　修道保法——从根本上避免危机的产生

《孙子兵法·形篇》曰：“善用兵者，修道而保法，故能为胜败之政。”“道”就是使民众与君主上下一心。政，通“正”。意思是说：善于领导战争的人，必须修明政治，确保法制，所以能够掌握胜败的决定权。同时，修道保法也是从根本上避免战争和各类危机发生的有效途径。

上古时期，中华大地上洪水泛滥。大禹带领人民疏通江河，兴修沟渠，把洪水顺利地导入大海，于是水患平息，人民安居乐业。但大禹积劳而逝，禹的儿子启凭借先人的丰功伟绩建立起了中国古代的第一个王朝——夏。启死后，传位给儿子太康。太康身居君位却贪图安逸享乐，不顾人民疾苦，最终激起人民的怨愤。

在这种情况下，太康依然纵情游乐，带着家人到洛水南面打猎，一走就是上百天，不愿回朝理政。东方部族的首领后羿乘机在黄河北岸阻止太康回朝，袭占夏都。太康的五个弟弟这时侍奉他们的母亲跟随打猎。

当太康被阻后，他们在洛水入黄河处苦苦等候，始终不见太康回来，便作了五首歌陈述祖先大禹的告诫，指责太康轻视人民、纵情声色、失道乱纲、覆宗绝祀，表达了不慎厥德、追悔莫及的感叹。其中第一首歌唱道：

我们伟大的先祖大禹有训示，百姓可以亲近，但不可以认为他们卑贱；百姓是立国的根本，根本稳固了，国家才会安宁……

这首歌中概括的“民为邦本，本固邦宁”（百姓是立国的根本，根本稳固了，国家才会安宁）这句话，此后成为中国政治思想中的一个基本理念。

公元前 684 年，齐国和鲁国之间发生了一次战争。当时齐国军队强大，主动进攻；鲁国被动应战，国君鲁庄公忧心忡忡。

这时鲁国有一个贤士叫曹刿，来见庄公。他问庄公：“你觉得可以依靠什么与齐国作战？”

庄公说：“衣服和粮食，我都不敢自己独享，必定分给别人。”曹刿说：“小恩小惠，不能遍及每个人，老百姓恐怕不会跟从。”

庄公又说：“祭神的供品，我都按照礼仪的规定，必须做到诚信不欺。”曹刿说：“微小的信用不能覆盖天下，神不会赐福的。”

庄公又说：“大大小小的刑狱，我虽然不能明察秋毫，但必定根据实情来处理。”曹刿说：“这是忠于人民、勤于政事的表现。可以一战。”于是曹刿协助鲁庄公指挥了这次作战，鲁国军队成功地抵挡住了齐国军队的连续进攻，并在齐军久攻不克、力衰气竭的时候发起反击，打退了齐军。

中国历史上的这些事情，在史书中都有记载。孙子正是从历史的经验中看到了“修道”和“保法”对战争胜负的决定性影响，因而在他的战争理论架构中把这个思想放到突出的位置，特别强调。在孙子看来，战争的力量存在于民众之中，必须得到百姓的大力支持才能最终取得胜利，“有道”就是取得民众的信任和拥护；“修道”就是想民众之所想，急民众之所急，兴民众之所喜，除民众之所恶。“修道”而取得民众支持，并且能确保各项法令得到贯彻落实的，就能在战争中立于不败之地。

“修道保法”思想可以并且已经被运用到各个领域。换句话说，任何一个领域的工作如要“先为不可胜”“立于不败之地”，进而取得“全胜”，就必须在“修道保法”上下功夫。譬如，企业和商业的“修道”，就是树立为社会、为民众服务的宗旨，生产高质量的产品，使企业和商品享有良好的信誉。企业和商业的“保法”，就是要健全企业的各项规章制度。

青岛海尔集团在“修道”和“保法”方面一直都十分重视，对于不合格的冰箱宁可砸碎，也不让其流入市场。海尔集团对购买海尔电器的售后服务都有明确的承诺，一位叫阿不力克江的维吾尔族消费者在乌鲁木齐商场购买了一台海尔电脑，要求送货上门。这位用户家在喀什岳普湖，离乌鲁木齐近 2000 公里。海尔人决定派星级服务兵上门安装。戈壁茫茫，一路颠簸，不料汽车半路上出了故障。阿不力克江急了：车坏了，这电脑还能送上门吗？海尔人承诺不改，雇了骆驼继续前进。就这样走了三天，终于把电脑送到了用户家里。经过安装培训，服务兵要走了。这时，阿不力克江拉着海尔人的手激动地说：“直到现在我还不相信眼前的一切，但你们却真真切切地做到了。我会永远记住海尔人的真诚。”海尔人的这番真诚，体现了企业的“修道”和“保法”。“修道”，即通过出色的行动修明了海尔的企业精神；“保法”，即信守承诺，通过各种举措，克服一切困难，确保海尔的品牌信誉。

孙子“善用兵者，修道而保法，故能为胜败之政”的论述对于我们个体的人来说，同样可以得到启示：人的一生会选择形形色色的职业，会遇到各色各样的人和事，不可能一帆风顺，有些人还会历尽坎坷，但如果我们始终在政治、德行、道义上加强修为，即“修道”，又能在政策、法律、制度上立稳脚跟，即“保法”，就一定会有一个成功的人生。

【经典案例及分析】

松下电器的“修道保法”之路

松下电器是日本最大的电器制造商，全世界设有 230 多家公司，员工总数超过 29 万人，2018 年《财富》世界 500 强排在 114 位。

松下幸之助是松下电器的开山祖师，在管理属下企业的过程中，他将《孙子兵法》一书奉为神灵。松下幸之助能背诵《孙子兵法》全篇，公开宣称，“《孙子兵法》是天下第一神灵，我公司职员必须顶礼膜拜，对其认真背诵、灵活应用。”他把《孙子兵法》中的“修道保法”，作为经营的胜败之政。

在“修道”方面，松下幸之助认为，将社会大众作为企业发展的前提，才是最基本的经营秘诀。一个小公司，其存在虽不能裨益社会，但至少不能危害社会，这是它被允许存在的最基本理由。如果公司成长了，拥有数百名或数千名员工，把不危害社会作为存在的唯一理由就不够了。它不但不能危害社会，还应该在某些方面受到社会的欢迎，这才是基本的经营方针。松下还指出，贡献社会不仅应该是经营的理想，也应该是理想的经营方法。原因很简单，企业的存在和发展都要依赖和仰仗社会。

除了强调“修道”，松下幸之助还注重“保法”。在松下，员工每天都要朗诵松下七精神，唱社歌。松下电器公司之所以能同心团结、统一步伐，正是这些社训、社歌反复熏陶、训练的结果。

要想了解松下公司，绝不能忽视松下电器的精神规范，包括纲领、信条、七精神、社歌、赞歌等。

松下电器的纲领：透彻地认识企业人的使命，谋求社会改善和进步，进而贡献于人类文明。

松下电器的信条：只有全体员工和睦相处、共同努力，才有进步、发展和希望；全体员工应本着至诚、团结之精神，为社会尽力。

松下电器七精神：一是产业报国的精神；二是光明正大的精神；三是亲爱精诚的精神；四是奋斗向上的精神；五是遵守礼节的精神；六是顺应同化的精神；七是感恩图报的精神。

正是因为这种“修道保法”的理念与原则，松下幸之助才能够一次次地化解危机，使公司永远兴旺发达。

第32智　恃吾有待——平时就应该着手化解危机的各项准备

《孙子兵法·九变篇》曰：“故用兵之法，无恃其不来，恃吾有以待也；无恃其不攻，恃吾有所不可攻也。”意思是说，用兵的法则是，不要寄希望于敌人不会来，而要依靠自己做好充分的准备；不要寄希望于敌人不进攻，而要依靠自己拥有使敌人无法攻取的力量。

《孙子兵法》的这段话阐述了有备无患的备战思想，指出不能寄希望于敌人不来、不攻，而要自己做好充分准备，拥有强大的实力。这虽然是在强调防御备战思想上的“机变”，但其思想的发端却依然是孙子“杂于利害”的原则，展现了《孙子兵法》军事哲学思维的色彩。

战争的爆发难以准确预测，尽管它有征兆可察，有端倪可寻。而一次小的疏忽失误就有可能导致兵败身亡，甚至国破家亡的恶果。三国名将关羽大意失荆州，失在没有做好“无恃曹操不来”“无恃曹操不攻”。而近代名将林则徐，在虎门销毁鸦片110多万千克而震惊世界后，深知英国人不会就此罢休，一定会以军事优势威逼清政府，于是加紧进行抵御英军的准备。从澳门购买报纸，了解国外最新情况；招募学生翻译有关资料；购进大船，改装渔船，充实水军；新建炮台，秘密购买大炮，增强防御力量；布下铁链和木排于外海，阻止英船进入内海；扩充兵员，加紧水军训练……1840年4月，英军以女王外戚麦伯为统帅，率领30艘战船侵入广东沿海，林则徐指挥清军水军，夜袭英船，烧毁英船11艘，又以“火船”乘风而进，攻击外围英船十余艘，“烧”得英军狼狈而逃。由于林则徐率领广东军民积极防御、勇猛作战，在他离开广州前，英军始终未能侵入广东沿海。林则徐的胜利，胜在“恃吾有以待也”“恃吾有所不可攻也”，胜在准备充分，使敌人无懈可击、无机可乘。

通过《孙子兵法》这段论述，还可以看到孙子“自保而全胜”思想的完整性。“恃吾有以待”“恃吾有所不可攻”与“先为不可胜”同为一个思路，都是“自保而全胜”思想的不同表述。前者是表，后者是里。

孙子的这一“有备无患”思想也是军事以外所有领域的忧患箴言和预警指导原则。在人生征途上，也会有很多“虚假安全”，当你越过重重困难，成功近在咫尺的时候，千万别放松警惕。

1949年3月23日上午，毛泽东、朱德、刘少奇、周恩来、任弼时等中共中央五大书记率领中共中央机关和人民解放军总部，乘坐12辆吉普车和10辆美制大卡车，浩浩荡荡离开西柏坡前往北平。在进行出发的准备工作时，毛泽东对周围的人说：同志们，我们就要进北平了。我们进北平，可不是李自成进北平，他们进了北平就变了。我们共产党人进北平，是要继续革命，建设社会主义，直到实现共产主义。临行前夜，毛泽东只睡了四五个小时。他兴奋地对周恩来说：“今天是进京的日子，不睡觉也高兴啊。今天是进京‘赶考’去，精神不好怎么行啊？”周恩来笑着接过话题说：“我们应当都能考试及格，不要退回来。”毛泽东说：“退回来就失败了。我们决不当李自成，我们都希望考个好成绩！”

以史为镜，可知兴替。熟谙历史的毛泽东对古往今来、兴衰成败的历史经验教训，特别是对明末的农民起义军占领北京，取得政权后，居功自傲，贪图安逸，结果导致失败的历史教训，格外重视。早在延安整风期间，毛泽东即指示将郭沫若论李自成的史学论著《甲申三百年祭》作为整风学习的重要文件。他在延安高级干部会议上说：近日我们印了郭沫若论李自成的文章，就是要叫同志们引以为鉴，不要重犯胜利时骄傲的错误。他一再强调说：“小胜即骄傲，大胜更骄傲，一次又一次吃亏，如何避免此种毛病，实在值得注意。”在中共七届二中全会上，毛泽东再次向全党敲响警钟，提出了“两个务必”，毛泽东告诫全党：夺取全国胜利，这只是万里长征走完了第一步，“中国的革命是伟大的，但革命以后的路程更长，工作更伟大、更艰苦。这一点现在就必须向党内讲明白，务必使同志们继续地保持谦虚谨慎、不骄不躁的作风，务必使同志们继续地保持艰苦奋斗的作风。”

毛泽东同志“两个务必”的告诫，旨在强化全党的忧患意识，自觉认识前进道路上的困难和风险；旨在强化全党的使命意识，坚定勇于胜利的信心和坚忍不拔的意志，激发奋斗不息、开拓进取的精神，为实现伟大历史转折做好思想准备。否则，倘若忘却历史的教训，缺乏对历史转折的自觉意识，缺乏奋斗不息和开拓进取的精神，我们的党员干部就适应不了历史使命的转变，就经受不住执政后“糖衣炮弹”的袭击，就会在骄傲自满和贪图享乐中消解正气、朝气和锐气，历史的伟大转折也就难以实现，甚至有丧失胜利成果的危险。

在这个瞬息万变的时代，竞争激烈到前所未有的程度，没有危机意识就会面临困境，时刻保持危机意识才会迎来生机。“居安思危，未雨绸缪”，是一种超前的危机意识。危机意识是清醒剂，能让人在危机来临之前保持清醒。昨天的辉煌并不意味着今天的成功，人最好的时候可能是最不好的开始——“危机”往往就在这时悄悄来临。美国未来学家阿尔文·托夫勒认为：“生存的第一定律是：没有什么比昨天的成功更加危险。”因此，我们不能陶醉于以往的成功经验，必须永远保持“如履薄冰”的危机意识，不满足现状，持续不断地挑战自我，向更高的目标迈进。

狼是一种不满足现状、时刻保持危机感的动物。危险时时刻刻会在它身边发生，只要稍微放松，就有可能被猎人打死或者被其他食肉动物吃掉。狼吃食物时，任何人都不能靠近，一旦靠近，狼就会近乎疯狂地进行攻击。狼在吃食物时这种本能的表现就是因为狼有危机意识。没有食物，它们就不能生存。无论是在草原、森林，还是在雪原，狼要获得食物，都要经过艰苦的努力，甚至要付出生命的代价。它们保卫自己的食物就相当于在保卫自己的生命。狼经常用伏击战来攻击羊群，它们深谙此道，而狼群有时候也会成为猎人或者其他大型食肉动物的猎取目标。有的牧民会在一些牲畜的尸体旁边挖陷阱，在里面布置狼夹。狼一旦掉进陷阱里，就会被夹断四肢甚至腰部，根本没有逃脱的机会。一般，在离牧民居住较近的地方，狼都会格外小心，会用嘴叼一些物体扔到牲畜尸体周围，看看有没有陷阱。等探明了没有危险之后，它们才放心地走过去，但也不会立刻撕咬食物，而是用鼻子去闻尸体。如果有异常的味道，它们也不会吃，因为那就有可能撒上了毒药。狼简直具有了人一般的智慧，也正是这种智慧才让它们生存至今。

“恃吾有待”其实也包含隐忍和等待机会的意思。织田信长、丰臣秀吉和德川家康三个人讨论如何让一只鸟叫，织田信长说：“不叫就把它杀了，看它叫不叫。”丰臣秀吉说：“不用杀，叫就给点奖励，不叫就给点惩罚，这样肯定会叫的。”最后问到德川家康有什么好办法，德川家康就慢悠悠地说："什么都不用做，等着就行了，它是一只鸟，早晚会叫的。"三个人里面，德川家康作战不一定最勇猛，但最有耐心、最能等。结果就是，德川家康活的时间最长，而且最终统一了日本。

【拓展阅读】

如何理解"墨菲定律"？

墨菲定律是什么？最简单的表达形式是：越怕出事，越会出事。该定律的原句是这样的：If there are two or more ways to do something，and one of those ways can result in a catastrophe，then someone will do it.（如果有两种或以上选择，其中一种将导致灾难，则必定有人会做出这种选择。）

墨菲定律告诉我们，事情往往会向你所想到的不好的方向发展，只要有这个可能性。比如，你衣袋里有两把钥匙，一把是你房间的，一把是汽车的；如果你现在想拿出车钥匙，会发生什么？是的，你往往是拿出了房间钥匙。墨菲定律的适用范围非常广泛，它揭示了一种独特的社会现象。它的极端表述是：如果坏事有可能发生，不管这种可能性有多小，它总会发生，并造成最大可能的破坏。

对待这个定律，安全管理者存在两种截然不同的态度：一种是消极的态度，认为既然差错是不可避免的，事故迟早会发生，那么，管理者就难有作为；另一种是积极的态度，认为差错虽不可避免，事故迟早要发生，那么就不能有丝毫放松，要时刻保持警惕，防止事故发生，保证安全。正确的思维方式是后者。根据墨菲定律，可得到如下两点启示。

启识之一：不能忽视小概率危险事件

由于小概率事件在一次实验或活动中发生的可能性很小，因此，就给人们一种错误的理解，即不会发生。与事实相反，正是由于这种错觉麻痹了人们的安全意识，加大了事故发生的可能性，其结果是事故可能频繁发生。纵观无数的大小事故，可以得出结论，"认为小概率事件不会发生"是导致侥幸心理和麻痹大意思想的根本原因。墨菲定律正是从强调小概率事件的重要性的角度明确指出：虽然危险事件发生的概率很小，但在一次实验或活动中，仍可能发生，因此，不能忽视，必须引起高度重视。

启识之二：墨菲定律是安全管理过程中的长鸣警钟

安全管理的目标是杜绝事故的发生，而事故是一种不经常发生和不希望有的意外事件，这些意外事件发生的概率一般比较小，就是人们所称的小概率事件。墨菲定律告诫人们，安全意识时刻不能放松。要想保证安全，必须从现在做起，从我做起，采取积极的预防方法、手段和措施，消除人们不希望有的和意外的事件。

第33智 五间俱起——掌握实时情报是应对危机的关键

《孙子兵法·用间篇》是最后一篇，全篇专门谈情报和间谍工作。用现代的话讲，就是一部情报学。孙子在篇中一开始就表明自己的观点："凡兴师十万，出征千里，百姓之费，公家之奉，日费千金；内外骚动，怠于道路，不得操事者，七十万家。"

战争既伤财，又劳民，成本大，费用高，但不打又不行，因为"兵者，国之大事"，必要时，该打还是要打的。那么，怎么才能减少战争对人们生命和社会财产的损害呢？孙子首先提出了"不战而屈人之兵"的观点。不过，要做到这一点，在现实中非常难。这是战争的最高境界，不是想做到就一定能做到的，需要具备多方面的条件。孙子不是个理想主义者，这一点他看得非常清楚，于是，在必须打仗才能战胜敌人的情况下，为了减少战争成本和费用，他提出善战者一定要做到"知彼知己"，只有这样才能"百战不殆"。

"知彼知己"中，"知彼"与"知己"相比，"知彼"要难于"知己"。因为在战争中敌我双方都会隐藏自己的企图，要获取敌方的情报不是一件容易的事。知彼需要花钱，也就是我们常说的情报费。古代的一些人对这个有看法，孙子给予了反驳："而爱爵禄百金，不知敌之情者，不仁之至也，非人之将也，非主之佐也，非胜之主也。"大意是说，在情报上，在了解敌人的情况方面，花点钱算什么，这点钱比起一打仗就影响几百万老百姓的正常生活、花费千金的劳民伤财局面，算得了什么。心疼这笔钱，而不愿意出这笔钱去了解敌情，最后因为没有掌握敌情，而导致战争失败，这种人就不配做军队的统帅，不配做国君的辅佐，不配做胜利的主宰。

苏联遭受德国的进攻，战争初期非常不利，莫斯科城下已无兵可调，国家岌岌可危。这时，苏联还有几十个师可以使用，但却不敢用。因为这些部队部署在亚洲地区，是为了对付日本可能的进攻。虽然这时日本没有进攻苏联，但不等于放弃进攻的打算。苏联也怕前后夹击，所以不敢动这些部队。可是，莫斯科城下又吃紧，如果莫斯科被攻下，后果又不堪设想。这时，最好是能了解日本人的真正意图，只要知道日本人进不进攻，就可以放心地将部署在西伯利亚善于冬季作战的苏军调到西线，参加莫斯科保卫战。

于是，苏联情报机关派出了号称"谍王"的双料间谍佐尔格。为了让佐尔格不引起日本情报机关的注意，便于佐尔格更顺利地工作，苏联情报机关在佐尔格身上投入很多，但是他的情报价值却是难以用金钱衡量的。当他把得到的日本超级机密——近期日本没有进攻苏联的计划，送到斯大林手中时，斯大林长长地吁了一口气，立即将部署在西伯利亚的苏军调到了莫斯科，在1941年11月7日红场大阅兵后，直接开赴战场。莫斯科终于守住了。

孙子进一步强调说了解敌情的重要意义："明君贤将，所以动而胜人，成功出于众者，先知也。先知者，不可取于鬼神，不可象于事，不可验于度，必取于人，知敌之情者也。"那些著名的将帅为什么会打仗，战功赫赫？就在于他们先了解和掌握敌人的情报，敌人的一举一动都在他的掌控之中。孙子说，只要早早地了解和掌握了敌人情况，打仗就不必再去算命占卜了。他强调指出，了解敌情不靠别的，就靠从熟悉敌人情况的人那里得到消息。

分析和强调完情报工作的重要作用后，孙子开始讲述什么样的人熟悉敌情，即何为"知敌之情者"。孙子把这类人叫"间"，并划分为五大类。

孙子把"乡间"作为第一类间谍。春秋时，居民组织有两大类。居住在城里的是贵族，由于周朝把城里叫"国"，居住在城里的人就是"国人"。国人都是贵族，他们要当兵。居住在郊区以外的人，称之为"庶人"，或直接叫"野人"。这部分居民就是种地的农民，打仗不是他们的事，他们不能当兵。即便有时随军出征，也不过是养马喂牛、烧火做饭、挑水砍柴之类的杂役。这就是国野制度。

野人，就是现代的"乡下人"。别看"乡下人"连当兵的权利都没有，但是孙子却把这部分人作为获取敌人情报的重要来源，称呼他们是"乡间"。按照政治行为学，信息交流有一个特点是同层交流，生活在乡下的百姓，虽然人微言轻，但是人最多，信息交流的面广，要依靠他们获取情报。孙子不懂得现代政治学，但是却懂得走群众路线，利用敌国民众，依靠广大的民众获得敌人的情报，获得民众的支持。

1960 年 5 月 11 日，美军高空 U-2 型侦察机在苏联斯维尔德洛夫斯克被苏军击落，飞行员弗朗西斯 • 鲍威尔被俘。消息传来，世界震惊。因为这种侦察机飞行高度达 2 万米，国际上猜测苏联拥有了新的武器。其实，苏军之所以击落 U-2 型飞机，只不过是克格勃利用了"乡间"手段，玩了一个"偷梁换柱"的把戏。

当时，美军在巴基斯坦白沙瓦市郊有一个空军基地，U-2 型高空侦察机就从这里起飞到苏联执行战略侦察任务。美军在这里自然是戒备森严。克格勃特工人员想尽办法，最后终于策反了当时阿富汗军队的一名飞行员，名叫穆罕默德 • 嘉兹尼 • 汉。这个阿富汗飞行员有一个朋友在这个机场的食堂打工，穆罕默德利用他潜入了机场。

一天晚上，穆罕默德悄悄地摸到了一架 U-2 型飞机里，据情报，这架飞机将在一两天内执行侦察任务。穆罕默德 • 嘉兹尼 • 汉在美国留过学，熟悉美军飞机的性能。他很快就进入了飞机里，将高度仪表盘上的一颗螺丝拧了下来，换上事先带来的一模一样的，但是却具有极强磁性的磁铁螺钉。这颗螺钉的极强磁性可以吸引极细的指引高度仪的指针，高度仪就不能正常地指示真正的飞行高度了。这架由鲍威尔驾驶的 U-2 型飞机飞到 1 万英尺时，高度仪的指针便被磁性吸引，提前指到了 68000 英尺。鲍威尔一看这么高了，信以为真，就不再向上爬升，而 1 万英尺恰恰是苏联制空能力的有效范围。可想而知，这架飞机很快就被打掉了，鲍威尔也当了俘虏。

“乡下人”，这个连当兵的权利都没有的小人物，在孙子眼中却是可以利用的获取敌人情报的对象。民众是战争的根本。胡宗南进攻延安，兵力强大，给养充分，但没有群众的支持。胡宗南也是一名骁勇的将领，但是他没有民众，他的部队走到哪里，都没有民众的帮助，气得他忧虑地说，自己到了陕北，好比“盲人骑瞎马，夜半临深池”。

孙子把“内间”作为第二类间谍，就是收买敌人阵营里的人为自己提供情报。第三类间谍是“反间”，也就是收买敌国的间谍为我所用。这里的“反间”不是“亲而离之”，是让敌人相互残杀。公元前 205 年，楚霸王项羽和汉中王刘邦在荥阳大战。刘邦被围，极为被动。这时，护军中尉陈平建议刘邦舍出重金万两，收买项羽方面的间谍，将假情报送回去，就说项羽身边的重要谋士、重臣范增等人准备与刘邦谈判灭掉项羽，共同平分天下。刘邦认为有道理，于是拿出 4 万两黄金作为收买项羽方面间谍的资金。这一招果然有效。项羽对范增和钟离昧起了疑心，再也不听他们的意见。气得范增急火攻心，不久就病死了。刘邦也很快解了荥阳之围。

孙子讲的第四类间谍是“死间”，即派出给敌人送假情报，使敌人上当的间谍。这类间谍非常危险，一旦事情暴露，恐有杀身之祸，所以，对于这些间谍很可能是有去无回，故称为“死间”。孙子把“生间”作为第五类间谍，也就是那些派出去，却还能回来的自己方面的间谍。

《孙子兵法·用间篇》可以说是古代情报学的教科书。孙子一再告诫他的学生：“明君贤将，能以上智为间者，必成大功。此兵之要，三军之所恃而动也。”明智的君主和会打仗的将领往往让一些有智慧的人充当间谍，最后取得胜利。这是用兵的关键，整个军队都要依靠间谍提供的情报来决定军事行动。

当然，在现代战争中人们获取情报的方式和方法大大增加了，比如，用侦察卫星、无人机、电子侦察机、各类战场传感器等，但是，用最传统的间谍获取情报，依然是行之有效的方法，受到世界主要军事强国的重视。

【经典案例及分析】

可口可乐：差点“栽”在自己人手里

美国可口可乐公司有一个经营信条：保住秘密，即保住了市场。然而它也有失误的时候。2006 年该公司发生的“内奸案”，比间谍小说还精彩。此案中，可口可乐公司执行行政助理何亚·威廉斯试图向最大竞争对手百事可乐公司出售新产品配方，反而被百事公司告发，闹得里外不是“人”。

2006年5月19日，百事可乐公司向可口可乐公司提供了一封信的复印件，那封信的原件装在可口可乐公司的商业信封中，收件人是百事可乐公司。寄信人在信中自称“德克”，是“可口可乐公司高层工作人员”，能向百事可乐提供“特别详细的秘密信息”。可口可乐公司立即报告给了联邦调查局。经调查发现，所谓的“德克”是一个叫迪姆松的纽约州男子，他还有个同伙，并确定威廉斯是秘密信息的来源。

联调局马上展开了诱捕行动，先派一位特工装成百事公司的接头人，从迪姆松手里“购买”了14页的文件。经鉴定确实是可口可乐公司的文件。迪姆松自以为得计，再度表示用7.5万美元出售新产品样品，特工随即指示他到亚特兰大机场交货。同一时间，可口可乐公司的监控录像显示，威廉斯翻找很多文件后将其中一些放进手包中，还在包中放了一罐新饮料样品。7月5日，这3人在约定地点准备交易时被捕。2006年10月，迪姆松和同伙认罪，被判处10年监禁。2007年5月，威廉斯被判处有期徒刑8年。

在当今商界，经济全球化，企业之间的联系日趋密切，情报工作的重要性越发凸显，毫不夸张地说，情报就是商战制胜的前提。香港有一部经典电影《无间道》，讲的是卧底的故事。为什么要卧底，就是为了获取情报。商战中，对竞争对手的情况，要做到心中有数，也需要善于用间，做到既知己，更知彼。从另一方面来看，随着高科技发展迅速，商业间谍能借助现代科技手段窃取更多的情报，因此有人估计，因商业间谍造成的商业损失高达每年1000亿美元，相当于2005年全球付费搜索引擎市场营销100亿美元的10倍。有调查显示，名列《财富》（*Fortune*）全球1000强的大公司，平均每年发生2.45次商业间谍事件，损失总数高达450亿美元。其中，位于硅谷的高科技公司首当其冲，发生的窃密案件中，有个别损失高达1.2亿美元。这失窃损失数字促使公司不得不加紧防范，规定员工不得向外透露企业的情报，如IBM公司更在新员工加入时的宣誓书上，特别注明不要在何场合谈论技术秘密，参加任何活动不能触及秘密，有人问起必须拒绝，若无法回避问题宁可退出有关活动。

我国法律没有规定商业间谍罪，而是规定“侵犯商业秘密罪”。《刑法》第二百一十九条规定：有下列侵犯商业秘密行为之一，情节严重的，处三年以下有期徒刑，并处或者单处罚金；情节特别严重的，处三年以上十年以下有期徒刑，并处罚金：

（一）以盗窃、贿赂、欺诈、胁迫、电子入侵或者其他不正当手段获取权利人的商业秘密的；

（二）披露、使用或者允许他人使用以前项手段获取的权利人的商业秘密的；

（三）违反保密义务或者违反权利人有关保守商业秘密的要求，披露、使用或者允许他人使用其所掌握的商业秘密的。

明知前款所列行为，获取、披露、使用或者允许他人使用该商业秘密的，以侵犯商业秘密论。

本条所称权利人，是指商业秘密的所有人和经商业秘密所有人许可的商业秘密使用人。

第34智　军情主速——赢得先机才能在危机中争取主动

在《孙子兵法·虚实篇》中，孙子曰："凡先处战地而待敌者佚，后处战地而趋战者劳。故善战者，致人而不致于人。"在《孙子兵法·九地篇》中，孙子再一次强调："兵之情主速，乘人之不及，由不虞之道，攻其所不戒也。"前一句意思是说，用兵打仗一定要快速抢占先机，这样可以使自己的人员得到充分的休整，使敌人疲于应付而狼狈不堪。善于用兵打仗的人，一定要把战场的主动权牢牢地控制在自己手中。后一句的意思是，用兵之道在于快速行动，要在敌人还没有准备好的时候就打他个措手不及，走敌人意料不到的道路，攻击敌人没有戒备的地方。

"兵贵神速"讲的是时间在战争中的重要作用，争取时间同样适用于现代商业竞争。"时间就是金钱"有三层含意，一是竞争决策的形成要快，二是决策方案的实施要快；三是决策的执行节奏要快。

当然，兵贵神速有一个前提，那就是看准时机。机会对于一个企业来讲，常常是生存与发展的转折点，特别是一些重大的战略机会，一旦失去了往往意味着失败。

抚顺市一家科技咨询服务中心给本地某刺绣厂提供了一条有价值的信息：生产一种装草药的、防虫防蚀的绣花荷包。由于该厂犹豫不决，结果被山东省一家刺绣厂抢先生产了，不久，广州一家贸易公司闻讯便前去订货。抚顺那家坐失良机的刺绣厂只能后悔莫及。

企业要快速发展，必须抓住重要时机，在"快"字上下功夫。求快的艺术很多，比如：

以便求快。即给顾客以方便，使商品快销。例如，闻名于世的美国麦当劳快餐店，实行"自我服务"的营业方式，所有的食物都盛放在纸盒和纸杯内，由顾客自行取走；柜台营业员身兼数职，顾客倍感方便，只需排一次队就能取得食物。"快"是这个店的经营绝招。麦当劳快餐店只用一个"快"字，便风靡全球。

以廉求快。廉，即价廉。每到年底或节日，很多企业会采取打折促销活动，如买一赠一、送精美礼物、抽奖售货等方式，使货物尽快脱手，资金尽快周转。

以灵求快。一个企业不能死抱习惯生产的产品不放，而应抓紧时间灵活掉头。美国政府曾规定，电话机只能由美国电话电报公司出售，私买违法。1982年，政府取消了电话电报公司的专利权，允许私人购买，这意味着美国的家庭及其他公司成了电话机的潜在购买对象。香港厂商听说后立即行动，原来生产收音机、电子表的厂家迅速转产电话机，快速占领了美国电话机市场。

以巧求快。1983 年 7 月 14 日法国国庆节那天上午，无数人等着观看阅兵盛况。当兵阵穿过大街时，街两旁靠后一点的人根本看不见那壮观场面。这时，曲视镜上场了。所谓曲视镜即潜望镜，它能立刻使人看到街中心的兵阵。这种曲视镜上写着煽动性的广告：“让旁人羡慕和嫉妒我吧，他们什么也看不见！”不过一小时，曲视镜商人所获甚丰。

总之，“兵贵神速”是商战中的基本原则。由“速”获“利”的方式很多，信息灵、行动快和有预见只是其中的几点，有头脑的商品生产和经营者，可以在商品经济的洪流中，运用自己的才智，创造出独到的“速者获利”的新方式。

【经典案例分析】

福耀玻璃凭什么成为汽车玻璃行业的领头羊？

在普通人的心目中，玻璃行业的门槛是比较低的，所以，很多人会选择加入到玻璃行业来干一番事业。但是，门槛越低的产业竞争压力也会越大。那么，福耀玻璃凭什么成为汽车玻璃行业的第一品牌呢？目前，很多的全球知名车企都和福耀在合作，比如劳斯莱斯、宾利等豪车品牌。董事长曹德旺底气十足地告诉大家，汽车玻璃行业没有第二，只有福耀一家。福耀玻璃的巨大成功，原因虽然是多方面的，但以快制快，善于捕捉和抢占市场先机，是最重要的。

曹德旺在 1985 年果断地将公司的主业正式转为制造汽车玻璃，1987 年福耀玻璃集团才正式成立。当时的福耀玻璃无论从实力还是品牌都和今天无法相比，可曹德旺是个有心人，只要是他认准的事就会不顾一切去追求成功。机会稍纵即逝，曹德旺动用各种关系，仅仅用了 6 年时间，就使福耀玻璃集团成功登陆 A 股，成为一家上市公司。

曹德旺不但善于分析商机，而且敢于拍板、敢于担当，工作向来雷厉风行，从不拖泥带水。2014 年，他敏锐地把握美国政府政策调整的大好机会，快速进军美国市场，从而为福耀玻璃品牌的国际化奠定了基础。“兵贵神速”是福耀成为汽车玻璃行业领头羊的关键。

第 35 智　悬权而动——危机处理难在权衡利弊后果断行动

利益是人类存在的基础条件，关系到军队的胜败和国家、企业的存亡。合利而动，非利不动，是人类活动的基本准则。对利害关系加以权衡，多利相权取其重，多害相权取其轻，趋利而避害，这是人类生存的法则，更是每位管理者赖以决策的基本原则。《孙子兵法》十三篇，除标题之外，共6070字，其中提到“利”字就有48处，在实词中是使用频率最高的，可见孙子对“利”的重视。

“悬权而动”是孙子在《军争篇》中提出的。“悬权而动”中的“悬”是指悬挂，“权”是指秤锤。悬权，原意是指把秤锤悬挂在秤杆上，称一物品的轻重。“悬权而动”的意思是指在战场的复杂情况下，必须权衡利弊，取其利而避其害。孙子在《孙子兵法·军争篇》中还说：“掠乡分众，廓地分利，悬权而动。”这句话的意思是：攻夺乡镇，夺取敌人的人力，扩张领土，夺取敌国的资源，必须权衡形势和利弊，相机而动。两军对垒都是互相攻击，互相占领，互相夺取。但这种攻击、占领、夺取都必须权衡对己方是否有利，如进攻有利且适时，就要“其疾如风”“侵掠如火”“动如雷震”；若是进攻不利或不适时，则要“其徐如林”“不动如山”“难知如阴”。

孙子在《九变篇》中对“悬权而动”的思想进一步加以阐述：“途有所不由，军有所不击，城有所不攻，地有所不争，君命有所不受。”意思是说：有的道路不要走，有的敌军不要攻击，有的城镇不要占领，有的地方不要争夺，有的国君命令可以不执行。按照常理行军应走捷径，但有时恐敌人设伏，就不要通过。敌军有的可以不去攻击，也是指估计我军攻打敌军是可以破敌、俘将的，但从长远来看不利，故敌军可击而不击之。城有所不攻，也不是因为没有力量去攻占，而是指虽然有力量可以攻取下来，并且也不会造成很大损失，但攻取之后不能守，或者攻取下来还不如不攻取有利。地有所不争也是同样的道理。君命是受还是不受，也是有条件的，其本意是以符合国君和新兴地主阶级的根本利益和夺取战争的胜利为前提。

总之，孙子“悬权而动”的思想强调：行军打仗，动与不动，打与不打，攻与不攻，占与不占，夺与不夺，行与不行都应权衡利弊和时机，或动或止；对现实的行为或已定的行为，也应根据利弊、时机加以变通。

在商场上，没有不计较利害得失的企业家。“悬权而动”是企业决策的出发点，也是现代企业管理的基本准则之一。可以说，现代企业管理所追求的经济效益就是“悬权而动”思想的具体体现。经济效益就是以尽量少的劳动消耗和物质消耗，生产出更多符合社会需要的产品。人类活动的根本目的，是增进社会的实际利益。如果我们所做的工作不能给社会和民众带来切实的利益和好处，那就不如不做。

2020年春节前后波及全国范围的新冠肺炎疫情，是新中国成立以来发生的传播速度最快、感染范围最广、防控难度最大的一次重大突发公共卫生事件。据权威机构报道，在武汉疫情爆发前，欧洲某些国家已出现新冠肺炎疫情，病毒溯源工作正在进行。但可以肯定的是，这次新冠肺炎疫情比2003年的SARS毒性更强、致死率更高、传播途径更广。疫情的大规模爆发正值春节前夕，武汉是个有上千万人口的大城市，防控难度特别大，封城是进一步阻断病毒传播的最有效办法，但会给武汉乃至全湖北人民带来诸多不便，各种物资保障一时会特别困难，会不会引起老百姓的不满和国际社会的过渡反应？但不封城，任由病毒肆虐，会影响全国人民乃至全人类的生命健康安全。中国共产党和中国政府坚持以人民为中心的思想，分清利弊，悬权而动，果断下令武汉封城，并第一时间调集上万名医务人员驰援武汉。经过两个月的连续奋战，全国疫情得到有效控制，确保了人民生命安全，同时也为世界抗击疫情争取了时间。之后，在中国国内疫情总体形势可控，但外防输入的形势异常严峻的情况下，中国政府再次权衡利弊，悬权而动，做出一边抗击疫情，一边复工复产的决定，从而为全世界打赢抗疫持久战提供了充足的物资保障。

日常生活中，“悬权而动”思想也经常被应用。有一天，美国政治家富兰克林和年轻的助手外出办事，来到办公室的出口处时，看见前面不远处走着一位妙龄女郎。也许是她步履太匆忙，突然脚下一个踉跄，身体失去平衡，一下子就跌坐在地上。富兰克林一下子就认出了她，她是一位平时很注重自己外在形象的职员，总是打扮得大方得体，光彩照人。助手见状，刚要迈开大步，准备上前去扶她，却被富兰克林一把拉住，并示意他暂时回避。于是，两人很快折回到走廊的拐角处，悄悄地关注着那位女职员的动静。面对助手满脸困惑的神情，富兰克林轻声地告诉助手：不是不帮她，而是现在不是时候，再等等看吧。不一会儿，那位女职员就站起来，她环顾四周，掸去身上的尘土，很快恢复了常态，若无其事地继续前行。等那位女职员渐行渐远，助手仍困惑不解。富兰克林淡淡一笑，反问道：“年轻人，你难道就愿意让人看到自己摔跤时的样子吗？”助手听后，顿时恍然大悟。

行走在人生的旅途上，谁都会有“摔跤”的时候，当初的尴尬、狼狈，当时的脆弱、痛楚在所难免。这个时候，最需要的是一个独自抚平创伤、恢复自尊的时间和空间。诚然，这世界需要爱，并因为爱而充满希望。但你在向对方表达善意、施以关爱的同时，千万别伤了对方的自尊，哪怕他是你最亲近的人。富兰克林说：彼此的自尊，是人际交往的底线。

发生在富兰克林身上的“悬权而动”的事例，让我们明白大到国家政治、小到生活琐事，把握“悬权而动”的思想是非常重要的。

【经典案例及分析】

小罐茶“悬权而动”迅速抢占市场

茶是世界三大饮品之一，全球产茶国和地区多达 60 多个，饮茶人口超过 20 亿。作为茶叶大国，我国的茶饮消费量位于全球前列。2012 年以来，我国茶叶内销量稳步提升，

2019 年全国茶叶内销量达到 202.56 万吨，这是一个巨大的市场。当时，决定制作和销售小罐茶时，团队面临巨大的机遇和挑战：一是普通茶叶供应商的议价能力普遍较弱；二是在普通市场上茶叶购买者的议价能力较强，所以低端茶叶市场价格战异常残酷；三是从新进入者的威胁来看，近年来新注册茶叶相关企业呈逐年增长趋势，现有企业的市场份额日益减少，低端市场茶叶的竞争日趋激烈；四是从替代品的威胁来看，咖啡、可可的消费者一般为年轻人，对茶叶的替代性一般，水果茶行业口感相比于茶叶受到很多人的喜爱，对茶叶有一定的替代性。小罐茶在客观分析国内外茶叶市场形势的基础上，趋利避害，悬权而动，决定走高端路线，把茶文化推到极致，这就是小罐茶的大情怀。

从寻茶到制茶，小罐茶整整用了三年半的时间，只为缔造一款能代表当今中国茶巅峰水准的产品，在这三年半的时间里，小罐茶团队走遍全中国所有茶产区，行程达四十多万公里，经过不断地考察和筛选，最终，用创新理念和诚意，打动了 8 位泰斗级的制茶非遗传承人加入小罐茶团队，从茶叶的原料、工艺、精加工、品质控制及用户体验等方面进行创新传承，以消费品思维打造极致中国茶，确保每一位消费者都能品尝到真正的好茶。

好的食材才能做出美味佳肴，茶叶也是一样，因此，小罐茶从源头抓起，确保每一罐都是原产地的珍稀原叶。唯有土生土长，方保原汁原味。原产地不可复制的地理、气候环境，赋予了原产地茶特有的美妙滋味，小罐茶的每一片茶叶，只选用原产地手工采摘的珍稀原料。

珍稀原料与大师工艺的结合，方能缔造出一款好茶。小罐茶的 8 大名茶，由 8 位制茶大师，严格遵照传统工艺悉心制作，既是大师的代表作，更是中国好茶的代表作。

不是每一片叶子都能装进小罐里，任何不符合小罐茶标准的茶叶都将会被剔除出去。小罐茶从原料的采摘到毛茶的挑选，直至灌装完成，都要按照小罐茶制定的近似苛刻的标准，经过一道道人工和机器地严格筛选。

除了在茶叶的品质上走精品主义路线，在包装上，小罐茶同样精心，在经历了 2 年多时间，13 稿设计方案后，小罐茶团队设计出了一罐一泡的铝制小罐，实现了小罐茶坚持的三个体验目标。首先，食品级铝材，安全环保。铝罐和铝膜都能回收再利用，就如同罐装可乐、啤酒的易拉罐一样。其次，创新充氮保鲜技术（除普洱、大红袍、白茶以外），让好茶更长久地保持新鲜，将中国茶的色香味形全方位还原到消费者口中。

此外，一罐一泡，小罐不仅彻底隔绝了来自空气、阳光、水分、外力和手触对茶叶的侵害，而且根据大众口味设定了一罐一泡的标准量，用户也可随意增减。

小罐茶经过长达几年的精心准备后推向市场，一炮走红，走出了一片新天地，受到客户的普遍好评和青睐。虽然价格上贵一些，但小罐茶凭借其上乘的卓越品质，以及符合新时代的经营思路，为沉寂已久的中国茶带来了新的活力。

小罐茶的成功主要得益于细分茶叶市场后，悬权而动，从而走出了与众不同的产品发展与营销之路，避免了同质化恶意竞争。

第36智　战胜修功——打了胜仗后要全面恢复实力

《孙子兵法》是一部着重论述“战胜攻取”的兵书，关于“战胜攻取”后如何控制当地局势的论述不多，只在《火攻篇》中讲了一句：“夫战胜攻取，而不修其功者凶，命曰费留。故曰：明主虑之，良将修之。”这句话非常重要。对于这句话，学者们一直有不同的理解。如对“不修其功”，诸家多解释为对自己军队中的功臣不及时按功行赏。对“费留”，更是众说纷纭。曹操认为“留”同“流”，把“费留”解释为“若水之留，不复还也。或曰赏不以时，但费留也，赏善不逾日也”；张预亦解释为因“不修举有功而赏之”，致使“财竭师老而不得归”等。

孙子关于战后“修功”的思想，应是对此前的战争特别是对当时吴国争霸战争教训的深刻总结。吴国于周敬王十四年（前506）发动破楚入郢（今江陵西北）之战，于周敬王二十六年（前494）进行吴越夫椒（今太湖西洞庭山，或说今浙江绍兴北）之战，都是因为吴国在“战胜攻取”后没有做好“修其功”而导致了“凶”的后果。这无疑对孙武产生极大的影响，从而提出了“战胜攻取而不修其功者，凶”的结论。据史书记载，吴军攻占楚都郢后，没有做争取和安抚楚国民众的工作，反而其将帅因挟深仇大怨而对楚国的统治者进行大肆报复。吴国的将帅们忙于报复、淫乐和破坏，而对敌军包括敌人盟军的反击却缺乏准备；对后续的冲突，如越国可能乘国内空虚袭击吴都，公子夫概企图夺取王位等，都缺乏事先的谋划和防范。几事骤至，阖闾无力“善其后”，不得不撤兵回国，胜利成果因此而未能得到巩固。

吴王夫差在夫椒打败越军后，没有听从伍子胥的劝告，乘胜将越国彻底灭掉，为自己留下了心腹之患。夫差犯了与吴军破楚入郢后类似的错误，接受了勾践的请求，“与之成而去之”。伍子胥还因冒死进谏而被杀害。《盖庐》中记有伍子胥的一句话：“太上用意（义），其次用色，其次用德，其下用兵革（戈）。”他把“用色”排在“太上用义”之后，“用德”之前，可见他对“用色”之厉害有极其深刻的体会。孙武在战后如何处理越国的问题上，应持与其好友伍子胥相同的看法。他从夫差对越国最后的决策中预料到吴国的后果，故写下这句惊心动魄之言以警戒后人。

另外，从史书记载看，无论是阖闾攻楚，还是夫差攻越、伐齐，他们在战前都只是谋划如何“战胜攻取”，而对战后如何“修其功”则基本没有谈及，以致在战胜后军队的行动失去了方向，没有了章法，破坏有余而“修功”不足。吴王夫差更是缺乏战略统筹，恃强自傲，四面出击，导致吴国最后的覆亡。总而言之，孙子所说的“夫战胜攻取，而不修其功者凶，命曰费留。故曰：明君虑之，良将修之”这句话，是对其以前战争，特别是他亲身经历的吴国战争经验教训的精辟总结，孙子的这一结论是有充分而有力的事实依据的，故其语气果决，斩钉截铁，无丝毫动摇之余地。

“战胜攻取”后以“修其功”的手段巩固胜利成果、有效控制局势，是一项事关真正打赢对方的、系统的、特殊的危机管理工程。纵观中国历史上为反击侵略或收复失地而采取的战后控制策略，其中有成功的经验，也有失败的教训，成功者都是围绕争取民心、巩固和扩大战果这一核心目的展开行动。总结其正反两方面的教训，战后“修其功”者至少必须做好以下几件事：

一是乘势追歼，消除残敌。战胜攻取后，往往是部队最劳累，最需要休整和最容易产生骄傲、争功与享乐情绪的时候，指挥员一旦迁就这种情绪，就可能铸成大错，因丧失战机而让敌人东山再起。所以，这时就特别需要发扬如李世民所说的“破竹之势，不可失也”的作风，乘胜追歼残余敌人，以消除后患。在这方面，切不可重蹈吴王阖闾和夫差的覆辙。伊拉克战争和车臣战争则告诉我们，在现代战争条件下，必须高度重视战后的游击战和反制游击战问题的双向研究，那种“游击战过时论”的观点是错误而有害的。

二是广施德政，严格纪律。对于攻入敌占区的军队，提前对他们进行不虐待俘虏、不侵犯群众利益等方面的教育，并进行严格督察，力争真正做到“秋毫无犯”。帮助当地民众解决生活困难，发放救济物资，进行医疗救护，维护社会秩序等，以最大限度地争取当地民众的支持。

三是速建政权，“因俗而治”。如诸葛亮平南中，唐太宗平西域，大军到处，尽快建立以当地人为主的新政权，遵循以当地人治理当地人的原则，并建立相应的制度，以维系新生政权。在治理政策上，施行“因俗而治”和“同服不同制”的原则，“总大纲，宽小过”（汉班超治理西域的经验），不把内地的价值观和社会制度等强加于人，以“不同制”达成“同服”的目的。

四是恢复经济，密切联系。在战后应迅速恢复和发展战败区的经济，改善当地人民的生活，密切那里与其他地区的经济联系，达成经济互补、共同繁荣的目的。例如，郑成功收复台湾后，废除荷兰人实行的“王田制”，推行土地私有制，奖励人民开垦土地，同时，振兴糖业，教人们烧砖、修筑盐埕，以增加盐的产量，发展贸易，争取外汇，增加税收等，使台湾经济迅速得到恢复和发展。清康熙统一台湾后，即下达了展界开海的指令，鼓励海峡两岸积极开展商业贸易活动，出现了“南到南洋，北及天津、牛庄、烟台、上海，轴舻相望，络绎于途，皆以安平（在今台湾台南市）为往来之港”的繁荣局面。同时，闽粤地区的人民大量迁移到台湾去开发经营，促进了台湾经济的发展，密切了两岸的联系。

五是增强认同，发展教育。如郑成功收复台湾后，“奉冠裳而渡鹿耳者，盖八百余人”，其中姓名见于史料的有沈光文、卢若腾、李茂春、沈全期等，他们到台湾后受到重用，为在台湾普及中华文化方面发挥了积极作用。郑氏集团还在台湾建孔子庙，开办学校，对人民进行中华文化教育；同时实施比较正确的民族政策，争取汉族和土著民的拥护和支持，从而使局势很快得以稳定。

六是留兵镇守，抚顺伐逆。清康熙统一台湾后，采纳施琅建议，在台湾设总兵一员，副将二员，驻兵 8000 人，分为水陆八营；在澎湖设副将一员，驻兵 2000 人，分为二营，以为抚顺伐叛之需。留守部队必须事先掌握敌对势力可能采取的战法，并制定有相应的作战方案，采取政治瓦解和军事打击相结合的手段，逐步将敌之武装力量彻底清除。

总之，对“战胜攻取”之地要巩固和扩大战果，不但必须事先考虑到那里的军事情况，还要考虑到那里的政治、经济、文化、地形等多种因素。例如，敌占区中各阶级、阶层、族群的地位、相互关系和政治态度；那里的民心、民风、民俗特点；哪些人群是依靠的力量，哪些是应当争取的力量，哪些是必须打击的力量；在打赢“第一场”战争后，还要做好打赢“第二场”“第三场”战争的准备；同时下大力做好争取民心的工作，包括战前就做好“不虐待俘虏”等方面的教育；建立可靠的政权和相应的社会制度等。这些都是孙子“庙算”的必有之义，也是战争规律的必然要求。古今中外的事实都证明，单靠军事力量是不能最后打赢进攻性或反击性战争的，必须从政治、经济、文化等多方面进行筹划和实施。这是绝对不能忽略的“庙算”内容，是什么时候都“少算”不得的。正如孙子所说：“多算胜少算不胜，而况于无算乎！”

【经典案例及分析】

阿里巴巴如何创造电商领域的世界神话

阿里巴巴网络技术有限公司于 1999 年在浙江杭州创立，集团经营多项业务，包括淘宝网、天猫、聚划算、全球速卖通、阿里巴巴国际交易市场、1688、阿里云、菜鸟网络等。2014 年 9 月 19 日，阿里巴巴集团在纽约证券交易所正式挂牌上市。2019《财富》世界 500 强排名，阿里巴巴位列 182 位。2019 年 11 月 26 日又在港交所主板正式上市。阿里巴巴仅用 20 年时间就从当初 18 人的小团队，发展到近 2.5 万人，成为国际知名电商企业。阿里巴巴实现快速、健康成长的秘诀，就在于阿里的掌门人能始终头脑清醒，没有被胜利冲昏头脑，做到了孙子兵法中所说的“战胜修功”。

一是强化公司价值观的维系和传承。阿里巴巴在刚创立时，价值观并没有成文成体系。一群平均年龄不超过 25 岁的年轻人，迅速被聚拢起来，投入到一场轰轰烈烈的互联网创业大潮中去。实际上，许多年轻人是“盲目的追随者”，但这种盲从性，被充满激情的表象深深掩盖着。

直到创业两年后，才逐渐形成价值观系统。于是，“客户第一，员工第二，股东第三”作为阿里巴巴的理念被确立下来，至今未改。并由此衍生出九条阿里巴巴价值观体系：创新、激情、开放、教学相长、群策群力、质量、专注、服务与尊重、简易。

二是将价值观体系落实到具体执行层面。很多企业都有价值观，但价值观只是停留在嘴上或挂在墙上，与实际管理工作形成“两层皮”，然而，阿里巴巴非常重视价值观体系的推广和维护，在招聘、考核、培训等诸多环节都加入了价值观的内容。新员工都需要经过主管业务部门、人力资源部门、主管副总裁等几道面试才能正式入职，面试最核心的问题就是“看人”，从一开始就尽量寻找与公司价值观相近的人才，这样才能有效提高“存活率”。

阿里巴巴的整个价值观考核都有 IT 系统支撑，在考核打分的过程中，实施员工自评、主管评价和 ER（小政委）打分三者相结合的模式，绩效等级分布坚持“271”原则：20%优秀，70%达标，10%未达标。每季度都要组织员工进行绩效面谈，面谈时员工的主管和小政委必须同时在场，考核分数必须用实际案例和数据来说明，绩效分数由员工、主管、ER 三者统一协商而定。

三是扎紧“制度”的口袋，杜绝各种管理漏洞。虽然阿里巴巴有着非常完善的价值观体系，但由于公司发展过快，招聘新人过多，企业文化存在被稀释的问题。再加上社会大环境的影响，部分员工不可避免地陷入其中。

一旦出现“触犯商业诚信原则和公司价值观底线”的情况，无论个人或团队必须进行深刻检讨，并依据公司章程作出坚决处理，一视同仁。

参考文献

[1] 孙武．宋本十一家孙子注[M]．扬州：江苏广陵古籍刻印社，1997．
[2] 邱复兴．孙子兵学大典[M]．北京：北京大学出版社，2004．
[3] 李零．孙子十三篇综合研究[M]．北京：中华书局，2006．
[4] 孙武．孙子兵法[M]．郭化若，译，曹操，注．上海：上海古籍出版社，2006．
[5] 郭化若．孙子译注[M]．上海：上海古籍出版社，1984．
[6] 薛国安．向《孙子兵法》学经营管理[M]．广州：广东经济出版社，2018．
[7] 施芝华．孙子兵法新解[M]．上海：学林出版社，2000．
[8] 吴如嵩．孙子兵法浅说[M]．北京：解放军出版社，1982．
[9] 马一夫．孙子兵法译评[M]．长春：吉林文史出版社，2004．
[10] 陈云金，陆保生．《孙子兵法》鉴赏[M]．武汉：武汉大学出版社，2006．
[11] 陶汉章．《孙子兵法》概论[M]．北京：解放军出版社，2002．
[12] 刘春志，刘思起．孙子兵法教本[M]．北京：国防大学出版社，1994．
[13] 骈于骞，王建宇，牟虹，等．孙子兵法・孙膑兵法[M]．北京：中华书局，2006．
[14] 余日昌．法计合韵：孙子兵法与三十六计[M]．北京：人民大学出版社，2003．
[15] 刘仁．国学书院・孙子兵法[M]．北京：中国纺织出版社，2007．
[16] 黄志贤．孙子兵法与市场竞争[M]．北京：解放军出版社，1995．
[17] 陶伯华．孙子兵法精华本[M]．天津：百花文艺出版社，2007．
[18] 陈才俊．孙子兵法与为人处世[M]．兰州：兰州大学出版社，2003．
[19] 周传荣．孙子兵法导读[M]．厦门：厦门大学出版社，2008．
[20] 鲁玉莹．活学活用孙子兵法[M]．沈阳：沈阳出版社，2000．
[21] 钟少异．孙子的战争智慧[M]．南昌：百花洲文艺出版社，2012．
[22] 施芝华．孙子恒通的智慧[M]．上海：上海古籍出版社，2009．
[23] 赵承凤，邵光智．孙子长歌[M]．济南：济南出版社，2014．